어휘 끝

중학 마스터

저자

김기훈 現 ㈜ 쎄듀 대표이사
現 메가스터디 영어영역 대표강사
前 서울특별시 교육청 외국어 교육정책자문위원회 위원
저서 천일문 / 천일문 Training Book / 천일문 GRAMMAR / 천일문 STARTER
어법끝 / 어휘끝 / 첫단추 / 쎈쓰업 / 파워업 / 빈칸백서 / 오답백서
쎄듀 본영어 / 문법의 골든룰 101 / ALL씀 서술형 / 수능실감
거침없이 Writing / Grammar Q / Reading Q / Listening Q
초등코치 천일문 / 왓츠 그래머 / 왓츠 리딩 / 패턴으로 말하는 초등 필수 영단어 등

쎄듀 영어교육연구센터
쎄듀 영어교육센터는 영어 콘텐츠에 대한 전문지식과 경험을 바탕으로
최고의 교육 콘텐츠를 만들고자 최선의 노력을 다하는 전문가 집단입니다.

마케팅	콘텐츠 마케팅 사업본부
영업	문병구
제작	정승호
인디자인 편집	올댓에디팅
디자인	윤혜영
일러스트	최유진
영문교열	Eric Scheusner

펴낸이	김기훈·김진희
펴낸곳	(주)쎄듀 / 서울시 강남구 논현로 305 (역삼동)
발행일	2018년 5월 4일 개정판 1쇄
내용문의	www.cedubook.com
구입문의	콘텐츠 마케팅 사업본부 Tel. 02-6241-2007 Fax. 02-2058-0209
등록번호	제22-2472호
ISBN	978-89-6806-117-2

이 시리즈는 〈필수편〉과 〈마스터편〉의 두 권으로 구성되어 있습니다. 2018년도부터 사용되고 있는 개정교과서와 교육과정평가원의 기본어휘목록 등을 참고하여 중학교 단계에서 반드시 익혀야 할 어휘들을 엄선한 것입니다. 각 편에 실린 단어들은 서로 중복되지 않으며, 마스터편의 난이도가 좀 더 높으므로 〈필수편〉에서 〈마스터편〉의 순서로 학습해나가는 것이 좋습니다.

+ 필수편

교과부에서 지정한 초등학교용 단어 중에서 중요한 어휘 300개와 중학 필수어휘 1,000개를 선별하여 수록했습니다.

+ 마스터편

필수편에 실린 것들보다 좀 더 난이도가 있는 중학 어휘와 고등 기초에 해당하는 일부 단어를 합한 총 1,000개의 단어가 실려 있습니다.

이 시리즈의 가장 큰 특장점은 아래와 같은 암기팁을 모든 단어에 실었다는 것입니다.

1 쉬운 어원 풀이
2 뜻이 쏙쏙 박히는 명쾌한 뜻풀이
3 핵심 뜻이 명확하게 이해되는 뉘앙스 차이
4 입시에 중요한 어법
5 기억을 돕는 삽화
6 철자와 의미를 연결시키는 장치
7 의미들을 서로 연결하여 한층 암기가 수월한 다의어

이 외에도 TV광고나 브랜드명 등을 통해 이미 알고 있는 의미를 환기시켜주는 장치까지 모든 재미난 팁이 실려 있습니다.

어휘책에서 가장 중요한 것은 얼마나 암기 효과가 높으냐에 달려 있습니다.
어휘와 뜻을 나열하기만 하고 무조건 많은 반복을 통해서 암기하는 것은 암기 효과가 오래가지 않을뿐더러, 학습자들에게 고통을 줄 뿐입니다. 이 책은 여러분에게 꼭 필요한 단어 학습이 재미나고 효과적으로 이루어질 수 있도록 충실하고 친절한 가이드 역할을 해 드릴 것입니다. 영어 공부의 기본은 역시 어휘 실력이 얼마나 탄탄하냐에 달려있다는 것을 잊지 마시기 바랍니다.

저자

이 책의 구성과 특징

Special Part

+ 발음기호를 알아볼까요?

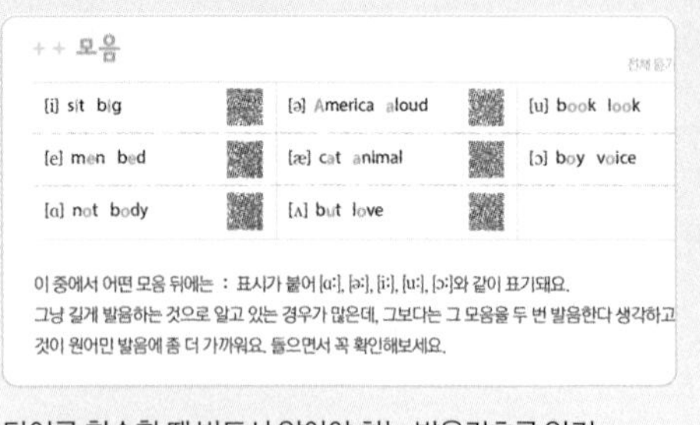

단어를 학습할 때 반드시 알아야 하는 발음기호를 알기 쉽게 설명하였습니다.

+ 단어가 잘 안 외워질 땐…?

❶ 단어와 관계 맺기!

단어를 외우면서 그 단어와 나와의 특별한 관계를 만들어 보세요. 예를 들어, honest(정직한)라는 단어가 잘 외워지지 않는다면 친구들 중에 가장 정직하다고 생각한 친구나 아니면 자신이 정직했던 경험을 떠올려보세요. exchange(교환하다)를 외울 때에는 친구와 물건을 서로 교환했던 일을 떠올려 보고요.

❷ 한 가지 뜻으로!

한 단어에 많은 뜻이 있는 경우가 많아서 골치 아플 때가 많지요? 그럴 때는 그 여러 가지 뜻에 모두 해당되는 핵심 뜻만 기억하는 거예요. 예를 들어, add라는 단어에는 더

단어가 잘 안 외워질 때 동원할 수 있는 노하우를 자세히 설명하였습니다.

+ Picture Dictionary

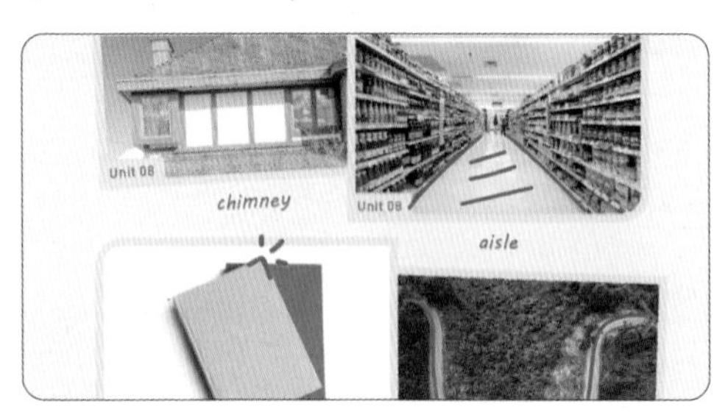

단어와 관련된 사진을 이용한 연상작용으로 단어 암기의 효과를 높일 수 있습니다.

+ 본문

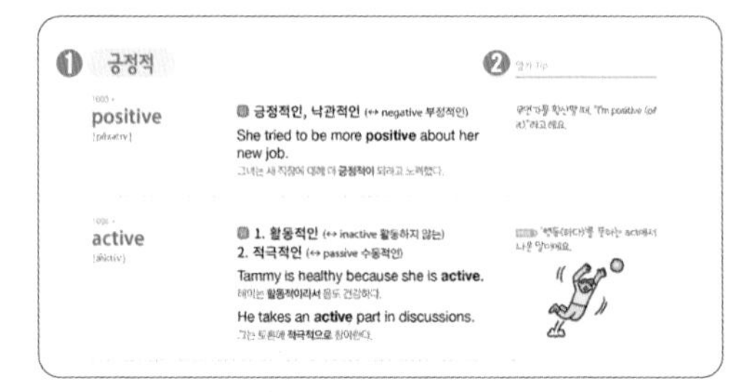

❶ 주제별로 분류된 25개의 어휘를 소주제로 나누어 제시합니다. 연상작용을 통해 쉽고 빠르게 기억할 수 있습니다.

❷ 모든 단어에 제시되어 있는 암기 Tip을 활용해 암기해보세요.

+ Apply, Check & Exercise

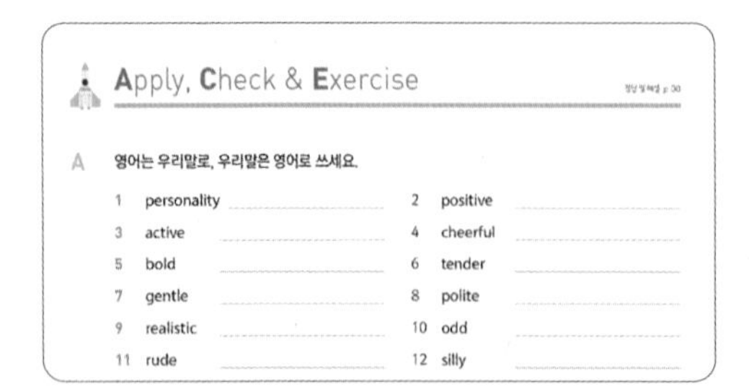

다양한 연습문제로 앞에서 배운 25단어를 제대로 학습했는지 확인합니다.

+ Final Check

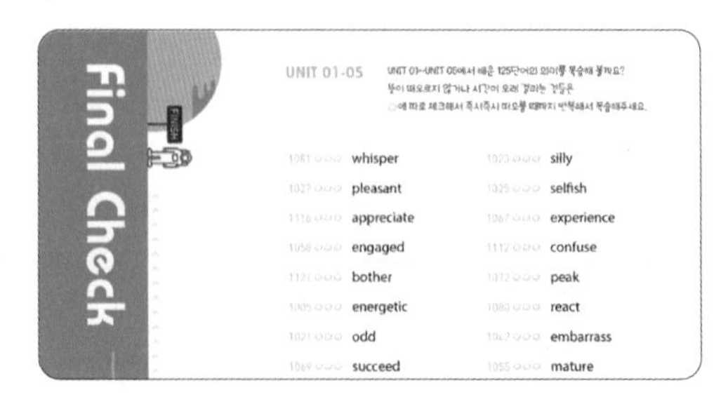

유닛별로 누적된 125개의 학습 단어를 하나의 파트가 끝날 때마다 복습해보세요.

How to study

① 발음 익히기용 MP3 파일(단어가 두 번씩 재생)을 듣고 따라 말하며 발음을 익힙니다.

② 암기Tip과 삽화, 예문의 도움을 받으며 단어와 뜻을 익히세요.
단어에 제시되는 파생어도 꼭 함께 학습하세요.

③ 우리말 뜻을 가리고 영단어를 보며 의미를 되살려보세요. 미처 암기하지 못한 단어는 다시 외워봅시다. 셀프 스터디용으로 제공되는 MP3 파일(단어 두 번, 우리말 뜻 한 번 재생)을 활용하는 것도 좋아요.

④ 리스닝 훈련용 MP3 파일(단어와 예문 재생)을 들으며 예문의 의미가 잘 이해되는지 확인하세요.

⑤ Apply, Check & Exercise를 풀어보고 틀린 문제는 빠짐없이 확인합니다.

⑥ 무료로 제공되는 부가서비스로 완벽히 복습하세요. (www.cedubook.com)

MP3 파일 | 단어 시험지 | 예문 영작 연습지 | 어휘 출제 프로그램

어휘 출제 프로그램 사용 방법

❶ 다운로드 : 쎄듀 홈페이지(www.cedubook.com)에 접속
▶ 초중등교재, 어휘끝 필수 선택
▶ 교재 이미지 클릭(상세페이지)
▶ [학습자료]에서 어휘 출제 프로그램을 무료로 다운로드 하세요. (Window 버전과 Mac 버전 구분)

❷ 압축 파일을 풀어 설치를 완료한 후 바탕화면에 저장된 어휘 출제 프로그램 VOCATEST(파란색 아이콘)를 실행합니다.

VOCATEST

❸ 프로그램을 실행하면 "교재에 있는 ISBN을 입력하세요." 라는 칸에 사용할 교재의 ISBN을 입력해주시면 됩니다.
* 교재 뒷 표지 바코드란에서 ISBN 숫자를 확인하실 수 있습니다.
* 입력하실 때, - 는 제외한 후 입력해주세요.

교재에 있는 ISBN을 입력하세요. [추가]

❹ [NEW 문제 출제] 를 선택하여 학습한 유닛의 단어 테스트를 해 보세요. 학습한 유닛을 여러 개 선택하여 누적 테스트도 해 볼 수 있습니다.

본문 자세히 보기

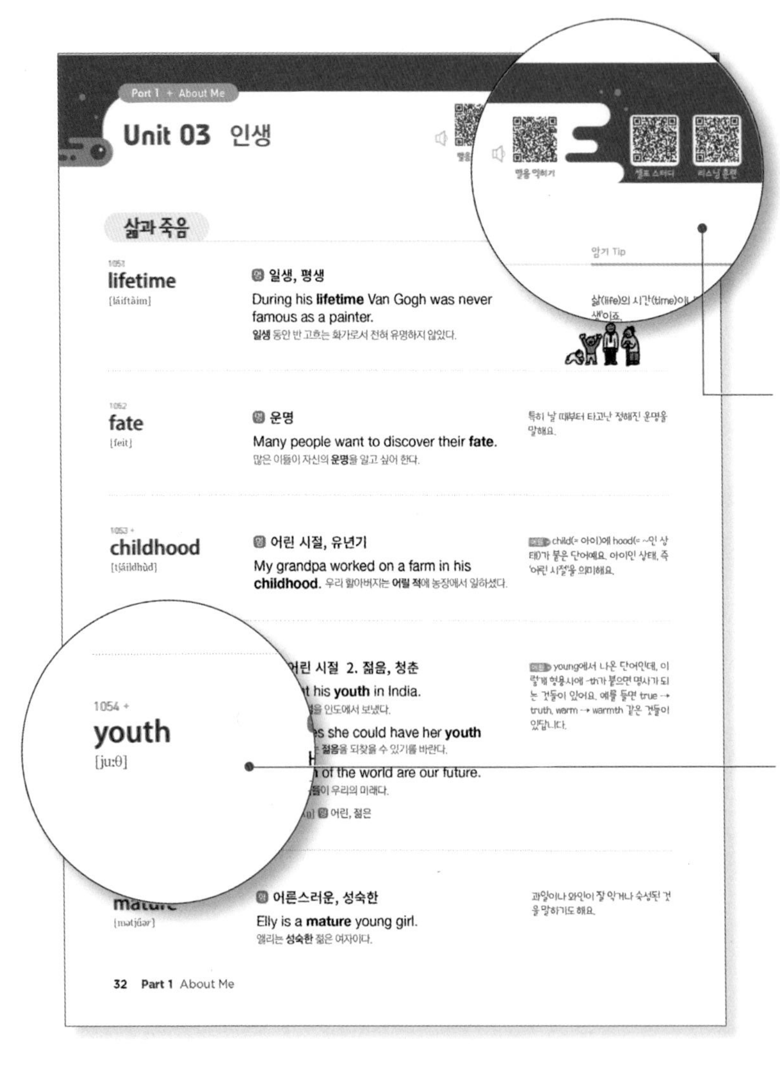

Part 1 + About Me

Unit 03 인생

발음 익히기 셀프 스터디 리스닝 훈련

삶과 죽음

1051 **lifetime** [láiftàim]

명 일생, 평생

During his **lifetime** Van Gogh was never famous as a painter.
일생 동안 반 고흐는 화가로서 전혀 유명하지 않았다.

암기 Tip: 삶(life)의 시간(time)이 일생이죠.

1052 **fate** [feit]

명 운명

Many people want to discover their **fate**.
많은 이들이 자신의 **운명**을 알고 싶어 한다.

특히 날 때부터 타고난 정해진 운명을 말해요.

1053 + **childhood** [tʃáildhùd]

명 어린 시절, 유년기

My grandpa worked on a farm in his **childhood**. 우리 할아버지는 **어릴 적**에 농장에서 일하셨다.

어원 child(= 아이)에 hood(= ~인 상태)가 붙은 단어예요. 아이인 상태, 즉 '어린 시절'을 의미해요.

1054 + **youth** [ju:θ]

명 1. 어린 시절 2. 젊음, 청춘

...t his **youth** in India.
...을 인도에서 보냈다.

...s she could have her **youth** ...
... **젊음**을 되찾을 수 있기를 바란다.

... of the world are our future.
...들이 우리의 미래다.

...] 형 어린, 젊은

어원 young에서 나온 단어인데, 이렇게 형용사에 -th가 붙으면 명사가 되는 것들이 있어요. 예를 들면 true → truth, warm → warmth 같은 것들이 있답니다.

mature [mətjúər]

형 어른스러운, 성숙한

Elly is a **mature** young girl.
엘리는 **성숙한** 젊은 여자이다.

과일이나 와인이 잘 익거나 숙성된 것을 말하기도 해요.

32 Part 1 About Me

QR코드

- **발음 익히기** : 파생어를 포함한 영어 단어가 두 번씩 반복 재생됩니다.
- **셀프 스터디** : 영어 단어와 우리말 뜻이 재생됩니다.
- **리스닝 훈련** : 단어와 예문이 재생됩니다.

- 1001번부터 2000번까지 매겨진 번호로 학습이 얼마만큼 진전되었는지 바로 확인해보세요.
- + 개수는 단어의 중요도와 빈출에 따라 다릅니다.
  + 중요단어
  ++ 최중요단어
- 동사의 과거형 – 과거분사형 – 현재분사형도 한눈에 확인하세요.

본문에 쓰인 여러 기호

= 유사어(구) | ↔ 반의어(구) | (-s) 복수형으로 쓰이면 뜻이 달라지는 말 | [ ] 대신 쓸 수 있는 표현
(( )) 의미에 대한 보충 설명 ((호칭)) 여보, 자기 | 큰 ( ) 우리말 의미의 일부 경보(음), 경보기
작은 ( ) 의미의 보충 설명 (아주) 비슷한

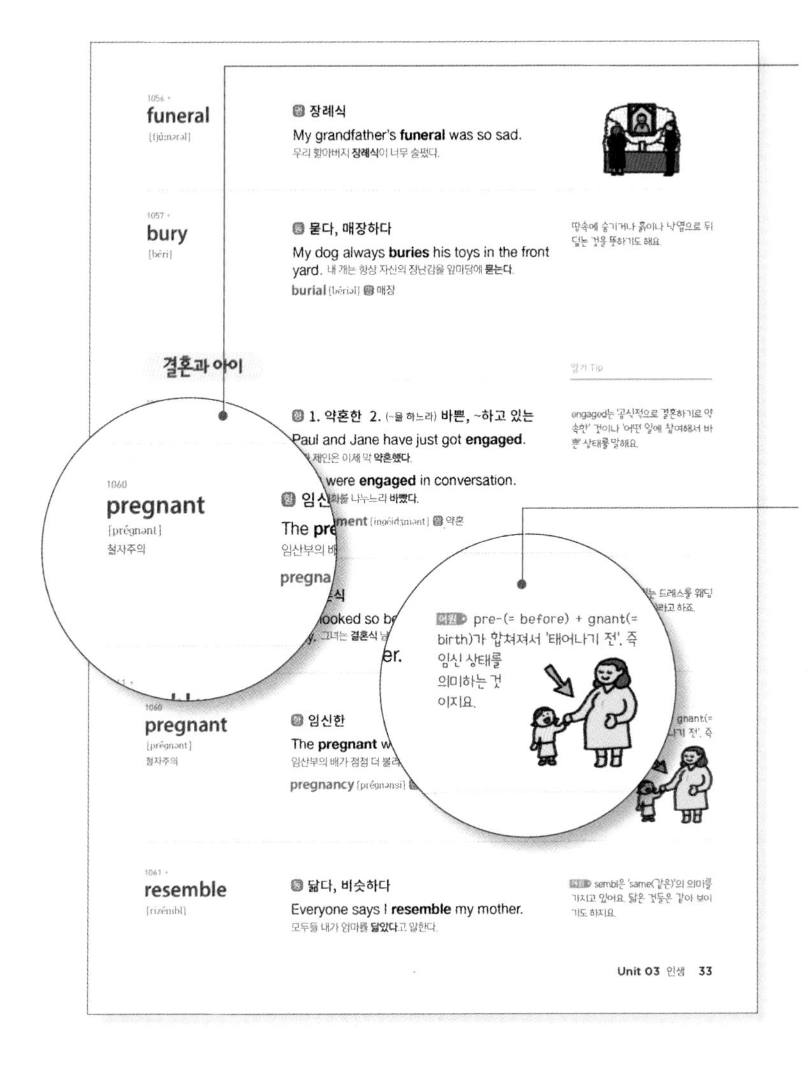

1056 +
funeral
[fjú:nərəl]

명 장례식
My grandfather's **funeral** was so sad.
우리 할아버지 **장례식**이 너무 슬펐다.

1057 +
bury
[béri]

동 묻다, 매장하다
My dog always **buries** his toys in the front yard. 내 개는 항상 자신의 장난감을 앞마당에 **묻는다**.
burial [bériəl] 명 매장

땅속에 숨기거나 흙이나 낙엽으로 뒤덮는 것을 뜻하기도 해요.

결혼과 아이

암기 Tip

형 1. 약혼한 2. (~을 하느라) 바쁜, ~하고 있는
Paul and Jane have just got **engaged**.
제인은 이제 막 **약혼했다**.
were **engaged** in conversation.
화를 나누느라 **바빴다**.
ment [ingéidʒmənt] 명 약혼

engaged는 '공식적으로 결혼하기로 약속한' 것이나 '어떤 일에 참여해서 바쁜' 상태를 말해요.

1060
pregnant
[prégnənt]
철자주의

형 임신
The pre
임산부의 배
pregna
식
looked so be
y. 그녀는 결혼식
er.

어원 pre-(= before) + gnant(= birth)가 합쳐져서 '태어나기 전', 즉 임신 상태를 의미하는 것이지요.

1060
pregnant
[prégnənt]
철자주의

형 임신한
The **pregnant** w
임산부의 배가 점점 더 불러
pregnancy [prégnənsi]

1061 +
resemble
[rizémbl]

동 닮다, 비슷하다
Everyone says I **resemble** my mother.
모두들 내가 엄마를 **닮았다**고 말한다.

어원 sembl은 'same(같은)'의 의미를 가지고 있어요. 닮은 것들은 같아 보이기도 하지요.

Unit 03 인생 33

- 발음주의 : 철자를 통해 예상되는 발음과는 다른 경우에 표시됩니다. MP3파일로 발음을 확인하세요.
- 강세주의 : 일반적으로 예상되는 강세 자리가 아닌 경우에 표시됩니다.
- 철자주의 : 발음을 통해 예상되는 철자와는 다른 경우에 표시됩니다.

암기Tip

- 뉘앙스 : 어감의 미묘한 차이를 말해요. 어떤 상황에 가장 적합하게 쓰이는 단어인지 확인해보세요.
- 어원 : 이 단어의 뿌리는 무엇인지, 이 단어가 어떻게 만들어진 것인지 확인해보세요. 어원을 많이 알아두면, 나중에 모르는 단어가 나와도 그 뜻을 추측할 수 있어요.
- 어법 : 함께 공부해두면 좋은 규칙을 설명해 두었어요. 단어만 외웠을 뿐인데 문법과 표현이 저절로 공부가 되는 놀라운 학습 효과!

품사

문장을 구성하는 단어들을 그 문법적 쓰임에 따라 분류한 것

명사 명: 사람, 사물, 장소 등의 이름 (book, family, city, Eric ...)
대명사 대: 명사를 대신해서 쓰는 말 (I, you, he, she, they, we, it, this ...)
동사 동: 동작이나 상태를 나타내는 말 (read, eat, run, think, feel, am, are, is ...)
형용사 형: 명사의 성질, 모양, 수량, 크기 등을 나타내는 말 (old, long, nice, big ...)
부사 부: 동사, 형용사, 다른 부사 등을 꾸미는 말 (very, fast, slowly, enough ...)
전치사 전: 명사 앞에서 다른 단어와의 관계를 나타내는 말 (in, on, at, for, to ...)
접속사 접: 단어, 구, 문장들을 이어주는 말 (and, but, or, so, because ...)
감탄사 감: 감정을 나타내는 말 (oh, wow, ouch, oops ...)

Contents

Part 5 + Society & World

Part 6 + Economy & Industry

Part 7 + Culture & Holidays

Part 8 + Things & Conditions

Special Part

발음기호를 알아볼까요?

단어가 잘 안 외워질 땐…?

발음기호를 알아볼까요?

영어 어휘를 학습할 때는 뜻과 함께 발음도 꼭 익혀야 해요.
영어는 우리말과 다르게 철자와 발음이 일치하지 않는 경우가 많기 때문이지요.
엉뚱한 발음으로 알고 있으면 말할 수도, 듣고 이해할 수도 없어요.

발음은 원어민 발음을 들으면서 익히는 것이 가장 정확하지만,
발음기호를 통해서도 알 수 있으므로 발음기호를 잘 익혀야 해요. 아래, 표를 보세요.

++ 모음

전체 듣기

[i] sit big	[ə] America aloud	[u] book look
[e] men bed	[æ] cat animal	[ɔ] boy voice
[ɑ] not body	[ʌ] but love	

이 중에서 어떤 모음 뒤에는 ː 표시가 붙어 [ɑː], [əː], [iː], [uː], [ɔː]와 같이 표기돼요.
그냥 길게 발음하는 것으로 알고 있는 경우가 많은데, 그보다는 그 모음을 두 번 발음한다 생각하고 발음하는 것이 원어민 발음에 좀 더 가까워요. 들으면서 꼭 확인해보세요.

[ɑː] father large	[iː] need cheap	[ɔː] across draw
[əː] girl hurry	[uː] moon food	

영단어 발음에 있어서 우리말과 다른 가장 특이한 점은 강세가 있다는 것이에요.
단어의 강세는 대개 강, 약강, 약의 세 가지 강세로 이루어지는데,
강세가 없는 부분은 발음이 약해지거나 아예 생략되는 경우가 많아요.
이런 특이한 점 때문에 모음 발음기호에서는 다음과 같은 것들이 있을 수 있어요.

´ 모음 위에 붙어요. 가장 강하게 발음하라는 표시예요.
` 두 번째로 강하게 발음하는 모음이라는 표시예요.
ə 강세를 두지 않고 약하게 발음해요.
e.g. pencil[pénsəl], museum[mjuːzíːəm], mathematics[mæθəmǽtiks], strawberry[strɔ́ːbèri]

또, 어떤 모음들은 두 개가 합쳐져 있는데, 주로 발음되는 것은 두 모음 중 앞에 있는 것이랍니다.
뒤에 나오는 것보다 더 강하고 길게 발음해요.

[ai] my price	[au] how mouth	[uə] tour
[ei] day face	[ou] go boat	[eə] wear hair
[ɔi] boy choice	[iə] here	

++ 자음

전체 듣기

[p] pig piano	[b] bed hobby	[m] milk make
[k] kilo school	[g] go give	[n] no knock
[t] time today	[d] do dog	[ŋ] sing bring
[f] five future	[v] very visit	[r] read red
[s] six see	[z] zoo zebra	[l] live lady
[θ] think thing	[ð] the this	
[ʃ] short ship	[ʒ] casual pleasure	[w] window work
[tʃ] child church	[dʒ] jam joy	[j] yes yellow
[h] hello here		

모음에서와 마찬가지로 자음도 약하게 발음되는 것들이 있는데, 가장 자주 쓰이는 것은 바로 [*r*] 예요.
들릴 듯 말 듯 약하게 발음한답니다.

e.g. work[wəː*r*k], store[stɔː*r*]

그리고, [p], [t], [k]가 s다음에 올 때는 우리말의 'ㅃ', 'ㄸ', 'ㄲ'에 가까워요.

e.g. spring, speed, stop, star, sky, skill

이처럼 발음기호는 발음에 대해 많은 것을 알려주지만 완벽하게 정확한 발음을 나타내지는 않아요.
실제로 음성을 통해 발음을 익히는 것이 가장 좋은 방법이라는 것을 잊지 마세요.

단어가 잘 안 외워질 땐…?

단어가 길 때, 발음과 철자가 너무 다를 때, 뜻이 어려울 때 등등 단어가 잘 안 외워지는 데에는 여러 이유가 있을 수 있어요. 그럴 때는 무조건 반복해서 외우려고만 하지 말고, 그 단어를 가지고 다음과 같은 방법들로 이리저리 놀아보세요. 그러다보면 자연스럽게 외워진답니다.

❶ 단어와 관계 맺기!

단어를 외우면서 그 단어와 나와의 특별한 관계를 만들어 보세요. 예를 들어, honest(정직한)라는 단어가 잘 외워지지 않는다면 친구들 중에 가장 정직하다고 생각한 친구나 아니면 자신이 정직했던 경험을 떠올려보세요. exchange(교환하다)를 외울 때에는 친구와 물건을 서로 교환했던 일을 떠올려 보고요.

❷ 한 가지 뜻으로!

한 단어에 많은 뜻이 있는 경우가 많아서 골치 아플 때가 많지요? 그럴 때는 그 여러 가지 뜻에 모두 해당되는 핵심 뜻만 기억하는 거예요. 예를 들어, add라는 단어에는 더하다, 추가하다, 보태다, 합치다 등등의 뜻이 있지만, 생각해보면 핵심 뜻은 그냥 '더하다'라는 것을 알 수 있어요.

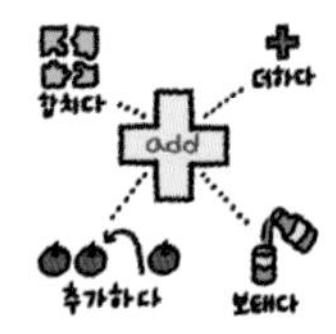

❸ 여기도 단어, 저기도 단어!

길거리에도 TV광고에도 제품 브랜드에도 많은 영어 단어들이 쓰이는데 그 중에는 우리가 알아야 할 단어도 많아요. 무심히 지나치지 말고 기억해 두세요.

❹ 그림 그리기!

단어를 외울 때 그 단어와 연관된 그림을 한 번 그려 보세요. 그림을 잘 그리고 못 그리고는 중요하지 않아요. 자기만 알아볼 수 있으면 되거든요. 예를 들어 nation이라는 단어가 정말 안 외워질 때는 연습장을 한 장 꺼내서 우리나라 지도 모양을 그리고 our nation이라고 써보세요. 거짓말처럼 효과가 나타날 거예요.

5 내 몸이 도구!

단어와 관련된 동작을 해보는 거예요. 예를 들어 nod(끄덕이다)는 고개를 아래위로 막 끄덕이면서 외우는 거예요. noise(소음)는 손으로 귀를 막으면서 시끄러울 때 하는 행동을 해보세요.

6 단어 카드 만들기!

단어카드는 정말 효과가 좋은 방법인데도 만드는 데 시간이 너무 많이 걸려서 활용하기 힘들어요. 정말 잘 안 외워지는 단어만 만들어서 자투리 시간에 활용해보세요.

7 이건 나쁜 거, 이건 좋은 거!

정확한 뜻을 알지 못해도 좋은 의미인지 아닌지만 기억해두는 것도 좋아요. 예를 들어 fear(두려움)는 '나쁜 감정'으로 delight(기쁨)는 '좋은 감정'으로 분류해서 기억을 해두는 것이에요.

8 가족을 찾아주자!

비슷한 개념끼리 묶어 보는 거예요. 예를 들어 father, mother, daughter, son, niece, nephew를 family라는 개념으로 묶는 것이지요. 이 책의 유닛은 하나의 큰 개념으로 묶여 있고 좀 더 세세한 개념으로 묶어 놓았는데, 본인만의 기준으로 묶어보는 것이 많은 도움이 될 거예요.

9 짧은 글짓기를 해보자!

우리말 단어를 넣어 문장을 만들어본 경험이 있지요? 우리말 단어의 의미가 더 잘 기억된답니다. 그것처럼 영어로도 해보는 거예요. 예를 들어 predict(예측하다)로는 '우리는 앞날을 predict하기 힘들다.'와 같이 직접 문장을 만들어보는 것도 굉장히 좋은 방법이랍니다.

About Me

Unit 01
성격과 태도
- 긍정적
- 부정적

Unit 02
감정
- 긍정적
- 부정적

Unit 03
인생
- 삶과 죽음
- 결혼과 아이
- 도전과 성공

Unit 04
의사소통
- 발표와 주장
- 간청과 거절
- 기타 의사소통 관련 표현

Unit 05
사고와 생각
- 생각과 판단
- 마음과 정신
- 예측과 추측

Picture Dictionary

wedding

resemble

background

debate

compare

concentrate

Unit 01 성격과 태도

발음 익히기

셀프 스터디

리스닝 훈련

암기 Tip

1001 ++
character
[kǽriktər]

명 **1. 성격, 특성 2. 등장인물, 배역**

We all have different faces and **characters**.
우리는 얼굴과 **성격**이 모두 다 다르다.

Batman is my favorite comic book **character**.
배트맨은 내가 가장 좋아하는 만화책 **캐릭터**이다.

characteristic[kæ̀riktərístik] 형 특징적인

캐릭터(character)라고 하면 흔히 영화나 드라마의 '등장인물'을 떠올리게 되죠? 등장인물들은 다른 사람들과 구별되는 각자 고유한 '성격, 성질'을 가지고 있지요.

1002 +
personality
[pə̀rsənǽləti]

명 **성격, 개성**

Dakota has a very curious **personality**.
다코타는 호기심이 몹시 많은 **성격**이다.

person(사람)에서 나온 말로서 사람이 가진 character(성격)와 nature(본성, 천성)를 모두 뜻해요.

긍정적

암기 Tip

1003 +
positive
[pázətiv]

형 **긍정적인, 낙관적인** (↔ negative 부정적인)

She tried to be more **positive** about her new job.
그녀는 새 직장에 대해 더 **긍정적이** 되려고 노력했다.

무언가를 확신할 때, "I'm positive (of it)."라고 해요.

1004 +
active
[ǽktiv]

형 **1. 활동적인** (↔ inactive 활동하지 않는)
2. 적극적인 (↔ passive 수동적인)

Tammy is healthy because she is **active**.
태미는 **활동적이라서** 몸도 건강하다.

He takes an **active** part in discussions.
그는 토론에 **적극적으로** 참여한다.

어원 '행동(하다)'를 뜻하는 act에서 나온 말이에요.

1005
energetic
[ènərdʒétik]

형 **활동적인, 활기에 찬** (= active 활동적인)

My mother was an **energetic** woman.
우리 어머니는 **활기찬** 여성이었다.

energetic은 energy(힘)가 들어가 있어요. 그래서 '힘이 넘치는, 활기에 찬'이라는 뜻이 되네요.

1006 +

eager

[íːgər]

형 **열렬한, 간절히 바라는, 열심인**

I am **eager** to meet him and talk to him.
나는 그를 만나서 대화하기를 **간절히 원한다**.

무엇을 하거나 무언가를 가지기를 매우 원하는 상태를 말해요.

1007 +

cheerful

[tʃíərfəl]

형 **쾌활한, 명랑한** (= happy 행복한)

He seems **cheerful** today. He smiles a lot.
그는 오늘 **쾌활해** 보인다. 그가 많이 웃네.

경기장 치어리더(cheerleader)들의 응원은 관중들이 더욱 신나고, 쾌활한(cheerful) 기분이 들게끔 도와주죠.

1008

bold

[bould]

형 **1. 용감한, 대담한** (= brave) **2. 굵은, 눈에 잘 띄는**

A **bold** firefighter saved many people.
용감한 소방관이 많은 사람을 구했다.

The painting is done in **bold** colors.
그 그림은 **눈에 잘 띄는** 색깔로 그려졌다.

위험이나 어려운 상황을 두려워하지 않는 것을 말해요.

1009 +

confident

[kɑ́nfidənt]

형 **자신감 있는, 확신하는**

I am **confident** I can hit the ball far.
나는 내가 공을 멀리 칠 수 있다고 **확신해**.

confidence [kɑ́nfidəns] 명 자신감, 확신

'컨피던스(confidence)'라는 비타민 음료가 있어요. 건강을 지켜야 자신감 넘치는 당당한 사람이 될 수 있겠죠?

1010

tender

[téndər]

형 **1. 상냥한, 다정한 2.** (음식이) **연한**

Tender people are warm-hearted.
다정한 사람이란 마음이 따뜻한 사람을 말한다.

Cook the meat until it is just **tender**.
고기가 **연해질** 때까지만 요리해라.

음식이 연하고 부드러운 것을 말하기도 해요. 맥도날드의 치킨텐더(tender)도 맛이 연하고 부드럽다는 것을 의미하는 이름이죠.

1011 +

generous

[dʒénərəs]

형 **1.** (무엇을 주는 데 있어서) **후한, 인심 좋은**
2. 관대한, 너그러운

The **generous** man helped the family.
인심 좋은 그 남자가 그 가족을 도와주었다.

She has a **generous** heart.
그녀는 마음이 **관대하다**.

뉘앙스 특히 돈이나 도움을 베푸는 데 인색하지 않고 후한 것을 의미하는데, 사람을 대하는 데 있어서도 관대한 마음씨임을 뜻해요.

1012 +

gentle

[dʒéntl]

형 1. 상냥한, 점잖은 2. (날씨가) 온화한

Paul is a very **gentle** person.
폴은 매우 **점잖은** 사람이다.

A **gentle** wind blew through the windows.
부드러운 바람이 창문을 통해 불어 왔다.

'젠틀맨(gentleman)'은 gentle과 man이 합쳐진 단어로, 우리나라 말로는 '신사'라고 하죠. 흔히 예의 바르고 점잖은 남자를 말해요.

1013

sensitive

[sénsətiv]

형 1. 섬세한, 세심한 2. 예민한, 민감한

Be **sensitive** to each other's needs.
서로의 요구에 대해 **세심히** 살펴라.

My turtle is **sensitive** to loud sounds.
내 거북이는 큰 소리에 **예민하다**.

남의 기분을 헤아리는 데에는 섬세하지만, 본인은 예민해서 상처를 잘 받거나 쉽게 화를 내는 것을 의미해요. 긍정적인 뜻과 부정적인 뜻을 다 가지고 있어요.

1014 + +

polite

[pəláit]

형 예의 바른, 공손한 (↔ impolite, rude 무례한)

Are there **polite** ways to say "No"?
"싫어요"를 **공손하게** 말하는 방법이 있나요?

politely[pəláitli] 부 예의 바르게, 공손히

1015 +

responsible

[rispánsəbl]

형 책임지고 있는, 책임이 있는

We are **responsible** for our actions.
우리는 스스로의 행동에 대해 **책임이 있다**.

responsibility[rispὰnsəbíləti] 명 책임, 책무

어원 response(응답)와 -ible(~할 수 있는)이 합쳐진 말이에요. 어떤 일에 대해 응답할 수 있다는 것은, 즉 그 일에 책임이 있다는 것을 뜻하겠죠.

1016 +

diligent

[dílidʒənt]
철자주의

형 부지런한, 성실한 (↔ idle 게으른)

Diligent students work hard every day.
성실한 학생들은 매일 열심히 공부한다.

diligence[dílidʒəns] 명 부지런함, 성실함

1017

attractive

[ətrǽktiv]
철자주의

형 매력 있는, 마음을 끄는

She is an **attractive** actress with a beautiful smile.
그녀는 아름다운 미소를 가진 **매력 있는** 여배우이다.

attract[ətrǽkt] 동 매혹하다

뉘앙스 사람뿐 아니라 상황이나 사물 등이 좋다는 말을 할 때도 써요.

1018 + +

curious

[kjú(:)əriəs]

형 **1. 호기심이 많은 2. 궁금한**

Creative people are **curious**.
창의적인 사람들은 **호기심이 많다**.

I'm just **curious** to know what happened.
나는 단지 무슨 일이 있었는지 **궁금하다**.

curiosity [kjùəriásəti] 명 호기심

무언가에 호기심이 있다는 것은 관심이 있어서 더 알고 싶어하는 것, 즉 궁금해 하는 것을 의미해요.

1019 +

realistic

[rìəlístik]

형 **현실적인, 현실을 직시하는**

We have to be **realistic** about our future.
우리는 우리 미래에 대해 **현실적**이어야 한다.

real [rí:əl] 형 진짜의, 진정한
really [rí(:)əli] 부 정말로, 아주

어원 '연기가 리얼(real)하다.'라고들 하지요. 연기가 마치 실제 상황처럼 현실감 있을 때 하는 말입니다. real + istic이 합쳐져 '현실적인'이라는 뜻이 되네요.

부정적

암기 Tip

1020 +

negative

[négətiv]

형 **부정적인** (↔ positive 긍정적인)

He has a **negative** attitude about the plan.
그는 그 계획에 대해서 **부정적인** 태도를 갖고 있다.

선거철이 되면 후보자들 간에 '네거티브' 공세가 이어질 때가 있지요? 다른 후보의 '부정적인' 면을 알려서 선거에서 불리하게 되도록 하는 것이에요.

1021 +

odd

[ɑd]

형 **1. 이상한, 특이한** (= strange 이상한, 낯선)
2. 홀수의 (↔ even 짝수의)

The alien looks very **odd**.
외계인은 너무 **이상하게** 생겼다.

The smallest **odd** number is 1.
가장 작은 **홀수**는 1이다.

양쪽 눈의 색깔이 다른 고양이를 an odd-eyed cat이라고 해요.

1022 + +

rude

[ru:d]

형 **버릇없는, 무례한**

She was **rude** to him.
그녀는 그에게 **무례하게** 굴었다.

1023 +

silly

[síli]

형 **어리석은, 바보 같은** (= foolish, stupid 어리석은)

Cheating is a **silly** idea.
컨닝은 **어리석은** 생각이다.

'바보 같은 소리 하지 마.'를 영어로 표현하면 Don't be silly.예요.

1024

passive

[pǽsiv]

형 **소극적인, 수동적인** (↔ active 적극적인)

The shy girl is so **passive** in class.

부끄럼을 많이 타는 그 소녀는 수업에서 너무 **수동적**이다.

레슬링 경기에서 선수가 일정 시간 동안 상대방을 공격하지 않으면 패시브(passive) 반칙이 선언돼요.

1025 +

selfish

[sélfiʃ]

형 **이기적인**

Don't be **selfish**. Share with your friends.

이기적으로 굴지 마. 친구들과 나눠.

어원 '자기 자신'을 말하는 self에서 나온 말이죠. 자기 자신밖에 모르는 이기적인 것을 selfish라 한답니다.

Apply, Check & Exercise

Answer Key p.306

A 영어는 우리말로, 우리말은 영어로 쓰세요.

1	personality ______	2	positive ______
3	active ______	4	cheerful ______
5	bold ______	6	tender ______
7	gentle ______	8	polite ______
9	realistic ______	10	odd ______
11	rude ______	12	silly ______
13	passive ______	14	성격, 등장인물 ______
15	활기에 찬 ______	16	간절히 바라는 ______
17	자신감 있는 ______	18	관대한 ______
19	섬세한, 예민한 ______	20	책임지고 있는 ______
21	성실한 ______	22	매력 있는 ______
23	호기심이 많은 ______	24	부정적인 ______
25	이기적인 ______		

B 다음 빈칸에 알맞은 단어를 쓰세요.

1 character : characteristic = 성격, 특성 : ______________

2 negative : ______________ = 부정적인 : 긍정적인

3 active : ______________ = 적극적인 : 수동적인

4 brave : ______________ = 용감한 : 용감한, 대담한

5 happy : ______________ = 행복한 : 쾌활한, 명랑한

6 selfish : generous = 이기적인 : ______________

7 rude : ______________ = 무례한 : 공손한

8 responsible : responsibility = 책임이 있는 : ______________

9 curious : ______________ = 호기심이 많은 : 호기심

10 strange : ______________ = 이상한 : 이상한, 홀수의

C 다음 중 단어의 영영 풀이가 잘못된 것을 있는 대로 고르세요.

① sensitive: easily upset by the things that people say about you

② energetic: having a lot of energy

③ realistic: able to see things as they really are

④ silly: having or showing deep thought

⑤ gentle: having or showing a rude nature

D 배운 단어를 이용하여 빈칸에 알맞은 말을 넣으세요.

1 그녀는 성격이 명랑해서 모두가 무척 좋아한다.
→ Everyone loves her for her ______________ personality.

2 그녀는 아기를 다정하게 바라보았다. → She gave the baby a ______________ look.

3 그들은 열심히 배우려고 한다. → They are ______________ to learn.

4 탐은 성실한 학생이다. → Tom is a ______________ student.

5 마리아는 매력적인 젊은 여성이다. → Maria is an ______________ young woman.

Unit 02 감정

발음 익히기

셀프 스터디

리스닝 훈련

암기 Tip

1026 +
mood
[mu:d]

명 1. 기분 2. 분위기

Chocolate makes my **mood** better.
초콜릿을 먹으면 나는 **기분**이 좋아진다.

The **mood** was low for the losing team.
팀의 패배로 **분위기**가 가라앉았다.

'무드를 잡고', '무드 없다'는 말을 들어본 적 있나요? 우리나라에서도 '분위기'나 '기분'을 '무드'로 종종 표현하곤 하죠.

긍정적

암기 Tip

1027 +
pleasant
[plézənt]
철자주의

형 즐거운, 유쾌한

I find the sound of rain **pleasant**.
나는 비 오는 소리를 들으면 **기분이 좋아**.

pleasure [pléʒər] 명 기쁨, 즐거움

1028 +
delight
[diláit]

명 큰 기쁨 동 아주 즐겁게 하다

Their baby boy was a **delight**.
그들의 어린 남자 아이는 **큰 기쁨**이었다.

The toy **delighted** Paul.
그 인형은 폴을 **아주 즐겁게 했다**.

delightful [diláitfəl] 형 정말 기분 좋은, 마음에 드는

말과 몸짓 등으로 외부에 표현되는 크나큰 즐거움을 말해요.

1029 + +
excite
[iksáit]

동 흥분시키다, 신나게 하다

His playing is okay, but it doesn't **excite** me. 그의 플레이는 괜찮지만 나를 **흥분시키지는** 못한다.

excited [iksáitid] 형 흥분한, 들뜬, 신이 난

특히 앞으로 벌어질 일에 기대감으로 들떠서 기분을 좋게 하는 것을 의미해요.

1030 +
amaze
[əméiz]

동 몹시 놀라게 하다

The magic show **amazed** his girlfriend.
마술쇼가 그의 여자 친구를 **놀라게 했다**.

amazing [əméiziŋ] 형 놀라운

뉘앙스 amaze는 surprise보다 더 강한 느낌의 말이에요. 주로 훌륭한 것을 보고 경탄하는 긍정적인 의미의 감정입니다.

1031
thrill
[θril]

명 황홀감 동 황홀하게 하다

Skydiving was the biggest **thrill** of my life.
스카이다이빙이 내 생애 최고의 **스릴**이었어.

His performance **thrills** me!
그의 공연은 나를 **황홀하게 해**!

thrilling[θríliŋ] 형 황홀한, 흥분되는

갑자기 아주 크게 신이 나거나 즐거움, 또는 공포를 느낄 때 사용해요. '스릴러물(thriller)'이라고 하면 특히 미스터리나 범죄 등에 대한 흥미진진하면서도 공포 심리를 자극하는 이야기를 담은 책이나 연극, 영화 등을 말하죠.

1032 +
satisfy
[sǽtisfài]
satisfied-satisfied

동 ~을 만족시키다, 충족시키다

You can't **satisfy** everyone.
모든 사람을 **만족시킬** 수는 없다.

satisfaction[sæ̀tisfǽkʃən] 명 만족

어원 원래 '충분하게 하다'란 의미의 라틴어에서 나온 말이에요.

1033 +
grateful
[gréitfəl]

형 고마워하는, 감사하는 (= thankful)

We were **grateful** for the firemen's hard work. 우리는 소방관들의 노고에 **감사드렸다**.

gratefully[gréitfəli] 부 감사하여, 기꺼이

어법 be grateful for (~에 대해 고마워하다), be grateful to (~에게 감사하다)의 형태로 많이 써요.

1034
hopeful
[hóupfəl]

형 희망에 찬, 기대하는

Meg is **hopeful** that her father will say yes.
멕은 아빠가 찬성해 줄 거라는 **희망에 차** 있다.

어원 hope와 -ful(= full)이 합쳐진 단어예요. -ful은 '풍부한'을 나타내요. 희망이 풍부한 상태, 즉 '희망에 찬'이 되네요.

1035 +
pride
[praid]

명 1. 자존심 2. 자랑스러움, 자부심

His **pride** didn't allow him to ask for help.
그의 **자존심**이 도움을 요청하도록 허용하지 않았다.

We have **pride** in our school.
우리는 모교에 대한 **자부심**이 있다.

proud[praud] 형 자랑으로 여기는, 자랑스러운

'프라이드'라는 이름의 자동차가 있죠? '소형차의 자존심'이라는 뜻에서 그런 이름을 지었다고 하네요.

1036
sincere
[sinsíər]

형 진심 어린, 진정한, 진실된

A good dog is the most **sincere** friend.
충직한 개는 가장 **진실된** 친구이다.

sincerely[sinsíərli] 부 진심으로

영어권 나라에서는 편지를 쓸 때 끝맺을 때 Sincerely를 쓰고 보내는 이의 이름을 쓰는데 'oo 드림'의 의미로 이해하면 된답니다.

부정적

암기 Tip

1037
offend
[əfénd]

동 1. 감정을 상하게 하다 2. 죄를 범하다

His smelly shoes **offended** everyone in the room.
냄새 나는 그의 신발이 방에 있던 모두에게 **불쾌감을 주었다**.

They are likely to **offend** again.
그들은 다시 **범죄를 저지를** 것 같다.

offense [əféns] 명 1. 분노 2. 범죄 3. 공격

스포츠 경기에서 offensive foul은 공격 반칙, defensive foul은 수비 반칙이죠.

1038 +
annoy
[ənɔ́i]

동 1. 짜증나게 하다 2. 귀찮게 하다

She covered her ears because the sound **annoyed** her.
그녀는 그 소리가 너무 **짜증나서** 귀를 막아 버렸다.

A fly kept on **annoying** him.
파리 한 마리가 계속 그를 **귀찮게** 했다.

파리나 모기 등도 사람을 annoy 시키는 경우가 많아요.

1039 + +
scare
[skεər]

동 ~을 겁주다 명 불안감, 두려움

Jess screamed because he was **scared**.
제스는 **겁이 나서** 소리를 질렀다.

He gave me a **scare**. 그는 나에게 **두려움**을 주었다.

scared [skεərd] 형 무서워하는, 겁먹은

'(너 때문에) 놀랐잖아.'를 표현할 때 You scared me. 라고 하면 된답니다.

1040 +
frighten
[fráitən]

동 ~을 소스라쳐 놀라게 하다, 겁주다
(= scare 겁주다)

The scary ghost story **frightened** all the girls. 무서운 귀신 이야기가 여자애들 모두를 **놀라게 했다**.

갑자기 무섭게 해서 놀라게 하거나 걱정을 끼치는 등 부정적인 의미예요.

1041 +
scream
[skriːm]

동 1. 비명을 지르다 2. 소리 지르다, 악을 쓰다
명 비명, 절규

She **screamed** when the man pulled a gun. 남자가 총을 꺼내자 그녀는 **비명을 질렀다**.

The boy **screamed** for help.
소년은 도와달라고 **소리쳤다**.

고통이나 충격, 공포를 느낄 때 비명을 지르는 것을 뜻합니다. <Scream>이라는 제목의 공포 영화도 있어요.

1042 +
embarrass
[imbǽrəs]
철자주의

동 당황하게 하다, 곤란하게 만들다

I was **embarrassed** when my friend saw my photos. 내 친구가 내 사진을 봤을 때 나는 **당황스러웠다**.

embarrassed [imbǽrəst] 형 창피한, 당황한

r과 s가 두 개씩 들어간, 철자가 복잡한 단어예요. 당황하면 얼굴이 매우 붉어지고(red red) 부끄러운 감정이 든다(shy shy)고 기억해보세요.

1043
depress
[diprés]

동 우울하게 만들다, 의기소침하게 하다

I don't want to **depress** you.
나는 널 **의기소침하게 만들고** 싶지 않아.

depression[dipréʃən] 명 우울함

어원 de(= down) + press(= 누르다)가 합쳐져 '내리누르는 것'이라는 의미가 '의기소침하게 하다'는 의미가 되었어요.

1044 +
regret
[rigrét]

동 1. 후회하다 2. 유감스럽게 생각하다
명 1. 유감 2. 후회

He **regrets** not listening to her advice.
그는 그녀의 조언을 듣지 않은 것을 **후회한다**.

I **regret** that I will be unable to attend.
참석할 수 없어서 **유감스럽게 생각합니다**.

He has expressed deep **regret**.
그는 깊은 **유감**을 표했다.

regretful[rigrétfəl] 형 1. 유감스러워하는 2. 후회하는

regret은 '후회하다'는 뜻 외에 '유감스럽게 생각하다'라는 뜻으로도 많이 쓰여요. 초대를 거절하거나 불합격자에게 불합격 소식을 알릴 때도 regret을 사용해요.

1045
anxious
[ǽŋkʃəs]

형 1. 걱정하는 2. 몹시 ~하고 싶어 하는

Meeting new people made her **anxious**.
새로운 사람들을 만나는 것이 그녀를 **불안하게** 했다.

Larry is **anxious** to go on vacation.
래리는 휴가가 **몹시** 가고 **싶다**.

anxiety[æŋzáiəti] 명 불안(감), 염려

같은 의미인 worried는 대화를 나누는 상황에서 좀 더 자주 쓰이는 표현이에요.

1046
jealous
[dʒéləs]

형 질투하는, 시기하는

His success made his friends **jealous**.
그의 성공은 친구들을 **질투하게** 만들었다.

질투로 인해 화가 나 있는 감정까지 포함하는 말이에요.

1047 +
envy
[énvi]

동 부러워하다 명 부러움, 선망

Amy **envies** the model's body.
에이미는 그 모델의 몸을 **부러워한다**.

He watched the boys with **envy**.
그는 소년들을 **부러움**으로 바라보았다.

envious[énviəs] 형 부러워하는, 선망하는

단순히 부러워하는 것이며, jealous와 같이 악의적인 감정까지 포함하고 있지는 않아요.

1048 +
ashamed
[əʃéimd]

형 부끄러워하는, 수치스러워하는
(↔ proud 자랑스러워하는)

You don't have to be **ashamed** of yourself. 네 자신에 대해 **부끄러워할** 필요가 없어.

뉘앙스 shy보다 정도가 심한 ashamed는 얼굴을 차마 못 들 정도로 부끄럽거나 수치스러운 상태를 말합니다.

1049 + +

fault

[fɔːlt]

명 **1. 잘못, 책임 2. 단점, 결점**

동 **나무라다, 흠잡다**

It's not easy to accept our own **faults**.
스스로의 **잘못**을 인정하기란 쉽지 않다.

For all his **faults**, he was a good father.
그의 모든 **단점**에도 불구하고 그는 좋은 아빠셨다.

뉘앙스 단순히 잘못만을 말하기보다는 그 일에 대한 책임까지 암시하고 있어요. 또한, 테니스 경기에서 서브 실수가 나오면 심판이 '폴트'를 외친답니다.

1050

tension

[ténʃən]

명 **긴장, 불안**

The book's last chapter had so much **tension**. 그 책의 마지막 장은 **긴장감**을 몹시 고조시켰다.

tense(긴장한)에서 나온 단어예요.

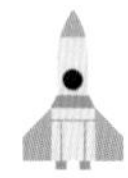

Apply, Check & Exercise

Answer Key p.306

A 영어는 우리말로, 우리말은 영어로 쓰세요.

1	mood	______	2	delight	______
3	excite	______	4	amaze	______
5	grateful	______	6	pride	______
7	offend	______	8	scare	______
9	scream	______	10	depress	______
11	envy	______	12	fault	______
13	tension	______	14	즐거운, 유쾌한	______
15	황홀하게 하다	______	16	만족시키다	______
17	희망에 찬	______	18	진심 어린	______
19	짜증나게 하다	______	20	~을 소스라쳐 놀라게 하다	______
21	당황하게 하다	______	22	후회하다	______
23	걱정하는	______	24	질투하는	______
25	수치스러워하는	______			

B 다음 빈칸에 알맞은 단어를 쓰세요.

1 pleasant : pleasure = 즐거운 : ______

2 delight : delightful = 큰 기쁨 : ______

3 excite : ______ = 흥분시키다 : 흥분한, 신이 난

4 amaze : amazing = 몹시 놀라게 하다 : ______

5 thrill : thrilling = 황홀하게 하다 : ______

6 satisfy : ______ = ~을 만족시키다 : 만족

7 offend : ______ = 감정을 상하게 하다 : 분노, 범죄

8 regret : ______ = 후회하다 : 유감스러워하는

9 anxious : anxiety = 걱정하는 : ______

10 frighten : ______ = 겁주다 : ~을 겁주다, 불안감

11 ashamed : ______ = 부끄러워하는 : 자랑스러워하는

12 envious : jealous = 부러워하는 : ______

C 다음 중 단어의 영영 풀이가 잘못된 것을 있는 대로 고르세요.

① mood: the way someone feels

② grateful: feeling or showing regret

③ scream: cry out in a loud and high voice

④ tension: a feeling that makes it possible for you to relax

⑤ sincere: showing feelings that are expressed in an honest way

D 배운 단어를 이용하여 빈칸에 알맞은 말을 넣으세요.

1 그는 미래에 대해 희망에 차 있다. → He is ______ about the future.

2 그녀의 질문들은 나를 짜증나게 했다. → Her questions ______ me.

3 그녀는 내게 질문을 하여 나를 당황하게 하려고 했다
→ She tried to ______ me by asking me questions.

4 그 소식은 그를 약간 우울하게 한 것 같다.
→ The news seemed to ______ him a little.

5 그건 그녀의 잘못이 아니었다. → It was not her ______.

Unit 03 인생

발음 익히기

셀프 스터디

리스닝 훈련

삶과 죽음

암기 Tip

1051
lifetime
[láiftàim]

명 일생, 평생

During his **lifetime** Van Gogh was never famous as a painter.
일생 동안 반 고흐는 화가로서 전혀 유명하지 않았다.

삶(life)의 시간(time)이니까 '일생, 평생'이죠.

1052
fate
[feit]

명 운명

Many people want to discover their **fate**.
많은 이들이 자신의 **운명**을 알고 싶어 한다.

특히 날 때부터 타고난 정해진 운명을 말해요.

1053 +
childhood
[tʃáildhùd]

명 어린 시절, 유년기

My grandpa worked on a farm in his **childhood**. 우리 할아버지는 **어릴 적**에 농장에서 일하셨다.

어원 child(= 아이)에 hood(= ~인 상태)가 붙은 단어예요. 아이인 상태, 즉 '어린 시절'을 의미해요.

1054 +
youth
[ju:θ]

명 1. 어린 시절 2. 젊음, 청춘

He spent his **youth** in India.
그는 **어린 시절**을 인도에서 보냈다.

She wishes she could have her **youth** back. 그녀는 **젊음**을 되찾을 수 있기를 바란다.

The **youth** of the world are our future.
세상의 **젊은이들**이 우리의 미래다.

young [jʌŋ] 형 어린, 젊은

어원 young에서 나온 단어인데, 이렇게 형용사에 -th가 붙으면 명사가 되는 것들이 있어요. 예를 들면 true → truth, warm → warmth 같은 것들이 있답니다.

1055
mature
[mətjúər]

형 어른스러운, 성숙한

Elly is a **mature** young girl.
엘리는 **성숙한** 젊은 여자이다.

과일이나 와인이 잘 익거나 숙성된 것을 말하기도 해요.

1056 +
funeral
[fjúːnərəl]

명 장례식
My grandfather's **funeral** was so sad.
우리 할아버지 **장례식**이 너무 슬펐다.

1057 +
bury
[béri]

동 묻다, 매장하다
My dog always **buries** his toys in the front yard. 내 개는 항상 자신의 장난감을 앞마당에 **묻는다**.
burial [bériəl] 명 매장

땅속에 숨기거나 흙이나 낙엽으로 뒤덮는 것을 뜻하기도 해요.

결혼과 아이

암기 Tip

1058
engaged
[ingéidʒd]

형 1. 약혼한 2. (~을 하느라) 바쁜, ~하고 있는
Paul and Jane have just got **engaged**.
폴과 제인은 이제 막 **약혼했다**.
They were **engaged** in conversation.
그들은 대화를 나누느라 **바빴다**.
engagement [ingéidʒmənt] 명 약혼

engaged는 '공식적으로 결혼하기로 약속한' 것이나 '어떤 일에 참여해서 바쁜' 상태를 말해요.

1059 + +
wedding
[wédiŋ]

명 결혼식
She looked so beautiful on her **wedding** day. 그녀는 **결혼식** 날 무척 아름다워 보였다.

결혼식 때 신부가 입는 드레스를 웨딩드레스(wedding dress)라고 하죠.

1060
pregnant
[prégnənt]
철자주의

형 임신한
The **pregnant** woman's belly grew bigger.
임산부의 배가 점점 더 불러왔다.
pregnancy [prégnənsi] 명 임신

어원 pre-(= before) + gnant(= birth)가 합쳐져서 '태어나기 전', 즉 임신 상태를 의미하는 것이지요.

1061 +
resemble
[rizémbl]

동 닮다, 비슷하다
Everyone says I **resemble** my mother.
모두들 내가 엄마를 **닮았다**고 말한다.

어원 sembl은 'same(같은)'의 의미를 가지고 있어요. 닮은 것들은 같아 보이기도 하지요.

1062 +

devote

[divóut]

동 ~을 헌신하다, 바치다

Please **devote** yourself to your community.
여러분의 지역 사회에 **헌신하세요**.

devotion[divóuʃən] 명 헌신

다른 사람들을 돕는 일에 헌신하는 것뿐만 아니라, 우리가 영어공부에 노력과 시간을 바치는 것 역시 devote라는 표현을 쓴답니다.

도전과 성공

암기 Tip

1063 ++

challenge

[tʃǽlindʒ]

명 도전 동 도전하다

Life is a **challenge**, and you need to accept it. 삶은 **도전**이므로, 이를 받아들여야 한다.

He will **challenge** the champion next week.
그는 다음 주에 챔피언에게 **도전할** 것이다.

산악자전거나 테니스 등의 각종 스포츠 대회를 '챌린저(challenger) 대회'라고 많이 얘기한답니다. TV프로그램 '무한도전'은 영어로 'infinite(무한한, 끝없는) challenge'예요.

1064 +

courage

[kə́:ridʒ]

명 용기, 담력

You have the **courage** to try again.
너는 다시 시도할 수 있는 **용기**를 가지고 있다.

encourage[inkə́:ridʒ] 동 격려하다, 용기를 북돋우다

1065

encounter

[inkáuntər]

동 1. (곤란에) 부딪히다 2. (우연히) 마주치다

Blind people **encounter** many difficulties.
시각 장애인들은 여러 어려운 상황에 **직면한다**.

We **encountered** Mr. Dickens on Sunday.
우리는 일요일에 **우연히** 디킨스 씨를 **마주쳤다**.

특히 반갑지 않거나 예상치 못한 일에 부딪힌 것을 말해요.

1066 ++

lucky

[lʌ́ki]

형 운이 좋은, 행운의

Italy got a **lucky** goal in the game.
이탈리아가 그 경기에서 **행운의** 골을 넣었다.

1067 ++

experience

[ikspíəriəns]

명 경험, 경력 동 경험하다, 체험하다

Previous hospital **experience** is preferred.
이전에 병원에서 일한 **경험**이 우대된다.

This is the best service I've ever **experienced**.
이건 내가 이제껏 **경험해 본** 최고의 서비스야.

요즘은 체험 마케팅(experience marketing)이라고 해서 제품을 미리 경험해 보고 구매할 수 있는 마케팅 방법도 있답니다.

1068 +

overcome

[òuvərkʌ́m]

overcame-overcome

동 (고난·역경 등을) **극복하다**

The athlete learned to **overcome** fear.
그 운동선수는 두려움을 **극복하는** 법을 배웠다.

고난 등을 넘어(over)오는(come) 것이니, 극복하는 것이지요.

1069 + +

succeed

[səksíːd]

동 **1. 성공하다 2. 뒤를 잇다**

The Wright Brothers' airplane **succeeded.**
라이트 형제의 비행기는 **성공적이었다.**

He **succeeded** his father as leader.
그는 지도자로서 아버지의 **뒤를 이었다.**

success [səksés] 명 1. 성공 2. 성과

어원 succeed는 sur(= 초월한, ~이상의) + ceed(= 나아가다)가 합쳐진 단어예요. 남을 초월해서(sur) 앞으로 나아가는(ceed)것으로 '성공하다'라는 뜻이 되네요.

1070 + +

achieve

[ətʃíːv]

철자주의

동 **이루다, 성취하다**

She finally **achieved** her goals.
그녀는 마침내 자신의 목표를 **이루었다.**

achievement [ətʃíːvmənt] 명 업적, 성취

대개, 큰 노력을 통해 계획한 것을 성취하는 것을 말해요. 공부를 열심히 해서 가고자 하는 대학에 당당히 입학해 꿈을 이루는 것도 achieve에 해당돼요.

1071 +

earn

[əːrn]

동 **1.** (돈을) **벌다 2. ~을 획득하다, 얻다**

My parents work hard to **earn** money.
우리 부모님은 돈을 **벌기** 위해 열심히 일하신다.

She needs to **earn** their trust.
그녀는 그들의 신뢰를 **얻을** 필요가 있다.

그만한 가치의 일을 했을 때 되돌아오는 것을 말해요.

1072

peak

[piːk]

명 **1. 절정, 정점 2. 봉우리, 꼭대기**
형 **절정기의, 최상의**

Summer is the **peak** time for travel.
여름은 여행의 **절정**기이다.

Ted reached the **peak** of Mount Everest.
테드는 에베레스트산 **꼭대기**에 올랐다.

He is in **peak** condition. 그는 **최상의** 상태에 있다.

여행지에 사람들이 최고로 많이 몰리는 성수기를 '피크 시즌(peak season)'이라고 해요.

1073 +

fame

[feim]

명 **명성**

Fame comes and goes.
명성이란 있다가도 없는 것이다.

famous [féiməs] 형 유명한

1074 +

motto

[mátou]

명 **좌우명**

Mottos make you live more fully.

좌우명은 삶을 더 충실히 살게 해 준다.

Motto(좌우명)란 살아 나가거나 일을 하는 데 있어서 신조로 삼는 말이죠. 여러분도 자신만의 motto를 가지고 있나요?

1075 + +

background

[bǽkgràund]

명 **배경**

I colored the **background** blue to draw the sky.

나는 하늘을 그리기 위해 **배경**을 파란색으로 색칠했다.

어원 back(뒤쪽의) + ground(땅) → background(배경). 뒤쪽 풍경뿐만 아니라 무대배경, 학력 등의 배경, 사건의 배경 등 두루 쓰이는 말이에요.

Apply, Check & Exercise

Answer Key p.306

A 영어는 우리말로, 우리말은 영어로 쓰세요.

1 lifetime ____________ 2 childhood ____________

3 funeral ____________ 4 wedding ____________

5 pregnant ____________ 6 devote ____________

7 encounter ____________ 8 overcome ____________

9 earn ____________ 10 peak ____________

11 fame ____________ 12 lucky ____________

13 background ____________ 14 운명 ____________

15 청춘, 어린 시절 ____________ 16 어른스러운 ____________

17 매장하다 ____________ 18 약혼한 ____________

19 닮다 ____________ 20 용기 ____________

21 경험 ____________ 22 성공하다 ____________

23 성취하다 ____________ 24 도전하다 ____________

25 좌우명 ____________

B 다음 빈칸에 알맞은 단어를 쓰세요.

1 youth : ________________ = 어린 시절, 청춘 : 유년기

2 bury : ________________ = 매장하다 : 장례식

3 engaged : ________________ = 약혼한 : 임신한

4 challenge : ________________ = 도전하다 : 극복하다

5 devote : ________________ = ~을 헌신하다 : 헌신

6 courage : ________________ = 용기 : 용기를 북돋우다

7 succeed : success = 성공하다 : ________________

8 achieve : achievement = 이루다 : ________________

9 fame : famous = 명성 : ________________

10 lifetime : ________________ = 일생, 평생 : 운명

11 earn : experience = 벌다 : ________________

C 다음 중 단어의 영영 풀이가 잘못된 것을 있는 대로 고르세요.

① lucky: having good luck

② mature: having the mental abilities of a child

③ peak: the lowest level of activity

④ motto: a short phrase that expresses the beliefs of a person

⑤ wedding: a ceremony at which two people are married

D 배운 단어를 이용하여 빈칸에 알맞은 말을 넣으세요.

1 그의 배경에 대해서 아는 것이 있니?
→ Do you know anything about his ________________?

2 그녀는 자라서 아버지를 닮게 되었다. → She grew up to ________________ her father.

3 운전자들은 오늘밤 안개에 직면하게 될 것 같다.
→ Drivers are likely to ________________ fog tonight.

Unit 04 의사소통

발음 익히기

셀프 스터디

리스닝 훈련

암기 Tip

1076 +
communicate
[kəmjú:nəkèit]

동 의사소통을 하다, 연락을 주고 받다

We often **communicate** by e-mail.
우리는 자주 이메일로 **의사소통을 한다**.

communication [kəmjù:nəkéiʃən] 명 의사소통, 연락

매스컴은 mass communication(대중매체)을 줄여 표현한 것입니다. 대중(mass)에게 뉴스를 전달하고 대중과 소통하기(communicate) 위한 매체죠.

1077
interact
[intərǽkt]

동 1. 상호 작용하다 2. 소통하다, 교류하다

We learned about how people and their environment **interact**.
우리는 사람과 주위 환경이 어떻게 **상호 작용하는지** 배웠다.

Susan **interacts** well with other students.
수잔은 다른 학생들과 **소통을** 잘**한다**.

interaction [ìntərǽkʃən] 명 상호 작용

어원 inter(= each other, 서로) + act(= 행동하다) → 상호 간에 행동하다 → 상호 작용하다

1078 + +
mention
[ménʃən]

동 말하다, 언급하다 명 언급, 진술

Jane **mentioned** the party to Stella.
제인이 스텔라에게 그 파티를 **언급했다**.

Wendy made no **mention** of him.
웬디는 그를 **언급**하지 않았다.

뉘앙스 무엇에 대해 특히 간략하게 말할 때 사용하는 단어예요.

1079 + +
respond
[rispánd]

동 1. 대답하다, 응답하다 2. 반응을 보이다

Leo never **responds** to my texts.
레오는 내 문자에 **답장하는** 법이 없다.

How do our bodies **respond** to the cold?
우리 몸은 추위에 어떻게 **반응하나요**?

response [rispáns] 명 대답, 응답

1080 +
react
[ri:ǽkt]

동 반응하다 (= respond)

The cat did not **react** to him.
고양이는 그에게 **반응하지** 않았다.

reaction [riǽkʃən] 명 반응

어원 re(= again) + act(= 행동하다)가 합쳐진 단어랍니다. '다시 행동하다'란 의미에서 발전하여 '반응하다'란 의미가 되었어요.

1081
whisper
[hwíspər]

동 속삭이다, 귓속말하다 명 속삭임

Whisper it into my ear. 내 귀에다 **속삭여** 봐.

발표와 주장

암기 Tip

1082 +
announce
[ənáuns]

동 발표하다, 알리다

He will **announce** his new plan soon.
그가 곧 새 계획을 **발표할** 예정이다.

announcement [ənáunsmənt] 명 발표, 소식
announcer [ənáunsər] 명 방송 진행자, 아나운서

뉴스를 진행하는 아나운서(announcer)는 하루 동안 있었던 뉴스를 시청자에게 알려주는(announce) 역할을 하죠.

1083
emphasize
[émfəsàiz]
철자주의

동 강조하다 (= stress 강조하다)

His gestures **emphasized** his story.
그는 몸짓으로 자신의 이야기를 **강조했다**.

emphasis [émfəsis] 명 강조, 중요성

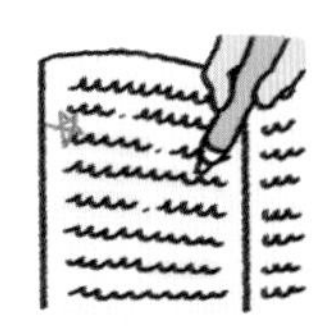

1084 + +
attention
[əténʃən]

명 1. 주의, 주목 2. 관심, 흥미

Pay **attention** to the teacher's lecture.
선생님의 강의에 **주목**해라.

I need my mom's love and **attention**.
나는 엄마의 사랑과 **관심**이 필요해.

attend [əténd] 동 참석하다

어원 attention은 at(= to) + tend(= stretch)가 합쳐져서 '~쪽으로 뻗다'라는 기본적인 의미가 있는데요. '발길을 향하다'라고 하면 attend(출석하다), '마음을 향하다'라고 하면 '관심'을 의미해요.

1085 +
claim
[kleim]

동 1. (~이 사실이라고) 주장하다
2. (권리·소유 등을) 요구[요청]하다
3. (보상금 등을) 요청하다 명 1. 주장 2. 청구

She **claimed** that she wasn't late for school today. 그녀는 오늘 학교에 지각하지 않았다고 **주장했다**.

Does anyone **claim** this bag?
이 가방의 소유를 **요구하시는** 분이 계십니까?
(이 가방의 주인 계십니까?)

We made a **claim** to the company.
우리는 그 회사에 **청구**를 했다.

어떤 계약이나 상품에 대해 고객이 불만을 제기하고 배상 등을 청구하는 것을 의미하기도 해요.

1086 +
insist
[insíst]

동 ~을 강력히 주장하다, 고집하다

Ted **insisted** on driving me home.
테드는 나를 집까지 태워다 주겠다고 **고집했다**.

뉘앙스 어떤 일이 반드시 일어나야 한다고 또는 행해져야 한다고 강력하게 주장하는 거예요.

1087
debate
[dibéit]

명 **1. 토론, 논의** (= discussion) **2. 논쟁**
동 **토론하다, 토의하다, 논쟁하다**

The **debate** will be rescheduled.
토론 일정이 조정될 예정입니다.

Scientists are **debating** about the best way to stop climate change.
과학자들은 기후 변화를 멈출 가장 좋은 방법에 관해 **토론하고** 있다.

discuss는 주로 가벼운 의사결정을 하기 위해 논의를 하는 것이고, debate는 토론대회나 대선 토론처럼 서로 다른 의견을 가진 사람들이 격식을 갖춰서 하는 토론을 말해요.

간청과 거절

암기 Tip

1088 + +
beg
[beg]
begged-begged-begging

동 **1. 간청하다, 애원하다 2. 구걸하다**

I **begged** my parents to have a puppy.
나는 부모님께 강아지를 기르자고 **간청했다**.

The homeless man was **begging** in the streets. 집이 없는 그 남자는 거리에서 **구걸하고** 있었다.

beggar[bégər] 명 거지

뉘앙스 ask(부탁하다)보다 훨씬 간절하게 청하는 것을 의미해요.

1089 +
persuade
[pərswéid]

동 **~을 하도록 설득하다**

Ron **persuaded** me not to go.
론은 나를 **설득해서** 가지 않**도록** 했다.

뉘앙스 우리말로 '설득하다'라고 하면 설득에 성공했는지 아닌지는 알 수 없지만, 영어의 persuade는 누군가를 설득해서 실제로 어떤 행동을 하게 만드는 데 성공한 것을 의미해요.

1090 +
nod
[nɑd]
nodded-nodded

동 (고개를) **끄덕이다** 명 (고개를) **끄덕임**

I asked him if he was OK, and he **nodded**.
나는 그가 괜찮은지 물었고, 그는 **고개를 끄덕였다**.

nod는 고개를 아래위로 끄덕이는 것이니까 Yes를 의미하지요. No를 의미할 때는 고개를 젓죠. 이때는 shake(흔들다)로 표현해요.

1091 + +
refuse
[rifjúːz]

동 **거절하다, 거부하다** (= reject 거절하다)

He **refused** to listen to my advice.
그는 내 조언에 귀 기울이기를 **거부했다**.

뉘앙스 어떤 일을 의도적으로 하지 않거나 제안, 초대 등을 받아들이지 않는 것을 뜻해요.

기타 의사소통 관련 표현

암기 Tip

1092 +
blame
[bleim]

동 **탓하다, 비난하다** 명 **책임, 탓**

I don't **blame** him for the accident.
나는 그 사고를 그의 **탓으로 돌리지** 않는다.

Brian took the **blame** for the crisis.
브라이언이 그 위기에 대해 **책임**졌다.

1093 + +

admit

[ədmít]

admitted-admitted

동 1. 인정하다, 시인하다 2. 허가하다

He **admitted** making a mistake.
그는 실수한 것을 **인정했다**.

Only members will be **admitted** to the club. 회원들만 클럽에 입장이 **허용됩니다**.

뉘앙스 그러고 싶지는 않지만, 사실이라고 동의하거나 인정한다는 뜻으로, 주로 불만이나 후회 등의 뉘앙스를 가져요.

1094 +

ignore

[ignɔ́:r]

동 ~을 무시하다, 못 본 척하다

You mustn't **ignore** the sign.
표지판을 **무시하면** 안 돼.

ignorance [ígnərəns] 명 무지, 무식

1095 + +

avoid

[əvɔ́id]

동 1. (회)피하다 2. 막다, 방지하다

Taylor tried to **avoid** talking about it.
테일러는 그것에 대해 말하는 것을 **피하려고** 애썼다.

This video helps children to **avoid** road accidents.
이 비디오는 아이들이 교통사고를 **방지하도록** 돕는다.

이렇게 외워 보는 건 어떤가요? 돌이 굴러와요. '어, 보인다(A void). 막아보자. 막지 못하면 피하자.'

1096

interrupt

[ìntərʌ́pt]

동 1. 방해하다 2. 차단하다

He was **interrupted** by the phone ringing.
그는 전화벨 소리에 **방해받았다**.

Lightning **interrupted** the TV broadcast.
번개 때문에 TV 방송이 **차단되었다**.

어원 inter(= between) + rupt(= break) → 사이를 부수고 들어가다 → 가로막다, 방해하다

1097 + +

warn

[wɔ:rn]

동 경고하다, 주의를 주다

The radio **warned** of heavy rain.
라디오에서 호우**주의보를 내렸다**.

1098

encourage

[inkə́:ridʒ]

동 1. 격려하다 2. 권장하다

Her trainer **encouraged** her.
트레이너가 그녀를 **격려해 주었다**.

She **encouraged** me to read more.
그녀는 내게 독서를 더 하도록 **권장했다**.

어원 courage(용기) 앞에 en-이 붙어 있네요. en-은 make의 의미를 가지고 있어서 명사 앞에 붙어 동사를 만들어요.

1099 ++

trust

[trʌ́st]

명 **신뢰, 믿음** 동 **신뢰하다, 믿다**

It takes time to build **trust**.
신뢰를 쌓는 데는 시간이 걸린다.

Can I **trust** Internet banking?
인터넷 뱅킹을 **신뢰해도** 되나요?

'믿어주세요.'란 의미인 "Trust me."는 일상생활에서 자주 사용하는 표현이에요.

1100 +

pretend

[priténd]

동 **~인 척하다**

He **pretended** to read her mind.
그는 그녀의 마음을 읽은 **척했다**.

Apply, Check & Exercise

Answer Key p.306

A 영어는 우리말로, 우리말은 영어로 쓰세요.

1	mention	______	2	respond	______
3	react	______	4	attention	______
5	claim	______	6	insist	______
7	beg	______	8	nod	______
9	admit	______	10	avoid	______
11	interrupt	______	12	warn	______
13	trust	______	14	의사소통을 하다	______
15	상호 작용하다	______	16	속삭이다	______
17	발표하다	______	18	강조하다	______
19	토론, 논쟁	______	20	설득하다	______
21	거절하다	______	22	무시하다	______
23	비난하다	______	24	격려하다	______
25	~인 척하다	______			

B 다음 빈칸에 알맞은 단어를 쓰세요.

1 communicate : ______________ = 의사소통을 하다 : 상호 작용하다, 소통하다

2 respond : response = 응답하다 : ______________

3 react : reaction = 반응하다 : ______________

4 emphasize : ______________ = 강조하다 : 강조

5 attention : attend = 주의, 주목 : ______________

6 claim : ______________ = 주장하다 : 고집하다

7 beg : ______________ = 구걸하다 : 거지

8 ignore : ignorance = 무시하다 : ______________

9 avoid : ______________ = 방지하다, 피하다 : 방해하다, 차단하다

10 ignore : ______________ = 무시하다 : 경고하다

11 blame : encourage = 탓하다 : ______________

12 mention : whisper = 언급하다 : ______________

C 다음 중 단어의 영영 풀이가 잘못된 것을 있는 대로 고르세요.

① debate: a discussion in which people express different opinions

② persuade: make someone decide to do something

③ pretend: act as if something is true when it is not true

④ trust: believe that someone is not honest

⑤ nod: move your head as a way of answering "no"

D 배운 단어를 이용하여 빈칸에 알맞은 말을 넣으세요.

1 그들은 공장을 닫기로 한 계획을 발표했다.

→ They ______________ plans to close the factory.

2 그녀는 의사의 진찰을 거부했다.

→ She ______________ to see the doctor.

3 인정하기 싫지만 우린 실패한 것 같다.

→ I hate to ______________ it, but it looks like we've failed.

Unit 05 사고와 생각

발음 익히기

셀프 스터디

리스닝 훈련

생각과 판단

암기 Tip

1101 +
remind
[rimáind]

동 ~을 생각나게 하다, 상기시키다

Remind me to buy milk on my way home.
집에 오는 길에 우유 사오라고 내게 **상기시켜 줘**.

어원 remind를 re + mind로 보면 암기하기 쉬워요. mind(정신, 마음)에 re(= again) 다시 있는 것, '상기시키다'라는 의미가 되네요.

1102 +
recognize
[rékəgnàiz]

동 1. 알아보다, 알다 2. 인정하다

I didn't **recognize** him yesterday.
나는 어제 그를 **알아보지** 못했다.

He **recognized** the need to take the problem seriously.
그는 그 문제를 심각하게 받아들여야 함을 **인정했다**.

recognition [rèkəgníʃən] 명 알아봄, 인식

뉘앙스 recognize는 특히 어떤 사람이나 사물을 보거나 듣고 누구인지 혹은 무엇인지 알아차리는 것을 말해요.

1103
regard
[rigáːrd]

동 ~로 여기다, 간주하다
명 관심, 배려

Henry VIII is **regarded** as the most English king. 헨리 8세는 가장 영국적인 왕으로 **여겨진다**.

어법 regard A as B(A를 B로 여기다, 간주하다)의 형태로 많이 쓰여요.

1104
confirm
[kənfə́ːrm]

동 확인하다, 사실임을 보여주다

I **confirmed** the plan with my dad.
나는 아빠에게 그 계획을 **확인했다**.

이 단어에 들어 있는 'firm'은 '확고하게 하다'라는 뜻이죠. 더 단단히 한다는 뜻으로, '확인하다, 확정하다'라는 뜻이 되네요.

1105 +
associate
동사 [əsóuʃièit]
명사 [əsóuʃiət]

동 연상하다, 연관 짓다
명 (사업·직장) 동료

People **associate** the old days with good times. 사람들은 옛날을 좋은 시절로 **연상한다**.

His **associate** brought a nice gift.
그의 **동료**가 멋진 선물을 가져왔다.

association [əsòusiéiʃən] 명 협회

어법 원래 '같은 뜻을 가진 무리에 끼다, 한편이 되다'란 의미에서 발전한 것이에요. associate A with B(A와 B를 연관 짓다)의 형태로 많이 쓰여요.

1106 +

intend

[inténd]

동 의도하다, ~하려고 생각하다

Dad **intends** to paint the house.
아빠가 집에 페인트칠을 **하려고 하신다**.

intention [inténʃən] 명 의도, 목적

어원 in(= toward) + tend(= stretch) → (마음을) ~쪽으로 뻗다 → ~할 작정이다, 의도하다

1107 + +

compare

[kəmpɛ́ər]

동 비교하다, 대조하다

Don't **compare** yourself with others.
너 자신을 다른 사람들과 **비교하지** 마라.

comparison [kəmpǽrisən] 명 비교, 대조

둘 이상을 비교하여 차이점이나 유사점을 찾는 거예요.

1108

contrast

명사 [kántræst]
동사 [kəntrǽst]

명 1. 차이 2. 대조, 대비 동 대조하다

There are great **contrasts** in the two cultures. 두 문화에는 큰 **차이**가 있다.

The white background makes a **contrast** with the black dots. 그 흰색 바탕은 검은 점들과 **대조**를 이룬다.

She wrote a book **contrasting** the two systems. 그녀는 두 시스템을 **대조하는** 책을 썼다.

둘 이상을 비교했을 때 나타나는 차이점을 말해요.

1109 +

determine

[ditə́ːrmin]

동 1. 결심하다, 결정하다 2. 알아내다

I **determined** to join the baking club.
나는 베이킹 동호회에 가입하기로 **결심했다**.

They are trying to **determine** the cause of the fire. 그들은 화재의 원인을 **알아내려고** 노력하고 있다.

1110 +

define

[difáin]

동 1. 정의하다, 뜻을 명확히 하다 2. 규정하다

Please **define** the word "ceiling."
'천장'이라는 단어를 **정의해** 보세요.

In small groups, goals and tasks are well **defined**. 작은 그룹에서는 목표와 과제가 잘 **규정된다**.

definition [dèfəníʃən] 명 정의, 의미

단어나 구의 뜻을 명확히 밝히는 것은 '정의하다'이고, 과제 등을 명확히 밝히는 것은 '규정하다'예요.

1111

conclude

[kənklúːd]

동 1. 결론을 내리다 2. 끝나다, 마치다

We hope to **conclude** this issue soon.
우리는 이 문제가 곧 **결론이 나길** 바란다.

The performance **concluded** with a song.
그 공연은 노래로 **마무리되었다**.

conclusion [kənklúːʒən] 명 결론, 판단, 결말

어원 con-(= 완전히) + -clude(= 닫다) → conclude(= 끝내다)

1112 +
confuse
[kənfjú:z]

동 1. 혼동하다 2. 혼란스럽게 하다

People often **confuse** me and my brother.
사람들은 종종 나와 내 남동생을 **혼동한다**.

The sign **confused** the driver.
그 표지판이 운전자를 **헷갈리게 했다**.

confusion[kənfjú:ʒən] 명 혼란, 혼동

무언가를 이해하지 못하고 있을 때의 느낌을 말해요.

1113
willing
[wíliŋ]

형 기꺼이 ~ 하는

He is **willing** to follow the rules.
그는 그 규칙들을 **기꺼이** 따른다.

어법 be willing to do(기꺼이 ~ 하다)의 형태로 잘 쓰이며, 그 일을 하는 것을 꺼리지 않고 기쁜 마음으로 하는 것을 의미해요.

1114 + +
real
[rí:əl]

형 1. 진짜의, 진정한 2. 실제로 존재하는

That is a **real** diamond. 그건 **진짜** 다이아몬드이다.

The film is based on **real** events.
그 영화는 **실제** 사건에 기초하고 있다.

realistic[rìəlístik] 형 현실적인

마음과 정신

암기 Tip

1115 + +
admire
[ədmáiər]

동 1. ~에 존경하는 마음을 가지다 2. 감탄하다

I greatly **admire** his passion for his work.
나는 일에 대한 그의 열정을 매우 **존경한다**.

The climbers **admired** the mountain view.
등산가들이 산의 경치에 **감탄했다**.

admiration[ædməréiʃən] 명 감탄, 존경

1116 + +
appreciate
[əprí:ʃièit]

동 1. 고마워하다 2. 높이 평가하다

I **appreciate** all your hard work.
여러분의 노고에 **감사드립니다**.

Mrs. Gareth **appreciates** Nolan's films.
가레스 씨는 놀런 감독의 영화를 **높이 평가한다**.

appreciation[əprì:ʃiéiʃən] 명 1. 감사 2. 감상

진정한 가치를 알고 **높이 평가해** 주면 **고마워**하겠죠?

1117 +
pursue
[pərsjú:]

동 추구하다 (= seek 추구하다)

We **pursue** progress, not perfection.
우리는 완벽함이 아니라 진보를 **추구한다**.

pursuit[pərsjú:t] 명 추구

어원 pur(= forth) + su(e)(= follow)
→ (따라잡으려고) 앞으로 쫓아가다
→ 추구하다, 뒤쫓다

1118 +

desire

[dizáiər]

명 욕구, 강한 소망 동 몹시 바라다

Glenn's **desire** is to be a soccer player.
글렌의 **소망**은 축구 선수가 되는 것이다.

The young man **desires** to rule the world.
그 젊은이는 세상을 지배**하고 싶어 한다**.

뉘앙스 desire는 매우 격식을 차린 글이나 문학에서 주로 쓰여요. want는 친구끼리 이야기할 때도 쓸 수 있죠.

1119 +

hesitate

[hézətèit]

동 망설이다, 주저하다

The man is **hesitating** to go further.
그 남자는 앞으로 나아가기를 **망설이고** 있다.

hesitation [hèzətéiʃən] 명 주저, 망설임

자신이 없거나 긴장하여 어떤 일을 하거나 말하기 전에 주저하거나 망설이는 것을 말해요.

1120 ++

spirit

[spírit]

명 1. 정신, 기분 2. 용기

Team sports develop a cooperative **spirit**.
단체 경기는 협동 **정신**을 길러 준다.

They never broke her **spirit**.
그들은 그녀의 **용기**를 전혀 꺾지 못했다.

사람의 육체보다는 정신, 기분, 성격 등의 부분을 나타내는 말이에요. 문맥에 따라 우리말로 다양하게 해석될 수 있어요.

1121 +

concentrate

[kánsəntrèit]

동 (정신을) 집중하다, 전념하다

Lily wants to **concentrate** on her studies.
릴리는 그녀의 학업에 **전념하기를** 원한다.

concentration [kànsəntréiʃən] 명 집중, 전념

어원 con-은 '함께'를 뜻하고, centr은 center(= 가운데)를 의미해요. 함께 중심으로 모이는 것, 즉 '집중하다'라는 의미가 되지요.

1122 +

bother

[báðər]

동 1. 괴롭히다, 신경 쓰이게 하다 (= annoy 짜증나게 하다) 2. 귀찮게 하다

Something's **bothering** him, but I'm not sure what.
무언가 그를 **괴롭히고** 있지만 그게 무엇인지는 잘 모르겠다.

Will you stop **bothering** me?
그만 **귀찮게** 해줄래?

무언가를 하고 있거나 혼자 조용히 있고 싶을 때 누군가가 방해해서 귀찮고 짜증나는 것을 말합니다.

예측과 추측

암기 Tip

1123 +

predict

[pridíkt]

동 예측하다, 예견하다

Is it possible to **predict** a hit song?
히트곡을 **예측하는** 게 가능할까?

prediction [pridíkʃən] 명 예측, 예견

어원 predict를 pre + dict로 나눠서 보면 이해하기 쉬워요. pre(= 앞의)와 dict(= say(말하다))가 합쳐져서 '먼저 말하다', 즉 '예측하다, 예견하다'라는 뜻이 돼요.

1124 +

suppose
[səpóuz]

동 1. 추측하다 2. 가정하다

I **suppose** it will rain tomorrow.
내일 비가 올 것 같아.

You're Jessica, I **suppose**?
네가 제시카구나, 맞지?

근거에 기반을 두어 어떤 것이 아마 사실일 거라고 믿는 것입니다.

1125 +

assume
[əsjú:m]

동 추정하다

They **assume** that yours is better than hers. 그들은 네 것이 그녀의 것보다 더 낫다고 **여긴다**.

assumption [əsʌ́mpʃən] **명** 추정

어떤 것이 사실일 것이라고 생각하고 판단하는 것을 말해요.

Apply, Check & Exercise

Answer Key p.307

A 영어는 우리말로, 우리말은 영어로 쓰세요.

1	remind	________	2	regard	________
3	intend	________	4	contrast	________
5	define	________	6	willing	________
7	real	________	8	admire	________
9	desire	________	10	spirit	________
11	bother	________	12	predict	________
13	assume	________	14	알아보다, 인정하다	________
15	확인하다	________	16	연상하다	________
17	비교하다	________	18	결심하다, 알아내다	________
19	결론을 내리다	________	20	혼동하다	________
21	높이 평가하다, 고마워하다	________	22	추구하다	________
23	망설이다	________	24	집중하다, 전념하다	________
25	추측하다, 가정하다	________			

B 다음 빈칸에 알맞은 단어를 쓰세요.

1 recognize : ________________ = 알아보다 : 알아봄, 인식

2 associate : remind = 연상하다 : ________________

3 compare : ________________ = 비교하다 : 대비시키다, 대조하다

4 intend : intention = 의도하다 : ________________

5 confuse : confusion = 혼동하다 : ________________

6 real : realistic = 진짜의 : ________________

7 suppose : assume = 가정하다 : ________________

8 pursue : ________________ = 추가하다 : 추구

9 admire : ________________ = 감탄하다 : 감탄, 존경

10 appreciate : appreciation = 고마워하다 : ________________

11 determine : ________________ = 결정하다 : 정의하다, 규정하다

C 다음 중 단어의 영영 풀이가 잘못된 것을 있는 대로 고르세요.

① spirit: the inner quality or nature of a person

② desire: a strong wish

③ hesitate: be sure about what to do

④ bother: make someone feel happy

⑤ conclude: decide something after a period of thought

D 배운 단어를 이용하여 빈칸에 알맞은 말을 넣으세요.

1 그는 소문을 확인해주는 것을 거부했다. → He refused to ________________ the rumor.

2 마리아는 그를 친구로 여긴다. → Maria ________________ him as a friend.

3 소음이 집중하기 힘들게 만든다. → The noise makes it hard to ________________.

Final Check

FINISH

1125

UNIT 01-05

UNIT 01~UNIT 05에서 배운 125단어의 의미를 복습해 볼까요?
뜻이 떠오르지 않거나 시간이 오래 걸리는 것들은
에 따로 체크해서 즉시즉시 떠오를 때까지 반복해서 복습해주세요.

1081 whisper
1027 pleasant
1116 appreciate
1058 engaged
1122 bother
1005 energetic
1021 odd
1069 succeed
1093 admit
1043 depress
1066 lucky
1107 compare
1123 predict
1119 hesitate
1084 attention
1026 mood
1061 resemble
1040 frighten
1110 define
1108 contrast
1048 ashamed
1011 generous
1114 real
1057 bury
1103 regard

1023 silly
1025 selfish
1067 experience
1112 confuse
1072 peak
1080 react
1042 embarrass
1055 mature
1004 active
1046 jealous
1089 persuade
1010 tender
1062 devote
1091 refuse
1045 anxious
1095 avoid
1051 lifetime
1003 positive
1078 mention
1047 envy
1071 earn
1117 pursue
1104 confirm
1012 gentle
1029 excite

1037 offend	1053 childhood	1120 spirit
1073 fame	1044 regret	1007 cheerful
1019 realistic	1098 encourage	1121 concentrate
1064 courage	1033 grateful	1035 pride
1077 interact	1009 confident	1014 polite
1024 passive	1013 sensitive	1106 intend
1015 responsible	1074 motto	1020 negative
1109 determine	1059 wedding	1115 admire
1094 ignore	1096 interrupt	1049 fault
1054 youth	1017 attractive	1092 blame
1070 achieve	1086 insist	1079 respond
1006 eager	1060 pregnant	1008 bold
1002 personality	1032 satisfy	1076 communicate
1031 thrill	1022 rude	1056 funeral
1030 amaze	1082 announce	1041 scream
1075 background	1118 desire	1016 diligent
1113 willing	1124 suppose	1034 hopeful
1099 trust	1050 tension	1100 pretend
1028 delight	1065 encounter	1101 remind
1052 fate	1083 emphasize	1038 annoy
1068 overcome	1105 associate	1125 assume
1036 sincere	1102 recognize	1085 claim
1088 beg	1087 debate	1090 nod
1018 curious	1001 character	1039 scare
1097 warn	1063 challenge	1111 conclude

Around Me

Picture Dictionary

Unit 07

soak

Unit 07

steam

Unit 08

chimney

Unit 08

aisle

Unit 09

edge

Unit 10

curve

Unit 06 가구, 가정용품

가구

암기 Tip

1126 +
furniture
[fə́:rnitʃər]

명 가구
Your house has lovely **furniture**.
너희 집의 **가구**가 멋지다.

어법 우리말로는 가구를 한 점, 두 점 셀 수 있지만, 영어로는 셀 수 없는 명사에 해당돼서 복수형도 없고 a(n)을 붙일 수도 없어요.

1127 ++
closet
[klázit]

명 벽장, 옷장
I put the clothes in the **closet**.
나는 그 옷을 **옷장**에 넣었다.

1128 +
drawer
[drɔ:r]

명 서랍
Put the letter in the top **drawer**.
맨 위 **서랍**에 그 편지를 넣어 둬.

어원 draw(끌어당기다)에 -er이 합쳐진 단어예요. 서랍은 끌어당겨서 열고 닫지요.

1129 +
shelf
[ʃelf]

명 선반
I can't reach the top **shelf**.
나는 맨 꼭대기 **선반**에 손이 닿지 않는다.

shelf(선반)와 self(자신, 본모습)는 생김새와 발음이 비슷하지만, 뜻이 다르므로 헷갈리지 않도록 주의해요.

각종 도구들

암기 Tip

1130 +
ladder
[lǽdər]

명 사다리
Do not shake the **ladder**!
사다리를 흔들지 마!

1131 +

screw

[skruː]

명 **나사**

Use the screwdriver to tighten the **screw**.
이 드라이버를 써서 **나사**를 조여라.

스크류바 모양을 보면 그 이름이 어디서 나온 건지 알 수 있어요. ^^

1132

hook

[huk]

명 **갈고리, 걸이**

Tom hung his coat on the **hook**.
톰은 자신의 코트를 **(옷)걸이**에 걸었다.

피터팬에 등장하는 후크 선장을 기억하나요? 후크 선장은 해적선의 선장으로, 왼쪽 팔을 잃어 갈고리 팔을 가지고 있죠.

1133 +

wire

[waiə*r*]

명 **1. 철사 2. 전선, 선**

The sticks were tied with thin **wire**.
막대기들이 얇은 **철사**로 묶여졌다.

A telephone **wire** fell on the road during the storm. 전화**선**이 폭풍으로 거리에 떨어졌다.

무선공유기, 무선마우스, 무선충전기 등 전선이 필요 없는 제품은 영어로 전선(wire)+ -이 없는(less)가 합쳐져 wireless(무선)라고 해요.

1134 + +

string

[striŋ]

명 **끈, 줄**

My tennis racket has a broken **string**.
내 테니스 라켓의 **줄** 하나가 끊어졌다.

스트링 치즈(string cheese)는 가늘게 찢어 **줄**처럼 만들어 먹을 수 있는 치즈예요.

1135 +

tank

[tæŋk]

명 **1.** (물·기름 등을 넣는) **큰 통 2. 전차, 탱크**

Check the water **tank**.
물**탱크**(수조)를 점검해 보아라.

The new wheelchair looks like a small **tank**. 그 새로운 휠체어는 작은 **탱크**를 닮았다.

물고기나 어류 생물이 사는 수족관을 fish tank라고 해요.

1136 +

bucket

[bʌ́kit]

명 **양동이**

Pour some water in the **bucket**.
그 **양동이**에 물을 좀 부어라.

1137 +

lid

[lid]

명 뚜껑, 덮개

He lifted the **lid** of the box.

그는 상자의 **뚜껑**을 들어올렸다.

일회용 커피컵의 뚜껑을 잘 보면 이 단어를 찾을 수 있어요.

1138

faucet

[fɔ́:sit]

명 수도꼭지

Turn off the **faucet** when you are not using it. 사용하지 않을 때는 **수도꼭지**를 잠그세요.

미국에서는 faucet, 영국에서는 tap으로 흔하게 쓰여요.

편리한 가정용품들

암기 Tip

1139 +

stuff

[stʌf]

명 물건, 것 (= thing 물건, 것)

동 ~을 채워 넣다

Let's get all this **stuff** into the car.

이**것**들을 모두 차에 실읍시다.

stuff는 특정한 물건을 지칭한다기보다, 우리가 친구들끼리 말할 때 '이것 저것'하는 것처럼 다양한 '것'을 말해요.

1140 +

refrigerator

[rifrídʒərèitər]

명 냉장고

The **refrigerator** helps keep food cold.

냉장고는 음식을 차갑게 보관하는 데 도움이 된다.

단어 속에 있는 'frige'에서 freeze(얼리다)를 떠올려 보세요.

1141 +

microwave

[máikrəwèiv]

명 전자레인지

Don't put metal in the **microwave**.

전자레인지 안에 금속을 넣지 마라.

micro는 극도로 작은 것을 뜻해요. microwave는 전자기파의 일종인 극초단파를 뜻하는데 전자레인지 외에도 TV, 레이더, 통신에도 쓰여요.

1142 +

bulb

[bʌlb]

명 전구

The light in the lamp went out. It needs a new **bulb**. 램프의 불이 나갔어. 새 **전구**가 필요해.

만화 영화를 보면 주인공이 무언가를 깨달으며 '아하!' 라고 하면 옆에 전구가 켜지는 순간이 꼭 등장하죠. 그 순간을 light bulb moment라고 해요.

1143 ++
switch
[switʃ]

명 **1. 스위치 2. 전환** 동 **바뀌다, 전환되다**

She pressed a **switch** on the wall.
그녀는 벽에 있는 **스위치**를 눌렀다.

The **switch** to a free market economy will not be easy. 자유시장경제로의 **전환**은 쉽지 않을 것이다.

I can't see. Let's **switch** places.
나는 안 보여. 우리 자리 **바꾸자**.

스위치를 껐다 켰다 할 때마다 전구의 상태가 **바뀌게** 되지요.

1144 +
pillow
[pílou]

명 **베개**

Put a **pillow** under his head.
베개로 그의 머리를 받쳐주세요.

1145 +
comb
[koum]
발음주의

명 **빗** 동 **빗다, 빗질하다**

He bought **combs** for his hair.
그는 자신의 머리를 빗으려고 **빗**을 샀다.

She washed her face and **combed** her hair. 그녀는 세수하고 머리를 **빗었다**.

1146 +
rubber
[rʌ́bər]

명 **1. 고무 2. 지우개** (= eraser)

The children are playing with a **rubber** ball. 아이들이 **고무**공을 가지고 놀고 있다.

That **rubber** thing at the end of a pencil is called a **rubber** in British English.
연필 끝에 있는 **고무**로 된 것을 영국 영어에서는 rubber(**지우개**)라고 부른다.

어원 연필이나 잉크를 지울 때 고무를 문질러서(rub) 사용했던 것에서 유래한 말이에요. 아직도 영국에서는 지우개(미국: eraser)를 rubber라고 해요.

1147 +
stamp
[stæmp]

명 **1. 우표 2. 도장, 스탬프**
동 **1.** (도장을) **찍다 2. 발을 구르다**

Paul collects **stamps**. 폴은 **우표**를 모은다.

You have to get a **stamp** on your passport. 당신은 여권에 **도장**을 받아야 한다.

The woman at the desk **stamped** my passport. 사무를 보는 여자가 내 여권에 **도장을 찍었다**.

They **stamped** and shouted in the concert. 그들은 콘서트에서 **발을 구르고** 소리를 질렀다.

발 구르는 소리는 마치 스탬프 찍는 소리와 비슷하죠.

1148

broom

[bru(:)m]

명 빗자루, 비

There is a **broom** under the counter.
계산대 밑에 **빗자루**가 있어요.

특히 마루를 빗질하는 데 쓰는 자루가 긴 것을 의미해요.

1149 +

bathtub

[bǽθtə̀b]

명 욕조

The baby is taking a bath in the **bathtub**.
아기는 **욕조**에서 목욕하고 있다.

bath를 하는 tub(통)이니까 욕조가 돼요. tub에 u의 모양이 욕조를 닮지 않았나요?

1150 +

toothbrush

[tú:θbrə̀ʃ]

명 칫솔

He's brushing his teeth with a **toothbrush**.
그는 **칫솔**로 이를 닦고 있다.

tooth(치아, 이)를 닦는 brush(솔)이므로 toothbrush는 칫솔이 되죠. teethbrush가 아닌 toothbrush예요.

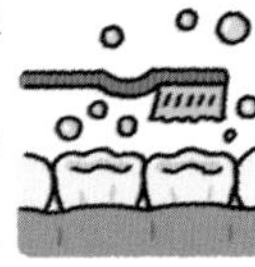

Apply, Check & Exercise

Answer Key p.307

A 영어는 우리말로, 우리말은 영어로 쓰세요.

1 drawer	______	2 screw	______
3 hook	______	4 wire	______
5 string	______	6 tank	______
7 lid	______	8 stuff	______
9 microwave	______	10 switch	______
11 pillow	______	12 stamp	______
13 bathtub	______	14 가구	______
15 벽장	______	16 선반	______
17 사다리	______	18 양동이	______
19 수도꼭지	______	20 냉장고	______
21 전구	______	22 빗	______
23 고무	______	24 빗자루	______
25 칫솔	______		

B 다음 빈칸에 알맞은 단어를 쓰세요.

1 shelf : ________ = 선반 : 서랍

2 furniture : closet = 가구 : ________

3 hook : ________ = 걸이 : 나사

4 string : ________ = 줄 : 철사, 전선

5 tank : bucket = 큰 통 : ________

6 lid : faucet = 뚜껑 : ________

7 refrigerator : ________ = 냉장고 : 전자레인지

8 switch : bulb = 스위치 : ________

C 다음 중 단어의 영영 풀이가 잘못된 것을 있는 대로 고르세요.

① bathtub: a container in which people take baths

② toothbrush: a brush for cleaning your teeth

③ comb: the thing that is used for sweeping floors

④ broom: a brush that is used for making hair neat

⑤ pillow: a bag that you put your head on when you are sleeping

D 배운 단어를 이용하여 빈칸에 알맞은 말을 넣으세요.

1 내 물건들을 저장할 장소가 필요하다.

→ I need a place to store my ________.

2 타이어는 고무로 만든다. → Tires are made of ________.

3 그는 사다리를 타고 올라갔다. → He climbed up the ________.

4 편지에 도장이 찍혀 있었다. → There was a ________ on the letter.

Unit 07 부엌

발음 익히기

셀프 스터디

리스닝 훈련

요리 기구

암기 Tip

1151 +

contain [kəntéin]

동 포함하다, ~을 담고 있다

The envelope **contained** the wedding invitations. 그 봉투 안에는 청첩장이 **들어 있었다**.

container [kəntéinər] 명 그릇, 용기

항구에서 볼 수 있는 커다란 철제 상자를 컨테이너라고 하지요. 그보다 작은 그릇이나 상자 등도 container라고 할 수 있답니다.

1152 ++

plate [pleit]

명 접시, 그릇

I had 10 **plates** of food at the buffet.
나는 뷔페에서 음식을 10**접시** 먹었다.

plate는 특히 깊이가 깊지 않은 납작하고 둥그런 접시를 말해요. dish는 plate를 포함하여 더 오목한 접시도 말할 수 있고 '요리'란 뜻도 있어요.

dish

Plate

1153 +

stove [stouv]

명 1. 난로, 스토브 2. 요리용 화로, 가스레인지

The cabin uses a wood **stove** for heat.
그 통나무집은 장작 **난로**로 난방을 한다.

Alyssa makes pancakes on her **stove**.
알리사는 팬케이크를 **가스레인지**로 만든다.

요리 재료

암기 Tip

1154 +

grocery [gróusəri]

명 1. 식료품점, 식품점 2. 식료품

She's going to buy some of the stuff at the **grocery**. 그녀는 **식료품점**에서 물건들을 좀 사려고 한다.

I need to buy some **groceries**.
나는 **식료품**을 좀 살 필요가 있다.

미국에서는 supermarket과 같은 개념으로 쓰여요.

1155 +

flour [fláuər]
철자주의

명 밀가루, 가루

Flour is often used in baking.
밀가루는 제빵에 자주 쓰인다.

flour(밀가루)와 flower(꽃)는 발음이 같아서, 듣고 해석할 때 주의해야 해요.

1156
wheat
[hwiːt]

명 밀

America has many big **wheat** fields.
미국에는 거대한 **밀**밭이 많다.

1157
eggplant
[égplæ̀nt]

명 가지

The **eggplant** is a fruit, not a vegetable.
가지는 채소가 아니라 과일이다.

서양의 가지는 달걀(egg)모양이라서 eggplant라고 해요.

1158
lettuce
[létis]

명 상추, 양상추

Wrap a piece of *samgyeopsal* in a **lettuce** leaf. 삼겹살 한 점을 **양상추**에 싸.

샌드위치 종류 중 BLT 샌드위치는 베이컨(Bacon), 양상추(Lettuce), 토마토(Tomato)가 들어가기 때문에, 각각의 머리 글자를 따와서 지어진 이름이에요.

1159 + +
peel
[piːl]

동 껍질을 벗기다, 깎다 명 (과일의) 껍질

First, **peel** the lemon.
먼저 레몬의 **껍질을 벗겨라**.

감자나 과일 등의 껍질을 벗기는 주방조리 기기를 필러(peeler)라고 해요.

1160 + +
sauce
[sɔːs]

명 소스

I like to put tomato **sauce** on my spaghetti.
나는 스파게티에 토마토**소스**를 뿌리는 것을 좋아한다.

음식에 곁들여 제공되는 걸쭉한 액체예요.

1161 +
raw
[rɔː]

형 1. 날것의, 익히지 않은 2. 가공하지 않은

He likes to eat **raw** carrots.
그는 **날**당근을 즐겨 먹는다.

In its **raw** state, cocoa is very bitter.
가공하지 않은 상태에서의 코코아는 매우 쓰다.

음식 재료로서 가공하거나 익히지 않고 원료 그대로 둔 것이 바로 날것이죠?

요리 방법

암기 Tip

1162 ++
recipe
[résəpi]

명 **요리법, 레시피**

Follow this apple pie **recipe**.
이 애플파이 **레시피**를 따라해 봐.

유명한 레스토랑 셰프들이 가지고 있는 비밀 요리법을 'secret recipe'라고 해요. 또한, 집에서 대대로 전수되어 온 요리법은 'family recipe'라고 할 수 있어요.

1163 +
chop
[tʃɑp]

동 **잘게 썰다, 다지다**

Mom **chopped** the onion and the carrot.
엄마는 양파와 당근을 **잘게 썰었다**.

촙스테이크(chop steak)는 먹기 좋은 크기로 잘게 자른 고기와 다양한 채소를 볶은 요리죠.

1164 ++
slice
[slais]

동 (얇게) **썰다, 자르다** 명 (얇게 썬) **조각**

She **sliced** the lime very thin.
그녀는 라임을 아주 얇게 **썰었다**.

Chris ate 5 **slices** of ham.
크리스는 햄 다섯 **조각**을 먹었다.

햄버거나 샌드위치 안에는 얇게 잘린 슬라이스 치즈를 넣지요. 영어로 쓸 때는 slice cheese가 아니라 sliced cheese로 씁니다.

1165
split
[split]
split-split-splitting

동 **쪼개다, 나누다, 찢어지다** (= divide 나누다)

Josh **split** the wood with an axe.
조쉬가 도끼로 나무를 **쪼갰다**.

The girls **split** the lunch bill.
여자아이들은 점심값을 **나눴다**.

공중으로 뛰어올라 양 발을 옆으로 크게 벌리는 점프는 '스플리트 점프', 바나나를 길게 2등분 해서 아이스크림이나 생크림을 곁들여 먹는 디저트는 '바나나 스플리트'라고 해요.

1166
stir
[stəːr]

동 **젓다, 휘젓다**

Mom **stirred** the soup slowly.
엄마가 수프를 천천히 **저었다**.

1167 +
blend
[blend]

동 **섞다, 혼합하다**

Blend the ingredients together.
재료들을 같이 **섞으세요**.

우리나라에서는 흔히 믹서기라고 통하지만, 음식 재료들을 분쇄하고 혼합해 주는 기계를 블렌더(blender)라고 해요.

1168 + +

fill

[fil]

동 **1. 채우다, 채워 넣다 2. ~으로 가득 차다**

Fill the cup with water. 컵에 물을 **채워라**.

Her heart **filled** with joy.
그녀의 가슴은 기쁨**으로 가득 찼다**.

fill은 구멍이나 틈을 메우거나, 냄새, 소리, 빛이 어떤 곳을 가득 채우거나, 일자리에 사람을 채우거나, 강한 감정으로 벅차게 할 때 모두 쓸 수 있어요.

1169 +

pour

[pɔːr]

동 **1. 따르다, 붓다 2. 비가 억수같이 쏟아지다**

Can you **pour** me some water?
물 좀 **따라** 주실래요?

It **poured** all day. 하루 종일 **비가 억수같이 쏟아졌다**.

꼭 물이나 커피 같은 액체가 아니더라도 소금, 모래처럼 알갱이가 작은 것을 쏟을 때도 이 단어를 씁니다.

1170

soak

[souk]

동 **1. (액체에) 담그다, 잠기다 2. 흠뻑 적시다**

Soak the dirty clothes in cold water.
더러운 옷들을 찬물에 **담가라**.

She **soaked** the dog with the hose.
그녀는 개를 호스로 **흠뻑 적셨다**.

무언가를 액체에 살짝 담그는 것이 아니라 푹 담그는 것을 말해요. 쏙(soak) 담갔다고 외워볼까요?

1171 + +

spill

[spil]

동 **쏟다, 엎지르다** 명 **유출, 흘린 액체**

The baby **spilled** milk everywhere.
아기가 우유를 여기저기에 다 **쏟았다**.

The oil **spill** is terrible news.
기름 **유출** 소식은 끔찍하다.

태안 앞바다에 일어났던 안타까운 일을 기억하나요? 기름 유출 역시 spill을 사용해서 oil spill이라고 표현합니다.

1172 + +

melt

[melt]

동 **1. 녹다, 녹이다 2. (감정이) 누그러지다**

The flowers will grow after the snow **melts**. 눈이 **녹고** 나면 꽃이 자랄 것이다.

Her anger slowly **melted**.
그녀의 분노는 천천히 **누그러졌다**.

1173 +

paste

[peist]

명 **1. 반죽 2. 풀** 동 **풀칠하다, 풀로 붙이다**

Mom is making a **paste** in the kitchen.
엄마가 부엌에서 **반죽**을 만들고 계신다.

How much wallpaper **paste** do you need?
벽지용 **풀**이 얼마나 필요하신가요?

Paste the shapes onto the paper.
그 모양을 종이에 **붙여라**.

paste는 주로 반죽 같은 것을 의미하는데, 예를 들면 밀가루 반죽(flour paste), 고추장(red pepper paste), 치약(toothpaste) 등이 있어요.

1174 +

steam

[stiːm]

명 **김, 증기, 수증기**

Steam rises from boiling water.
끓는 물에서 **김**이 올라온다.

스팀(steam)청소기는 안에 물을 넣고 전원을 누르면 안에서 물이 보글보글 끓으면서 나오는 수증기로 청소하는 것이에요.

1175 +

wrap

[ræp]

wrapped-wrapped-wrapping

동 **~을 감싸다, 포장하다**

I spent the day **wrapping** the presents.
나는 그날을 선물을 **포장하며** 보냈다.

요리나 반찬 등을 싸는 얇은 비닐을 랩(wrap)이라고 하지요?

Apply, Check & Exercise

Answer Key p.307

A 영어는 우리말로, 우리말은 영어로 쓰세요.

1	plate ______	2	stove ______
3	wheat ______	4	eggplant ______
5	chop ______	6	slice ______
7	split ______	8	blend ______
9	fill ______	10	soak ______
11	melt ______	12	paste ______
13	steam ______	14	~을 담고 있다 ______
15	식료품 ______	16	밀가루 ______
17	상추 ______	18	껍질을 벗기다 ______
19	소스 ______	20	날것의 ______
21	요리법 ______	22	휘젓다 ______
23	따르다, 붓다 ______	24	엎지르다 ______
25	포장하다 ______		

B 다음 빈칸에 알맞은 단어를 쓰세요.

1 contain : container = ~을 담고 있다 : ________________

2 flour : ________________ = 밀가루 : 밀

3 eggplant : lettuce = 가지 : ________________

4 chop : ________________ = 다지다 : 얇게 썰다

5 divide : ________________ = 나누다 : 쪼개다, 나누다

6 blend : stir = 혼합하다 : ________________

7 soak : pour = 담그다 : ________________

8 stove : ________________ = 난로 : 김, 증기

C 다음 중 단어의 영영 풀이가 잘못된 것을 있는 대로 고르세요.

① plate: a flat and usually round dish

② peel: remove the dirt from fruit or vegetables

③ recipe: a set of instructions for making food

④ raw: cooked enough

⑤ paste: a soft thick mixture

D 배운 단어를 이용하여 빈칸에 알맞은 말을 넣으세요.

1 그녀는 식료품을 좀 사려고 들렀다. → She stopped to get some ________________.

2 토마토소스 한 캔을 추가해라. → Add a can of tomato ________________.

3 이 상자를 포장해 주시겠어요? → Could you ________________ this box up for me?

4 버터가 녹기 시작했다. → The butter was beginning to ________________.

Unit 08 건물 구조

발음 익히기

셀프 스터디

리스닝 훈련

암기 Tip

1176 +
construct
[kənstrʌ́kt]

동 **건설하다** (↔ destroy 파괴하다)

The company **constructed** a dam across a river. 그 회사는 강을 가로지르는 댐을 **건설했다**.

construction [kənstrʌ́kʃən] 명 건설, 공사

어원 con(= together) + struct(= build, pile up)로 이루어진 단어예요. 함께 쌓아 올리기란 의미에서 발전했어요.

1177 +
structure
[strʌ́ktʃər]

명 **1. 구조 2. 구조물, 건축물**

The **structure** of the education system is changing. 교육 시스템의 **구조**가 변화하고 있다.

The building is a wooden **structure** with a curved roof.
그 건물은 곡선으로 된 지붕이 있는 목조 **구조물**이다.

structural [strʌ́ktʃərəl] 형 구조상의, 구조적인

여러 재료를 쌓아 만든 건축물도 structure라고 합니다. 문장은 단어들을 쌓은 것이니까 문장 구조는 sentence structure라고 하지요.

건물 내부

암기 Tip

1178 ++
pipe
[paip]

명 (액체나 기체가 흐르는) **관, 배관, 파이프**

Let a little water run so that your **pipes** don't freeze. **배관**이 얼지 않도록 물을 약간 흐르게 두어라.

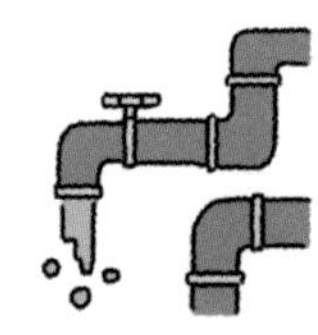

1179 +
tube
[tju:b]

명 **1.** (기체나 액체를 실어 나르는) **관, 튜브**
2. (체내의) **관**

This is a **tube** to protect cables.
이것은 케이블을 보호하기 위한 **튜브**이다.

In women this **tube** is broader than in men. 여성에게 있어서 이 **관**은 남성보다 더 넓다.

1180 +
brick
[brik]

명 **벽돌**

We built our house with **bricks**.
우리는 **벽돌**로 집을 지었다.

1181 +

ceiling

[síːliŋ]

명 천장

He painted the **ceiling** with a large brush.
그가 커다란 붓으로 **천장**을 칠했다.

1182

attic

[ǽtik]

명 다락(방)

He likes to stay in his **attic**.
그는 자신의 **다락방**에 머물기를 좋아한다.

다락방은 천장과 경사진 지붕 사이의 공간으로 만든 방이랍니다.

1183

chimney

[tʃímni]
철자주의

명 굴뚝

How often do we have to clean the **chimney**? 얼마나 자주 **굴뚝**을 청소해야 하나요?

산타클로스 할아버지는 굴뚝(chimney)으로 집에 들어와서, 양말에 선물을 넣어두고 가지요.

1184

column

[kάləm]
철자주의

명 1. 기둥 (모양의 것) 2. (신문, 잡지의) 칼럼

The **columns** are used to support this roof. 그 **기둥들**은 이 지붕을 받치는 데 사용된다.

She writes a **column** in the fashion magazine. 그녀는 패션 잡지의 **칼럼**을 쓴다.

어원 '기둥'을 뜻하는 라틴어 '콜룸나(columna)'에서 나온 말로 신문지면의 일정한 자리에 연재되는 기사인 '칼럼'의 의미로 발전했어요.

1185

wallpaper

[wɔ́ːlpèipər]

명 벽지

Our **wallpaper** is too old. Let's change it.
우리 **벽지**는 너무 낡았어. 그것을 교체하자.

벽(wall)에 바르는 종이(paper)를 벽지(wallpaper)라고 하죠.

1186 +

lobby

[lάbi]

명 1. 대합실, 로비 2. 압력 단체

Let's get maps of the city in the hotel **lobby**. 호텔 **로비**에서 도시의 지도를 얻자.

The law is supported by the gun-control **lobby**. 그 법은 총기규제 **압력 단체**의 지지를 받고 있다.

'로비하다' 혹은 '로비스트'라는 말을 들어본 적 있나요? 특정 조직의 이익을 위해서 교섭, 섭외 등을 벌이는 행동과 사람을 가리켜요. 영국의 의사당 로비에서 의원들과 유권자들의 접촉이 이루어진 데서 유래되었어요.

1187 +

basement

[béismənt]

명 **지하실, 지하층**

We store things in the **basement**.
우리는 **지하실**에 물건들을 보관한다.

base는 '맨 아랫 부분'을 가리키므로, basement는 건물의 맨 아래 층에 있는 지하실을 말해요.

1188

booth

[bu:θ]

명 (칸막이를 한) **작은 공간, 부스**

We set up a **booth** for the fair.
우리는 박람회를 위해 **부스**를 설치했다.

If you have any questions, please come to our **booth**. 질문이 있으시다면, 저희 **부스**로 와 주세요.

고속도로에서 통행료를 받는 요금소를 tollbooth라고 해요. 공중전화 부스도 phone booth라고 하죠. 모두 작게 칸을 만든 공간이죠.

1189 +

cafeteria

[kæ̀fətíəriə]

명 **구내식당**

Students have lunch in the **cafeteria**.
학생들은 **학교 식당**에서 점심을 먹는다.

cafeteria는 차를 마시는 café와는 달리, 학교나 직장 내의 식당으로서 직접 음식을 가져다 먹는 셀프서비스 식당을 말해요.

1190 +

elevator

[éləvèitər]

명 **엘리베이터, 승강기**

An **elevator** is a moving box.
엘리베이터는 상자 모양의 움직이는 기기이다.

어원 라틴어로 '올려주다'를 의미하는 elevate에 -or가 합쳐져서 올려주는 기계, 즉 엘리베이터가 되었어요.

1191

escalator

[éskəlèitər]

명 **에스컬레이터**

An **escalator** is a staircase that moves.
에스컬레이터는 움직이는 계단이다.

어원 escala(de)에는 '성벽이나 요새를 사다리로 기어오르다'는 뜻이 있어요. 여기에 -tor가 합쳐져 자동으로 계단을 오르는 에스컬레이터가 되네요.

1192 + +

exit

[égzit | éksit]

명 **출구** (↔ entrance 입구)

동 **나가다, 퇴장하다**

The **exit** has a green sign over it.
출구는 위에 녹색으로 표시가 되어 있다.

You can **exit** through the back door.
뒷문으로 **나가시면** 됩니다.

비상 출구를 알려주는 표지판에서 볼 수 있죠.

1193 ++
stair
[stɛər]

명 계단

Taking the **stairs** is good exercise.
계단을 이용하는 것은 좋은 운동이 된다.

어법 계단의 한 단을 stair라고 해요. 복수형인 stairs는 단이 모인 계단이 돼요.

1194
aisle
[ail]
발음주의, 철자주의

명 통로

I prefer to sit next to the **aisle** on a train.
나는 기차에서 **복도** 쪽에 앉는 것을 선호한다.

비행기 좌석에서 창가 좌석은 window seat이라고 하고, 통로 좌석은 aisle seat이라고 해요.

건물 외부

암기 Tip

1195 +
garage
[gərɑ́ːdʒ]

명 차고, 주차장

Their **garage** is huge. It can hold four cars! 그들의 **차고**는 굉장히 크다. 차가 4대나 들어갈 수 있어!

garage는 집과 연결된 차고를 가리킨답니다. 차뿐만 아니라 자주 쓰지 않는 물품도 보관하고, 종종 벼룩시장(garage sale)도 열지요.

1196
balcony
[bǽlkəni]

명 발코니

You can see a view of the ocean from the **balcony.** 너는 **발코니**에서 바다의 전망을 볼 수 있다.

1197 ++
garden
[gɑ́ːrdən]

명 정원, 뜰

The **garden** is full of flowers.
정원이 꽃으로 가득 차 있다.

정원 손질이나 원예를 '가드닝(gardening)'이라고 해요.

1198
courtyard
[kɔ́ːrtjɑ̀ːrd]

명 안마당, 안뜰

Amy is playing with a dog in a **courtyard.**
에이미는 **뜰**에서 개와 함께 놀고 있다.

건물이나 벽으로 둘러싸인 뜰이나 마당을 말해요.

1199 + +

yard

[jɑːrd]

명 **1. 마당, 정원 2.** ((단위)) **야드** (0.9144m)

My dog likes to relax in our **yard**.
우리 개는 **마당**에서 쉬는 것을 좋아한다.

He has 10 **yards** of rope.
그는 10 **야드**의 밧줄이 있다.

앞마당은 front yard, 뒷마당은 back yard라고 합니다.

1200 + +

fence

[fens]

명 **울타리**

He put up a **fence** around his yard.
그는 마당 주위에 **울타리**를 쳤다.

Apply, Check & Exercise

Answer Key p.308

A 영어는 우리말로, 우리말은 영어로 쓰세요.

1	pipe ______	2	tube ______
3	brick ______	4	wallpaper ______
5	basement ______	6	booth ______
7	cafeteria ______	8	escalator ______
9	exit ______	10	balcony ______
11	garden ______	12	yard ______
13	fence ______	14	건설하다 ______
15	구조, 건축물 ______	16	천장 ______
17	다락 ______	18	굴뚝 ______
19	기둥 ______	20	로비 ______
21	엘리베이터 ______	22	계단 ______
23	통로 ______	24	차고 ______
25	안마당 ______		

B 다음 빈칸에 알맞은 단어를 쓰세요.

1 construct : ________________ = 건설하다 : 파괴하다

2 structure : structural = 구조 : ________________

3 pipe : ________________ = 배관 : 관, 튜브

4 column : chimney = 기둥 : ________________

5 ceiling : attic = 천장 : ________________

6 lobby : ________________ = 로비 : 지하실

7 elevator : ________________ = 엘리베이터 : 에스컬레이터

8 exit : ________________ = 출구 : 입구

9 stair : aisle = 계단 : ________________

10 yard : courtyard = 마당 : ________________

C 다음 중 단어의 영영 풀이가 잘못된 것을 있는 대로 고르세요.

① fence: a structure like a wall built outdoors

② garden: an area of ground where a car is kept

③ balcony: a raised place that is connected to the side of a building

④ booth: a large open area where things are sold

⑤ brick: a hard block of clay that is used to build structures

D 배운 단어를 이용하여 빈칸에 알맞은 말을 넣으세요.

1 학생들은 종종 학교 구내식당을 좋아하지 않는다.
→ Students often don't like the school ________________.

2 아빠는 차를 차고에 넣고 계신다. → Dad is putting the car in the ________________.

3 벽지가 벗겨지기 시작했다. → The ________________ began to peel.

Unit 09 방향과 위치

발음 익히기

셀프 스터디

리스닝 훈련

방향

암기 Tip

1201 +
compass
[kʌ́mpəs]

명 1. 나침반 2. (제도용) 컴퍼스

They use the sun as a **compass**.
그들은 태양을 **나침반**으로 사용한다.

I drew some circles with a **compass**.
나는 **컴퍼스**로 원을 몇 개 그렸다.

1202 ++
straight
[streit]
철자주의

형 1. 곧은, 똑바른 2. 솔직한
부 1. 똑바로, 곧장 2. 솔직하게

Taylor has **straight** hair. 테일러는 **생**머리이다.

I think we need some **straight** talk.
우리는 좀 **솔직한** 대화가 필요하다고 생각해.

Go **straight** and turn left at the next corner. **똑바로** 가시다가 다음 모퉁이에서 좌회전하세요.

곧게 펴진 생머리를 straight hair라고 해요. 곱슬곱슬한 파마를 풀고 싶을 때 미용실에서 스트레이트(straight) 파마를 하기도 하죠.

1203 ++
toward(s)
[tɔːrd(s)]

전 ~을 향하여, ~ 쪽으로

The spaceship headed **towards** Mars.
그 우주선이 화성**으로** 향했다.

어원 to(~으로) + -ward(~ 쪽으로)가 합쳐진 말이에요.

1204 +
upward(s)
[ʌ́pwərd(s)]

형 1. 위쪽을 향한 (↔ downward(s) 아래로 향한)
2. (양이나 가격이) 상승하는

Move in an **upward** direction.
위쪽 방향으로 움직여라.

The numbers showed an **upward** trend in sales. 그 수치는 판매의 **상승** 트렌드를 보여주었다.

어원 up(위로) + -ward(~ 쪽으로)가 합쳐진 말이에요.

1205 ++
upstairs
[ʌ́pstɛ́ərz]

부 위층에, 위층으로 명 위층

My mother's room is **upstairs**.
우리 어머니 방은 **위층에** 있다.

어원 up(위로) + stairs(계단)
→ upstairs(위층으로)

1206 +

downward(s)

[dáunwərd(s)]

형 **아래쪽으로의, 아래로 향한** (↔ upward(s) 위쪽을 향한)

Prices are showing a **downward** trend.
물가가 **하향**세를 보이고 있다.

어원 down(아래로) + -ward(~ 쪽으로)가 합쳐진 말이에요.

1207 + +

forward

[fɔ́ːrwərd]

부 **앞으로, 앞쪽에** 형 **앞으로 가는**

My friend is the one leaning **forward**.
몸을 **앞으로** 구부리고 있는 애가 내 친구이다.

어원 for-(앞) + -ward(~ 쪽으로)가 합쳐진 말이에요.

1208 +

forth

[fɔːrθ]

부 **앞으로**

She stretched **forth** her hands.
그녀는 손을 **앞으로** 뻗었다.

철자에 '앞'을 뜻하는 for-가 있네요. 왔다 갔다 하며 움직이는 것을 영어로 'back and forth'라고 합니다. 말 그대로 앞뒤로 움직이는 것이지요.

1209 +

backward(s)

[bǽkwərd(s)]

부 **1. 뒤쪽으로 2. 거꾸로, 반대 방향으로**

She took a step **backward**.
그녀는 **뒷**걸음질을 했다.

I counted numbers **backwards** from ten.
나는 10부터 숫자를 **거꾸로** 셌다.

어원 back(뒤) + -ward(~ 쪽으로)가 합쳐진 말이에요.

1210 +

beyond

[bijánd]

전 **1. ~너머에, ~의 저편에**
2. ((시간)) **~을 지나서 3.** (능력·한계 등을) **넘어서는**
부 **저쪽에, 건너편에**

We crossed the river and headed for the mountains **beyond**.
우리는 강을 건너 **저편에** 있는 산으로 나아갔다.

The program is likely to continue **beyond** next year. 그 프로그램은 내년이 **지나서도** 지속될 것 같다.

The job is **beyond** his ability.
그 일은 그의 능력을 **넘어선다**.

'비욘드'라는 화장품 브랜드를 아나요? 우리 세대를 지나서(beyond) 후손에 남겨질 환경까지 고려한 브랜드라고 하네요.

위치

암기 Tip

1211 +

position

[pəzíʃən]

명 **1. 위치 2. 자세 3. 처지, 입장**

He used his cell phone to figure out his **position**. 그는 휴대폰을 사용해 **위치**를 알아냈다.

She fell asleep in a sitting **position**.
그녀는 앉은 **자세**로 잠이 들었다.

I've been in your **position** before, so I can help you. 당신의 **처지**에 있어 봐서 당신을 도울 수 있어요.

축구, 배구, 농구 등에서 선수들의 위치도 포지션(position)이라고 해요.

1212 +

somewhere

[sʌ́mhwɛ̀ər]

부 어딘가에

Let's go **somewhere** quiet.
어디 조용한 곳으로 가자.

some(어떤)+where(장소)가 합쳐진 말이에요.

1213

internal

[intə́ːrnəl]

형 1. 안의, 내부의 2. 국내의 3. 체내의

The **internal** walls of the house are blue.
그 집의 **내부** 벽은 파란색이다.

He is not interested in the **internal** affairs of other countries.
그는 다른 나라의 **국내** 문제에는 관심이 없다.

She is experiencing **internal** bleeding.
그녀는 **체내** 출혈을 겪고 있다.

어원 inter-는 '안쪽으로'의 의미가 있어요.

1214 + +

outside

[àutsáid]

명 바깥쪽, 외부 (↔ inside 안쪽, 안의, 안에)
형 외부의, 밖의 전 겉에, 밖에, 외부에
부 겉에, 밖에, 밖에서

Cold air comes from the **outside**.
밖에서부터 찬 공기가 불어온다.

She turned on the **outside** light.
그녀는 건물 **밖의** 불을 켰다.

We waited **outside** the store.
우리는 가게 **밖에서** 기다렸다.

Emily is calling you **outside**.
에밀리가 **밖에서** 너를 부르고 있어.

out(밖, 밖에)+side(쪽)가 합쳐진 말이에요. 특정한 그룹이나 조직에 속하지 못하는 사람을 아웃사이더라고도 하죠.

1215

outer

[áutər]

형 바깥쪽의, 외부의 (↔ inner 안쪽의)

Earth's **outer** core is made of liquid iron.
지구의 **외**핵은 액체 상태의 철로 구성된다.

겉에 입는 겉옷을 '아우터(outer)'라고도 합니다.

1216 + +

among

[əmʌ́ŋ]

전 ~에 둘러싸인, ~의 사이에

Her dog hid **among** the stuffed animals.
그녀의 개가 동물 인형들 **사이로** 숨었다.

1217 +

edge

[edʒ]

명 끝, 가장자리, 모서리

Daniel stood at the **edge** of the road.
다니엘이 도로의 **끝**에 서 있었다.

Fold the paper along the **edge**.
종이의 **모서리** 부분을 접어라.

삼성 휴대폰 중 '갤럭시 엣지(edge)'는 폰 양 옆의 가장자리(edge)까지 디스플레이가 확장되었기 때문에 붙여진 이름이에요.

1218 + +

tip

[tip]

명 1. (뾰족한) 끝 부분 2. 팁, 봉사료

The place is located at the southern **tip** of the city. 그곳은 도시의 남쪽 **끝**에 위치하고 있다.

In some countries, it is polite to leave a **tip** for the waiter.
일부 국가에서는 웨이터에게 **팁**을 남기는 것이 예의이다.

봉사료의 '팁(tip)'은 16세기 영국의 찻집에서 더 빠른 서비스를 원하면(To Insure Promptness) 돈을 달라고 쓰인 항아리에 돈을 넣은 것으로부터 시작되었어요.

1219 +

apart

[əpá:rt]

부 떨어져, 따로 (↔ together 함께)

Debby lives **apart** from her sister.
데비는 언니와 **떨어져** 산다.

아파트(apartment)를 보면 한 채의 건물에 여러 세대가 떨어져서 따로(apart) 살 수 있게 되어 있죠.

1220

further

[fə́:rðər]
철자주의

부 1. 더 멀리 (= farther) 2. 더

Let's walk **further** this way.
이 길을 따라 **더 멀리** 걸어가 보자.

Let's consider this point **further**.
이 점을 **더** 생각해 보자.

어법 farther와 further는 far(먼)의 비교급으로서 '더 먼, 더 멀리'라는 뜻인데, 거리가 아닌 정도를 말할 때는 further만 가능해요.

1221 +

distance

[dístəns]

명 (공간적·시간적) 거리, 간격

This app shows the **distance** from here to there.
이 애플리케이션은 여기서부터 저기까지의 **거리**를 보여준다.

distant [dístənt] 형 먼, 떨어져 있는

distant는 구체적인 수치와 함께 쓰여요. 수치 없이 쓰인 경우에는 상당히 먼 거리를 뜻해요.

1222 +

row

[rou]

명 열, 줄

I got a front **row** seat for the concert.
나는 그 콘서트의 맨 앞**줄** 좌석을 잡았다.

사람들이나 물체들이 서로 나란히 늘어선 줄을 의미합니다.

그 외 방향과 위치

암기 Tip

1223 +

opposite

[ápəzit]
철자주의

형 1. 반대편의 2. 정반대의 전 건너편에

He crossed to the **opposite** side of the street. 그는 **맞은편** 길로 건너갔다.

Those two countries have **opposite** views on the subject.
그 두 나라는 그 사안에 대해 **정반대의** 견해를 갖고 있다.

opposition [àpəzíʃən] 명 반대

어원 opposite는 oppose(반대하다)에서 나온 말이랍니다. 위치나 방향의 반대뿐 아니라 성질이나 의미, 또는 의견 등이 정반대일 때도 사용돼요.

1224
aside
[əsáid]

부 **한쪽으로, 옆으로 비켜**

She put the paintbrush **aside**.
그녀가 페인트 붓을 **한쪽으로** 치웠다.

어원 a-(= ~에) + side(= 옆면, 옆) → 옆에, 옆으로 → 한쪽으로

1225 + +
through
[θru:]

전 **1. ~을 통하여 2.** ((시간)) **~동안 내내**

We drove **through** Colorado.
우리는 콜로라도를 **지나** 운전해 갔다.

He slept **through** the movie.
그는 영화를 상영하는 **동안 내내** 잠을 잤다.

우리는 이곳으로(스로- through) 지나 가야 해.

Apply, Check & Exercise

Answer Key p.308

A 영어는 우리말로, 우리말은 영어로 쓰세요.

1 toward ______ 2 upward ______
3 downward ______ 4 forward ______
5 forth ______ 6 position ______
7 somewhere ______ 8 outside ______
9 outer ______ 10 among ______
11 tip ______ 12 apart ______
13 aside ______ 14 컴퍼스, 나침반 ______
15 곧은, 똑바른 ______ 16 위층에 ______
17 뒤쪽으로 ______ 18 ~너머에 ______
19 내부의, 국내의 ______ 20 가장자리, 모서리 ______
21 더 멀리 ______ 22 거리, 간격 ______
23 열, 줄 ______ 24 반대편의 ______
25 ~을 통하여 ______

B 다음 빈칸에 알맞은 단어를 쓰세요.

1 upward(s) : ________________ = 위쪽을 향한 : 아래로 향한

2 backward(s) : ________________ = 뒤쪽으로 : 앞으로, 앞으로 가는

3 beyond : ________________ = ~너머에 : ~을 향하여, ~ 쪽으로

4 outside : ________________ = 바깥쪽 : 안쪽

5 outer : ________________ = 바깥쪽의 : 안쪽의

6 edge : ________________ = 끝, 모서리 : 끝 부분, 봉사료

7 apart : aside = 떨어져 : ________________

8 distance : distant = 거리 : ________________

9 opposite : ________________ = 반대편의 : 반대

10 compass : ________________ = 나침반 : 위치, 자세

C 다음 중 단어의 영영 풀이가 잘못된 것을 있는 대로 고르세요.

① upstairs: on a lower floor of a building

② forth: forward in time or space

③ internal: existing on the outside of something

④ further: to a more distant place or time

⑤ straight: not having curves

D 배운 단어를 이용하여 빈칸에 알맞은 말을 넣으세요.

1 우리는 맨 앞 열에 앉았다. → We sat in a front ________________.

2 나침반이 여기 어딘가에 틀림없이 있다.

→ The compass must be around here ________________.

3 물은 파이프를 통하여 퍼낼 것이다. → Water will be pumped ________________ a pipe.

4 나는 학생 무리에 둘러싸여 서 있는 그를 보았다.

→ I saw him standing ________________ a group of students.

Unit 10 교통과 도로

교통 수단

암기 Tip

1226 +
vehicle
[víːikəl]

명 탈것, 차량

The **vehicle** stopped at the light.
차량이 신호에 멈춰섰다.

자동차만을 vehicle이라고 하는 것이 아니라, 오토바이, 트럭, 버스 등의 탈것들을 총칭하는 말이랍니다.

1227
automobile
[ɔ́ːtəməbìːl]

명 자동차

Germany is well known for its **automobile** industry. 독일은 **자동차** 산업으로 잘 알려져 있다.

어원 auto-(= self) + mobile(= moving) → self-moving 자동으로 움직이는 것 → 자동차

1228 +
rail
[reil]

명 1. 기차, 철도 2. 난간

Never walk on the **rails**.
절대로 **철도** 위를 걷지 마세요.

Hold on to the **rail** as you walk up the stairs. 계단을 올라갈 때 **난간**을 잡으세요.

코레일(KORAIL)은 우리나라 철도에 관한 업무를 하고 있어요.

1229
aircraft
[ɛ́ərkræ̀ft]

명 항공기

Aircraft fly quickly and safely.
항공기는 빠르면서도 안전하게 비행한다.

aircraft는 비행기를 포함해서 헬리콥터, 글라이더 등 사람이 탑승하는 모든 항공기를 가리켜요.

도로와 길

암기 Tip

1230 +
path
[pæθ]

명 길, 통로, 오솔길

The **path** around the lake is beautiful.
호수 주변으로 난 **길**이 아름답다.

길을 뜻하는 단어로는 street, road 등도 있는데요, path는 이 두 길보다는 조금 좁은 길을 뜻해요.

1231
route
[ruːt]

명 **길, 노선, 경로**

Mike's map showed the **route**.
마이크의 지도가 **길**을 알려 주었다.

주로 한 장소와 다른 한 장소를 잇는 길을 뜻해요. 버스나 전철이 정기적으로 운행하는 길도 뜻하지요.

1232 +
track
[træk]

명 **1. 길 2.** (기차) **선로 3. 경주로, 트랙**

Let's follow the **track** into the forest.
그 **길**을 따라 숲 속으로 갑시다.

Tommy set up the **tracks** for his toy train.
토미는 장난감 기차를 위해 **선로**를 놓았다.

The land is used as a training **track**.
그 땅은 훈련용 **트랙**으로 쓰인다.

사람들이 걸어 다녀서 생긴 길을 뜻해요.

1233 +
avenue
[ǽvənjùː]

명 **대로, 거리,** (거리 이름으로) **-가**

I crossed the bridge and walked down the first **avenue**.
나는 다리를 건너서 첫 번째 **거리**로 걸어갔다.

미국의 도시에서는 가로와 세로가 교차하는 도로의 한쪽을 avenue, 다른 쪽을 street라고 부르는 것이 흔해요.

1234
curve
[kəːrv]

명 **곡선, 커브**

Drive slowly along the **curves**.
커브 길을 따라 천천히 운전해라.

곡선 모양의 길은 '커브 길', 야구에서 곡선을 그리며 날아가는 공은 '커브볼'. 많이 들어보셨을 거예요.

1235
crosswalk
[krɔ́ːswɔ̀ːk]

명 **횡단보도**

Use the **crosswalk** to cross the street.
횡단보도를 이용해 길을 건너세요.

걸어서(walk) 길을 건너는(cross) 것이니까 crosswalk는 횡단보도겠죠.

1236
pedestrian
[pədéstriən]

명 **보행자**

This area is open only to **pedestrians**.
이 구역은 오직 **보행자**에게만 개방되어 있다.

어원 ped-는 foot을 뜻해요. '사람'을 뜻하는 -an과 합해져서 발로 걸어다니는 사람, 즉 '보행자'가 되네요.

1237 +

sidewalk

[sáidwɔ̀ːk]

명 보도, 인도

People are standing on the **sidewalk**.
사람들이 **인도**에 서 있다.

도로 가(side)에 위치하여 사람들이 걸을(walk) 수 있는 인도를 말하죠.

1238 +

extend

[iksténd]

동 연장하다, 확장하다

The government plans to **extend** the highway. 정부가 고속도로를 **확장할** 계획이다.

extent [ikstént] 명 정도, 규모

extension [ikstén∫ən] 명 확대

어원 ex-(= out)와 -tend(= stretch)가 합쳐진 단어로, '밖으로 뻗다'. 즉 '연장하다, 확장하다'는 뜻이 돼요.

1239

complicate

[kámpləkèit]

동 복잡하게 하다, 어렵게 만들다

I don't want to **complicate** the situation any more. 나는 더 이상 상황을 **어렵게 만들고** 싶지 않다.

You sometimes **complicate** a simple problem. 너는 가끔 간단한 문제를 **어렵게 만든다**.

complicated [kámpləkèitid] 형 까다로운, 복잡한

특히 여러 측면이 복합되어 있어서 대처하거나 이해하기 어려움을 뜻해요.

1240 +

rush

[rʌ∫]

동 돌진하다, 급속히 움직이다

명 1. 돌진 2. 혼잡

The police **rushed** towards the protesters.
경찰이 시위자들을 향해 **돌진했다**.

Shop early to avoid the holiday **rush**.
휴일의 **혼잡**을 피하기 위해 쇼핑을 미리 해라.

'러시아워(rush hour)'라는 말을 들어 본 적이 있나요? 차들이 쏟아져 나와 교통이 혼잡한 시간대를 말한답니다. 주로 출퇴근 시간이겠죠.

이동과 수송

암기 Tip

1241 +

transfer

[trænsfə́ːr]

transferred-transferred

동 1. 옮기다, 이동하다 2. 갈아타다 명 이동

His company **transferred** him to France.
회사는 그를 프랑스로 **전근시켰다**.

Transfer from the subway to a bus here.
여기서 지하철에서 버스로 **갈아타세요**.

어원 trans-(= across) + -fer(= carry)가 합쳐졌어요. '이쪽에서 저쪽으로 가지고 가다'라는 의미로 '옮기다, 이동하다'라는 뜻이 돼요.

1242 +

transport

[trænspɔ́ːrt]

동 수송하다, ~을 운반하다

The car **transports** guests from the airport. 그 차는 승객을 공항에서 **수송한다**.

transportation [træ̀nspərtéi∫ən] 명 운송, 수송

어원 영화 트랜스포머(Transformer)의 변신 로봇들에서 알 수 있듯이 trans-는 '여러 상태로, 여러 곳으로'의 의미가 있어요. port는 '운반하다, 항구'를 의미하지요. 즉, trans-(여러 곳으로)와 port(운반하다)가 합쳐져 transport(운송하다)가 됩니다.

1243 +
load
[loud]

동 (많이) **싣다, 태우다** (↔ unload 내리다)
명 (많은 양의) **짐**

The products were **loaded** onto trucks.
제품들이 트럭에 **실렸다**.

I have to carry a heavy **load**.
나는 무거운 **짐**을 옮겨야 한다.

1244 +
passenger
[pǽsəndʒər]

명 **승객, 여객**

The bus carried twenty **passengers**.
그 버스는 스무 명의 **승객**을 태웠다.

driver도 차량에 탑승하고 있긴 하지만 passenger라고 하지는 않아요.

1245 +
aboard
[əbɔ́ːrd]

부 전 (배·기차·비행기 등에) **탄, 탑승한**

The passengers are already **aboard** the plane. 승객들은 이미 비행기에 **탑승해** 있다.

어원 a-(= on) + board(= 판, 갑판) → 갑판 위에 → 탄, 탑승한

1246
intersection
[ìntərsékʃən]

명 **교차로**

Turn right at the next **intersection**.
다음 **교차로**에서 우회전하세요.

둘 이상의 도로가 서로(inter-) 만나는 교차로를 말해요.

운전

암기 Tip

1247 +
license
[láisəns]

명 **면허, 면허증**

I can drive now. I got my **license** today.
나는 이제 운전할 수 있다. 오늘 **면허증**을 받았다.

운전면허증뿐만 아니라, 사업허가증처럼 무언가를 할 수 있거나 소유할 수 있는 허가를 공식적으로 주는 모든 것을 말합니다.

1248
fasten
[fǽsən]
발음주의

동 1. (벨트 등을) **매다, 채우다** 2. **잠그다**

Please **fasten** your seatbelt.
안전벨트를 **매 주시기** 바랍니다.

Make sure that the windows are all **fastened**. 창문들을 모두 확실히 **잠그도록** 해라.

1249
pace
[peis]

명 속도

At which **pace** do we burn more fat?
우리는 어떤 **속도**에서 지방을 더 많이 연소시키나요?

달리기나 수영 등의 장거리 경기를 할 때 '페이스 조절'을 한다고 하죠? 바로 '속도 조절'을 뜻하는 말입니다. 경기 초반에 속도를 너무 빨리 내면 끝까지 속도를 유지하기가 어려워지지요.

1250
destination
[dèstənéiʃən]

명 목적지, 도착지

The GPS can help you get to your **destination** easier.
GPS는 여러분이 **목적지**에 좀 더 쉽게 도달할 수 있도록 도와준다.

Apply, Check & Exercise

Answer Key p.308

A 영어는 우리말로, 우리말은 영어로 쓰세요.

1 automobile ______ 2 rail ______
3 aircraft ______ 4 track ______
5 avenue ______ 6 pedestrian ______
7 sidewalk ______ 8 complicate ______
9 transfer ______ 10 aboard ______
11 intersection ______ 12 rush ______
13 pace ______ 14 탈것, 차량 ______
15 통로, 오솔길 ______ 16 노선, 경로 ______
17 곡선 ______ 18 횡단보도 ______
19 연장하다, 확장하다 ______ 20 수송하다 ______
21 싣다 ______ 22 승객 ______
23 면허 ______ 24 (벨트를) 매다 ______
25 목적지 ______

B 다음 빈칸에 알맞은 단어를 쓰세요.

1 automobile : vehicle = 자동차 : ________
2 rail : ________ = 기차, 철도 : 항공기
3 track : route = (기차) 선로 : ________
4 path : ________ = 오솔길, 통로 : 대로, 거리
5 pedestrian : ________ = 보행자 : 보도, 인도
6 extend : extension = 연장하다 : ________
7 complicate : complicated = 복잡하게 하다 : ________
8 transfer : transport = 갈아타다 : ________
9 crosswalk : ________ = 횡단보도 : 교차로

C 다음 중 단어의 영영 풀이가 잘못된 것을 있는 대로 고르세요.

① pace: the speed at which someone moves
② rush: move or do something slowly
③ destination: a place where a person starts
④ passenger: a person who is traveling in a ship or a plane
⑤ curve: a smooth, rounded line

D 배운 단어를 이용하여 빈칸에 알맞은 말을 넣으세요.

1 트럭에 짐을 싣는 데 한 시간이 걸렸다. → It took an hour to ________ the truck.
2 나는 면허증을 갱신해야 한다. → I have to renew my ________.
3 뚜껑을 단단히 잠그도록 해라. → Make sure the lid is tightly ________.
4 우리는 배에 승선했다. → We went ________ the ship.

Final Check

UNIT 06-10

UNIT 06~UNIT 10에서 배운 125단어의 의미를 복습해 볼까요?
뜻이 떠오르지 않거나 시간이 오래 걸리는 것들은
◯에 따로 체크해서 즉시즉시 떠오를 때까지 반복해서 복습해주세요.

1221 ◯◯◯	distance	1143 ◯◯◯	switch
1206 ◯◯◯	downward(s)	1169 ◯◯◯	pour
1142 ◯◯◯	bulb	1170 ◯◯◯	soak
1132 ◯◯◯	hook	1201 ◯◯◯	compass
1250 ◯◯◯	destination	1218 ◯◯◯	tip
1127 ◯◯◯	closet	1217 ◯◯◯	edge
1154 ◯◯◯	grocery	1160 ◯◯◯	sauce
1193 ◯◯◯	stair	1141 ◯◯◯	microwave
1128 ◯◯◯	drawer	1246 ◯◯◯	intersection
1190 ◯◯◯	elevator	1247 ◯◯◯	license
1166 ◯◯◯	stir	1208 ◯◯◯	forth
1200 ◯◯◯	fence	1212 ◯◯◯	somewhere
1167 ◯◯◯	blend	1233 ◯◯◯	avenue
1214 ◯◯◯	outside	1230 ◯◯◯	path
1168 ◯◯◯	fill	1196 ◯◯◯	balcony
1195 ◯◯◯	garage	1150 ◯◯◯	toothbrush
1159 ◯◯◯	peel	1153 ◯◯◯	stove
1179 ◯◯◯	tube	1228 ◯◯◯	rail
1182 ◯◯◯	attic	1161 ◯◯◯	raw
1147 ◯◯◯	stamp	1232 ◯◯◯	track
1215 ◯◯◯	outer	1216 ◯◯◯	among
1173 ◯◯◯	paste	1219 ◯◯◯	apart
1139 ◯◯◯	stuff	1191 ◯◯◯	escalator
1164 ◯◯◯	slice	1235 ◯◯◯	crosswalk
1231 ◯◯◯	route	1229 ◯◯◯	aircraft

1244 passenger
1204 upward(s)
1199 yard
1135 tank
1162 recipe
1158 lettuce
1248 fasten
1134 string
1133 wire
1151 contain
1178 pipe
1171 spill
1145 comb
1236 pedestrian
1192 exit
1175 wrap
1223 opposite
1242 transport
1234 curve
1183 chimney
1126 furniture
1198 courtyard
1186 lobby
1202 straight
1144 pillow

1220 further
1245 aboard
1184 column
1181 ceiling
1207 forward
1155 flour
1176 construct
1226 vehicle
1189 cafeteria
1163 chop
1241 transfer
1156 wheat
1211 position
1237 sidewalk
1136 bucket
1165 split
1222 row
1172 melt
1177 structure
1197 garden
1146 rubber
1213 internal
1148 broom
1180 brick
1209 backward(s)

1194 aisle
1187 basement
1249 pace
1152 plate
1131 screw
1137 lid
1240 rush
1238 extend
1239 complicate
1188 booth
1203 toward(s)
1149 bathtub
1130 ladder
1129 shelf
1205 upstairs
1210 beyond
1185 wallpaper
1174 steam
1138 faucet
1243 load
1227 automobile
1140 refrigerator
1225 through
1224 aside
1157 eggplant

Health & Body

Picture Dictionary

Unit 12

thumb

Unit 13

noise

Unit 14

crash

Unit 14

slip

Unit 14

rescue

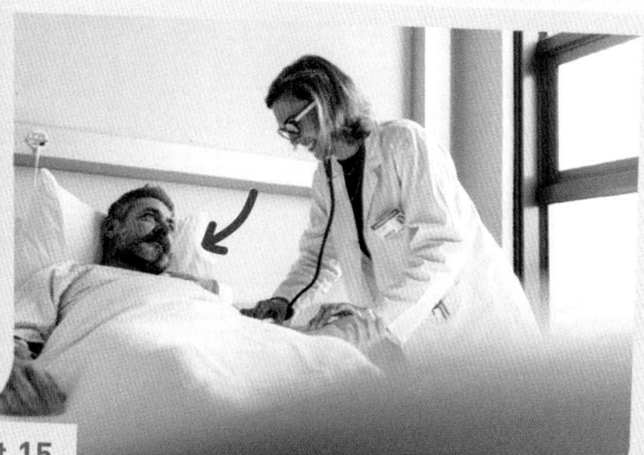
Unit 15

patient

Unit 11 신체 동작

손과 입, 상체 동작

암기 Tip

1251 +
shut
[ʃʌt]
shut-shut

동 **닫다** (↔ open 열다), **잠그다**

Shut the door when you leave.
나가실 때 문을 **닫아** 주세요.

문이나 창문을 닫을 때뿐만 아니라 눈을 감을 때나 입을 다물 때도 이 단어를 씁니다.

1252 +
knock
[nɑk]

동 **1.** (문을) **두드리다, 노크하다**
2. 부딪치다, 치다

Someone **knocked** on the door.
어떤 사람이 문을 **두드렸다.**

He **knocked** me with his elbow as he passed. 그는 지나가면서 팔꿈치로 나를 **쳤다.**

1253 ++
hang
[hæŋ]
hung-hung

동 **걸다, 매달다**

A small net was **hung** from the wall.
벽에 작은 네트가 **걸려** 있었다.

옷, 모자 등을 걸어 둘 때 쓰는 옷걸이를 행거(hanger)라고도 하는데요, 바로 이 단어에서 나온 말입니다. 하지만 올바른 발음은 '행어'[hǽŋər] 예요.

1254 ++
raise
[reiz]

동 **1. ~을 들다, 들어 올리다** (= lift)
2. ~을 기르다

The boxer **raised** his hands over his head.
복서가 머리 위로 두 팔을 **들어올렸다.**

I was **raised** in a big city. 나는 대도시에서 **자랐다.**

1255 ++
lift
[lift]

동 **~을 들다, 들어 올리다** (↔ lower 낮추다, 내리다)

These boxes are hard to **lift.**
이 상자들은 **들어 올리기가** 어렵다.

스키장에 가면 리프트(lift)가 있어요. 스키를 타고 내려오기 위해서는 높은 곳으로 올라가야 하는데, 이때 리프트(lift)가 여러분을 언덕 꼭대기로 들어 올려 준답니다.

1256 +

dig

[dig]

dug-dug-digging

동 1. (구멍 등을) **파다** 2. (땅에서) **파내다, 캐다**

They are **digging** a hole in the garden.
그들은 정원에 구멍을 **파고** 있다.

The farmer **dug** up the potatoes.
농부가 감자를 **캐냈다**.

dig의 달인은 두더지예요. 땅속에 구멍이를 파서 그 안에서 주로 생활하지요.

1257 +

press

[pres]

동 **누르다** 명 **신문, 언론**

Don't **press** the red button!
빨간색 버튼을 **누르지** 마세요!

The **press** shouldn't be controlled.
언론은 통제되어서는 안 된다.

pressure [préʃər] 명 압박, 압력

1258 + +

shake

[ʃeik]

shook-shaken-shaking

동 **흔들다, 흔들리다** 명 **흔들기,** (고개를) **젓기**

Shake your milk before drinking it.
우유를 마시기 전에 **흔드세요**.

Give the bottle a good **shake** before use.
사용하기 전에 병을 잘 **흔들어라**.

두 사람이 손을 맞잡고 흔드는 악수는 handshake, 우유와 아이스크림을 넣고 흔들어서 만드는 음료는 milkshake예요.

1259 +

chew

[tʃuː]

동 **~을 씹다, 깨물다**

Try to **chew** with your mouth closed.
입을 다물고 음식을 **씹도록** 해.

chewing gum이라는 단어를 들어 본 적이 있나요? 우리가 흔히 씹는 껌을 말해요.

1260 + +

blow

[blou]

blew-blown

동 1. (바람이) **불다** 2. (입김 등을) **불다**

The wind is **blowing** hard.
바람이 세차게 **불고** 있다.

He **blew** out the candles on the cake.
그는 케이크의 초를 **불어서** 껐다.

1261 +

twist

[twist]

동 1. **비틀다** 2. **휘다, 구부리다**

Twist the top of the bottle. 병 뚜껑을 **비틀어라**.

He **twists** his lip when he's thinking.
그는 생각을 하고 있을 때 입술을 **구부린다**.

트위스트(twist) 춤을 떠올려 보세요. 트위스트란 리듬에 맞추어 손발을 흔들고 몸을 뒤트는 춤이에요. 몸을 비틀면서 추는 춤이라서 그 이름이 붙은 것이랍니다.

1262 +
spin
[spin]
spun-spun-spinning

동 (빙빙) **돌리다, 돌다** 명 **회전 (운동)**

The boys **spun** the merry-go-round.
남자 아이들이 회전목마를 **돌렸다**.

Earth's **spin** makes night and day.
지구의 **회전**으로 낮과 밤이 만들어진다.

B-boy들의 공연을 보면 'head spin'이라고 해서 머리로 바닥을 빙빙 회전하는 춤이 있죠?

1263 +
fold
[fould]

동 **1.** (종이나 천 등을) **접다 2. 감싸다**

He **folded** the paper in half.
그는 종이를 반으로 **접었다**.

She **folded** the baby in a blanket.
그녀는 아기를 담요로 **감쌌다**.

폴더(folder)폰은 아래쪽과 위쪽의 길이가 같아서 반으로 접을 수 있는 폰이죠.

1264 + +
spread
[spred]
spread-spread

동 **1.** (접은 것을) **펼치다 2. 퍼뜨리다**
명 **확산, 전파**

They **spread** the map to find their way.
그들은 길을 찾기 위해 지도를 펼쳤다.

The news **spread** so fast.
소식이 아주 빠르게 **퍼졌다**.

빵에 얇게 펴 발라 먹는 치즈를 a spreadable cheese라고 해요.

1265 + +
bend
[bend]
bent-bent

동 (몸·머리를) **굽히다, 숙이다**

She **bent** and picked up a bucket.
그녀는 몸을 **굽혀** 양동이를 집어 들었다.

1266 +
lean
[li:n]

동 **1. 기울다,** (몸을) **굽히다, 숙이다 2. 기대다**

The tower is **leaning** dangerously.
그 탑은 위험하게 **기울어져** 있다.

Anne **leaned** on the table to relax.
앤이 테이블에 **기대어** 휴식을 취했다.

하체와 몸 전체 동작

암기 Tip

1267 +
skip
[skip]
skipped-skipped-skipping

동 **1. 깡충깡충 뛰다 2. 건너뛰다, 생략하다**

The boy is **skipping** happily.
그 소년이 행복하게 **깡충깡충 뛰고** 있다.

Skipping meals is harmful.
식사를 **거르면** 몸에 해롭다.

인터넷에서 동영상을 재생하면 대개 광고 영상이 먼저 나오죠? 이때 skip 버튼이 오른쪽 하단에 같이 나와서, 그 버튼을 누르면 광고 영상을 건너뛰고 원하는 영상이 재생되지요.

1268 + +
roll
[roul]

동 구르다, 굴리다 명 두루마리, 통

Pigs **roll** around in mud on hot days.
돼지는 날이 더우면 진흙에 몸을 **구른다**.

I need three **rolls** of film.
나는 세 **통**의 필름이 필요하다.

롤케이크는 납작한 빵에 크림 등을 얹고 도르르 굴려서 말아 놓은 케이크랍니다.

1269 +
stretch
[stretʃ]

동 1. 늘이다, 늘어지다 2. 펼치다
3. (팔·다리를) 뻗다

She is trying to **stretch** the wool hat.
그녀는 털모자를 **늘이려고** 하고 있다.

He **stretched** the canvas over the desk.
그는 캔버스를 책상 위에 **펼쳤다**.

Stretch your arms and legs before running. 달리기 전에 팔과 다리를 **쭉 뻗으세요**.

본격적으로 운동하기 전에 팔다리를 쭉쭉 뻗어 근육을 늘여주는 걸 '스트레칭'이라고 하죠? stretch에서 나온 단어랍니다.

1270 +
slide
[slaid]
slid-slid

동 미끄러지다

You can **slide** well with good skis.
좋은 스키가 있으면 더 잘 **미끄러질** 수 있다.

야구에서 주자가 베이스에 닿을 때 미끄러지듯 몸을 던지는 동작을 슬라이딩(sliding)이라고 하죠?

1271 +
lay
[lei]
laid-laid

동 1. ~을 놓다, 눕히다, 두다
2. (새·곤충 등이 알을) 낳다

Eva **laid** her baby on the bed.
에바는 침대에 아기를 살며시 **내려놓았다**.

Turtles dig to **lay** eggs.
거북이는 알을 **낳으려고** 땅을 판다.

뉘앙스
put: 놓다 ((가장 일반적인 말))
set: 정해진 위치에 놓다
lay: 깔아 놓거나 눕혀 놓다

1272
wander
[wándər]

동 돌아다니다, 헤매다

Gorillas **wander** the forest.
고릴라들이 숲을 **배회한다**.

생김새가 비슷한 wonder는 '궁금히 여기다'라는 의미랍니다. 궁금해서 동그래진 눈을 o로 기억하면 헷갈리지 않겠죠?

1273 +
approach
[əpróutʃ]

동 ~에 접근하다, 가까이 가다, 다가오다

The bird **approached** the flower.
새 한 마리가 꽃으로 **다가왔다**.

어법 '~에' 접근하다를 의미하므로 목적어와의 사이에 to와 같은 전치사가 있어야 하는 것으로 오해하기 쉬우므로 주의해야 해요.

1274 +

pause
[pɔ:z]

동 **잠시 멈추다** (= stop 멈추다)
명 **잠깐 멈춤[그침], 중지, 중단**

They had a short **pause** for a coffee break. 그들은 커피 시간을 가지려고 잠시 **중단**했다.

일시 정지 버튼은 재생을 잠시 멈추는 기능을 하는데, 이 버튼을 pause button이라고 하지요. 보통 **II** 기호를 사용해요.

1275 +

remove
[rimúːv]

동 **1. ~을 치우다 2. 제거하다**

Remove your feet from the table!
테이블에서 발을 **치워**!

These new findings will **remove** any doubt. 이 새로운 발견들은 어떠한 의문도 **제거할** 것이다.

손톱에 매니큐어를 칠한 후 지워낼 때 '네일 리무버(remover)'를 사용해요.

Apply, Check & Exercise

Answer Key p.309

A 영어는 우리말로, 우리말은 영어로 쓰세요.

1 shut	________	2 pause	________
3 raise	________	4 lift	________
5 press	________	6 chew	________
7 twist	________	8 spin	________
9 bend	________	10 skip	________
11 roll	________	12 stretch	________
13 lay	________	14 노크하다	________
15 걸다	________	16 (구멍을) 파다	________
17 흔들다	________	18 (바람이) 불다	________
19 (종이를) 접다	________	20 펼치다, 퍼뜨리다	________
21 기대다	________	22 미끄러지다	________
23 돌아다니다	________	24 ~에 접근하다	________
25 ~을 치우다	________		

B 다음 빈칸에 알맞은 단어를 쓰세요.

1 open : ________________ = 열다 : 닫다

2 raise : ________________ = 들어 올리다, 기르다 : 들어 올리다

3 press : pressure = 누르다 : ________________

4 blow : ________________ = (입김을) 불다 : ~을 씹다, 깨물다

5 twist : ________________ = 비틀다 : (빙빙) 돌리다

6 fold : spread = 접다 : ________________

7 lean : ________________ = 굽히다, 기대다 : 굽히다, 숙이다

8 roll : ________________ = 구르다 : 깡충깡충 뛰다

9 approach : ________________ = ~에 접근하다 : 잠시 멈추다

C 다음 중 단어의 영영 풀이가 잘못된 것을 있는 대로 고르세요.

① knock: hit a door with your closed hand

② dig: move earth to make a hole in the ground

③ remove: move or take something away from a place

④ wander: walk around with a clear direction

⑤ stretch: make shorter by pulling something

D 배운 단어를 이용하여 빈칸에 알맞은 말을 넣으세요.

1 마이크는 자신의 코트를 옷걸이에 걸었다. → Mike ________________ his coat on a hook.

2 아기를 흔들지 마라. → Don't ________________ a baby.

3 그는 그의 손을 내 어깨 위에 놓았다. → He ________________ his hand on my shoulder.

4 문이 쉽게 미끄러지면서 열린다. → The door ________________ open easily.

Unit 12 신체 부위와 감각

발음 익히기

셀프 스터디

리스닝 훈련

암기 Tip

1276 +
physical
[fízikəl]

형 1. 육체의, 신체의 2. 물질의, 물리적인

Max is in good **physical** condition.
맥스는 **몸** 상태가 좋다.

We should learn more about the **physical** world around us.
우리는 주변의 **물리적** 세계에 대해서 더 배워야 한다.

몸(body)과 관련된 것을 말하는 것이죠. 체력은 physical strength, 운동은 physical exercise라 하기도 해요. 체육은 physical education인데, 줄여서 P.E.라고 많이 한답니다.

1277 +
sense
[sens]

명 감각, 느낌 동 ~을 감지하다, 느끼다

I like your **sense** of humor!
나는 네 유머 **감각**이 좋아!

Did animals **sense** the tsunami?
동물들이 쓰나미를 **감지했나요**?

sensitive[sénsitiv] 형 민감한, 민감하게 반응하는
sensible[sénsəbl] 형 분별 있는, 상식적인

흔히 오감(the five senses)이라고 하면, 시각, 청각, 후각, 미각, 촉각을 포함한 다섯 가지 감각을 말하죠.

상체

암기 Tip

1278
forehead
[fɔ́ːrhèd]

명 이마

I wiped his **forehead**.
나는 그의 **이마**를 닦아주었다.

어원 fore-(앞)와 head(머리)가 합쳐져서 된 말이에요. 머리 앞부분이니까 '이마'지요.

1279 +
cheek
[tʃiːk]

명 볼, 뺨

Mom kissed Eva on her **cheek**.
엄마가 에바의 **볼**에 뽀뽀해 주었다.

1280
pimple
[pímpl]

명 여드름

Teenagers often have **pimples**.
십대들은 종종 **여드름**이 난다.

1281 +

tongue

[tʌŋ]
발음주의

명 **1. 혀 2. 말버릇 3. 언어**

Anteaters have very long **tongues.**
개미핥기는 **혀**가 매우 길다.

His quick **tongue** may get him into trouble. 그의 빠른(말이 앞서는) **말버릇**은 자신을 곤경에 빠뜨릴 수도 있다.

Korean is my mother **tongue**.
한국어가 나의 모국**어**이다.

'간장공장 공장장…'처럼 혀가 꼬여서 발음이 잘 안 되는 말들이 있죠? 영어에도 이런 것들(She sells seashells by the seashore.)이 있는데, tongue twister라고 해요.

1282 + +

throat

[θrout]

명 **목구멍**

Drink hot tea if you have a sore **throat**.
목이 아프면 뜨거운 차를 마셔라.

우리가 눈으로 쉽게 볼 수 있는 '목'은 neck이라고 합니다. throat은 눈에 보이지 않는 목 안쪽(목구멍)을 말해요.

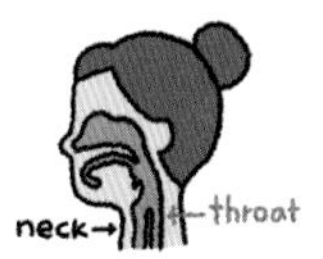

1283 +

chin

[tʃin]

명 **턱**

Batman wears a mask, and you can only see his **chin.** 배트맨은 가면을 써서 그의 **턱**만 볼 수 있다.

"Keep your chin up!" 이라는 표현이 있어요. "고개(턱)를 들어!" 라는 뜻으로, 친구를 격려하고 응원하는 말로 쓰여요.

1284 +

chest

[tʃest]

명 **가슴, 흉부**

The baby is sleeping on his dad's **chest**.
그 아기는 아빠의 **가슴** 위에서 자고 있다.

1285 +

stomach

[stʌ́mək]

명 **위, 배, 복부**

She has problems with her **stomach**.
그녀는 **위**에 문제가 있다.

stomach은 우리 몸의 소화 기관인 위를 가리켜요. 배가 아플 때는 아픔, 통증을 의미하는 ache를 붙여 stomachache라고 말해요.

1286

organ

[ɔ́:rgən]

명 **1.** (인체 내의) **장기, 기관 2.** ((악기)) **오르간**

The liver is a very complex **organ**.
간은 매우 복잡한 **장기**이다.

She played the **organ** in the church.
그녀는 교회에서 **오르간**을 연주했다.

오르간(organ)을 연주하기 위해 건반이 제자리에 있어야 하듯, 신체도 마찬가지로 장기(organ)가 제 위치에 있어야 해요.

1287
waist
[weist]

명 허리

She tightened a belt around her **waist**.
그녀는 **허리**에 두른 벨트를 조였다.

몸의 실제 허리선보다 높은 위치에 허리선을 만든 하의를 '하이 웨이스트(high waist)'라고 해요.

1288
elbow
[élbou]

명 팔꿈치

Pitchers can hurt their **elbows** easily.
투수들은 **팔꿈치**를 잘 다친다.

bow는 '활' 또는 고개나 허리를 '굽히다'의 뜻인데, elbow 부분 역시 팔이 굽혀지는 부분이네요.

1289
wrist
[rist]

명 손목

Joe wears his watch on his right **wrist**.
조는 시계를 오른쪽 **손목**에 찬다.

손목시계는 영어로 wrist watch랍니다.

1290 +
palm
[pɑːm]
발음주의

명 1. 손바닥 2. 야자나무

Fred's **palms** were sweaty because he was nervous. 프레드는 긴장해서 **손바닥**에 땀이 흥건했다.

Palm trees only grow in warm places.
야자나무는 따뜻한 지역에서만 자란다.

손바닥과 야자수 잎은 그 모양이 닮았죠?

1291 +
thumb
[θʌm]
발음주의

명 엄지손가락

She pressed the button with her **thumb**.
그녀는 **엄지손가락**으로 버튼을 눌렀다.

같은 손가락이지만 엄지손가락은 finger라고 하지 않아요.

하체

암기 Tip

1292 ++
knee
[niː]
발음주의

명 무릎

A baby is sitting on her dad's **knee**.
아기가 아빠 **무릎**에 앉아 있다.

1293
ankle
[ǽŋkl]

명 발목

She fell on a rock and hurt her **ankle**.
그녀는 바위로 떨어져서 **발목**을 다쳤다.

발목까지 오는 부츠를 '앵클부츠'라고 하죠.

1294 +
heel
[hiːl]

명 1. 발뒤꿈치 2. (신발의) 굽

My right **heel** hurts after running.
달리기 후에는 내 오른쪽 **발뒤꿈치**가 아프다.

She wants black boots with high **heels**.
그녀는 **굽**이 높은 검은 부츠를 원한다.

발뒤꿈치(heel) 부분이 높은 굽(heel)으로 올려진 신발을 하이힐(high heel)이라고 하죠.

1295 + +
toe
[tou]

명 발가락

Those tight shoes hurt my **toes**.
저 신발은 꽉 껴서 **발가락**이 아프다.

'머리 어깨, 무릎 발, 무릎 발 ~'로 시작하는 동요가 있죠? 영어로는 'head and shoulders, knees and toes, knees and toes ~'라고 불러요. 우리말에서는 '발'인데 영어로는 '발가락'으로 부르지요.

1296 +
height
[hait]
발음주의

명 높이, 키

His **height** is 6 feet 1 inch.
그의 **키**는 6피트 1인치이다.

어법 형용사 high(높은)의 명사형이에요. height는 높은 정도를 나타내는 '높이'라는 뜻이지만, '높다'는 뜻을 포함하지는 않아요. 높거나 낮거나 모두 '높이'인 것이지요.

1297 +
muscle
[mʌ́səl]
철자주의, 발음주의

명 근육

Ron builds his **muscles** in the gym.
론은 헬스장에서 **근육**을 키운다.

시각

암기 Tip

1298 +
sight
[sait]

명 1. 시력, 시각 2. 봄, 보는 것 3. 경치, 광경, 관광지

She lost her **sight** in one eye.
그녀는 한 쪽 **시력**을 잃었다.

When I met her, it was love at first **sight**.
그녀를 만났을 때 첫**눈**에 반했다.

What a beautiful **sight**! 얼마나 아름다운 **광경**인가!

어법 see(보다)의 명사형(sight)입니다. **관광지**에서 아름다운 **경치**를 볼 때 **시력**이 좋다면 더욱 좋겠죠?

1299 +
vision
[víʒən]

명 **1. 미래상, 비전 2. 시력 3. 환상, 환영**

We need a leader with **vision**.
우리는 **비전**이 있는 지도자를 원한다.

The man with thick glasses has poor **vision.** 두꺼운 안경을 쓴 그 남자는 **시력**이 나쁘다.

In her **vision**, she saw an angel.
그녀는 **환상** 속에서 천사를 보았다.

visual [víʒuəl] 형 시각의, 시력의

'비전이 있다.'라는 말 들어 보셨나요? 그때의 비전이 바로 이 단어인데요, 내다보이는 장래의 상황, 즉 '미래에 대한 전망이 있다'는 뜻이지요.

1300
stare
[stɛər]

동 **응시하다, 빤히 보다**

Don't **stare** at me like that!
나를 그렇게 **빤히 쳐다보지** 마!

뉘앙스 오랜 시간 무엇인가를 빤히 쳐다보는 것인데, 영미 문화권에서는 이렇게 쳐다보면 마치 노려보는 것과 같은 느낌을 받아 불쾌감을 느낀다고 해요.

Apply, Check & Exercise

Answer Key p.309

A 영어는 우리말로, 우리말은 영어로 쓰세요.

1 sense ____________ 2 forehead ____________
3 pimple ____________ 4 throat ____________
5 chin ____________ 6 chest ____________
7 organ ____________ 8 wrist ____________
9 palm ____________ 10 ankle ____________
11 heel ____________ 12 toe ____________
13 vision ____________ 14 육체의, 물질의 ____________
15 볼, 뺨 ____________ 16 혀, 언어 ____________
17 위, 복부 ____________ 18 허리 ____________
19 팔꿈치 ____________ 20 엄지손가락 ____________
21 무릎 ____________ 22 높이, 키 ____________
23 근육 ____________ 24 시력, 시각 ____________
25 응시하다 ____________

B 다음 빈칸에 알맞은 단어를 쓰세요.

1 sense : sensitive = 감각 : ______________
2 forehead : ______________ = 이마 : 턱
3 tongue : ______________ = 혀 : 목구멍
4 waist : ______________ = 허리 : 가슴, 흉부
5 elbow : ______________ = 팔꿈치 : 손목
6 thumb : ______________ = 엄지손가락 : 손바닥
7 knee : ______________ = 무릎 : 발목
8 heel : ______________ = 발뒤꿈치 : 발가락
9 vision : visual = 비전, 시력 : ______________

C 다음 중 단어의 영영 풀이가 잘못된 것을 있는 대로 고르세요.

① pimple: a small, red spot on the skin
② organ: a part of the body that has a particular function
③ physical: relating to the mind of a person
④ height: how heavy someone or something is
⑤ sight: the ability to see

D 배운 단어를 이용하여 빈칸에 알맞은 말을 넣으세요.

1 그는 근육을 키우기 위해 역기를 들기 시작했다.
→ He started lifting weights to build ______________.

2 그녀는 엄마의 뺨에 키스하고 잘 주무시라고 말했다.
→ She kissed her mom on the ______________ and said good night.

3 그녀는 그를 한동안 빤히 쳐다보았다.
→ She ______________ hard at him for a moment.

Unit 13 상황 묘사

발음 익히기

셀프 스터디

리스닝 훈련

암기 Tip

1301 +
situation
[sìtʃuéiʃən]

명 **1. 상황, 상태 2. 위치**

This is a bad **situation**.
좋지 않은 **상황**입니다.

The house is in a charming **situation**.
그 집은 매력적인 **위치**에 있어요.

시트콤은 정말 재미있죠? 시트콤(sitcom)은 situation comedy의 줄임 말입니다.

긍정적 상황

암기 Tip

1302 + +
fine
[fain]

형 **1. 좋은, 괜찮은 2.** (알갱이가) **고운, 미세한**
명 **벌금**

That's **fine** with me. 저는 **괜찮습니다**.

A **fine** coating of dust covered most of the house. **미세한** 먼지 층이 집을 대부분 덮었다.

fine dust는 '좋은 먼지'가 아니라 입자가 고운 '미세먼지'를 말해요.

1303 +
advantage
[ədvǽntidʒ]

명 **이점, 장점** (↔ disadvantage 불리한 점, 약점)

There are some **advantages** to walking as exercise. 걷기 운동에는 몇몇 **이점들**이 있다.

스포츠 경기에는 '홈 어드밴티지(home advantage)'라는 것이 있죠. 선수들에게 익숙한 자신의 지역에서 자신을 응원하는 관중이 더 많은 가운데 경기하게 되므로 유리한 점이 작용한다는 의미예요.

1304 +
convenient
[kənví:njənt]

형 **편리한, 사용하기 좋은** (↔ inconvenient 불편한)

Taking the subway is a fast and **convenient** way to travel.
지하철을 타는 것은 이동하기에 빠르고 **편한** 방법이다.

convenience[kənví:njəns] 명 편의, 편리

주변에서 쉽게 볼 수 있는 '편의점'은 영어로 convenience store라고 해요.

1305 +
normal
[nɔ́:rməl]

형 **1. 정상인** (↔ abnormal 비정상인) **2. 보통의**

Is it **normal** to feel depressed on rainy days? 비 오는 날에 마음이 울적해지는 것이 **정상인**가요?

He had a **normal** childhood.
그는 **평범한** 어린 시절을 보냈다.

표준이나 일반적인 기준에 맞는 것을 '노멀(normal)하다'고 말하며 우리가 일상 생활에서도 자주 사용하는 단어지요.

1306

appropriate

[əpróupriət]

철자주의

형 **적당한, 적절한** (↔ inappropriate 부적절한)

A library is an **appropriate** place to study.

도서관은 공부하기에 **적절한** 곳이다.

어원 ap-(= to) + propri-(= one's own 자기 자신에게 속하는, 적합한) + -ate가 합쳐진 말이에요.

1307

capable

[kéipəbl]

형 (능력·특성상) **~할 수 있는, 유능한**

Penguins are not **capable** of flight.

펭귄은 날 **수 있는** 능력이 없다.

같은 의미를 가진 'able'이 붙어 있으니 철자로 의미 힌트를 삼아도 좋겠죠?

부정적 상황

암기 Tip

1308

awful

[ɔ́:fəl]

형 **끔찍한, 지독한** (= terrible 끔찍한)

Today's soup was just **awful**.

오늘의 수프는 정말 **최악**이었다.

terrible과 awful은 모두 무엇이 매우 불쾌함을 나타내는 말이에요.

1309 +

badly

[bǽdli]

부 **1. 서투르게, 나쁘게** (↔ well 잘)
2. 대단히, 몹시

He played **badly**. 그는 플레이를 **잘하지 못했다**.

Susan wanted the job **badly**.

수잔은 그 일자리를 **몹시** 원했다.

어법 형용사 bad의 부사형으로서, '대단히, 몹시'라는 뜻으로도 자주 쓰인답니다.
He hurt his leg badly.
(그는 발을 심하게 다쳤다.)

1310 +

disappoint

[dìsəpɔ́int]

동 **실망시키다, 낙담시키다**

I didn't want to **disappoint** her.

나는 그녀를 **실망시키고** 싶지 않았다.

disappointed[dìsəpɔ́intid] 형 실망한

어원 dis-(부정을 뜻하는 접두사) + appoint(약속하다) → 약속을 어기다 → disappoint(실망시키다)

1311 ++

strange

[streindʒ]

형 **1. 이상한, 묘한 2. 낯선, 모르는**

Kelly's brother looks a little **strange**.

켈리의 남동생이 좀 **이상해** 보여.

Don't talk to **strange** men.

낯선 남자들과 얘기하지 말아라.

stranger[stréindʒər] 명 낯선 사람

무언가 익숙하지 않은 것, 모르는 **낯선** 것을 보면 **이상하다**는 생각이 들지요.

1312 + +
wrong
[rɔ(:)ŋ]

형 **틀린, 잘못된** (↔ right 옳은)

Only brave people say they are **wrong**.
용감한 사람들만이 자기가 **틀렸다고** 말한다.

1313 +
noise
[nɔiz]

명 **소리, 소음, 잡음**

The car was making a **noise**.
그 자동차는 **소음**을 내고 있었다.

noisy [nɔ́izi] 형 시끄러운, 떠들썩한

특히 듣기 싫고 시끄러운 불쾌한 소리를 의미해요.

추측과 확신

암기 Tip

1314 +
appear
[əpíər]

동 **1. 나타나다, 출현하다** (↔ disappear 사라지다)
2. ~인 것 같이 보이다, ~라고 여겨지다 (= seem)

Rainbows **appear** after a rain shower.
무지개는 소나기가 내린 뒤에 **나타난다**.

He doesn't **appear** to be happy.
그는 행복하지 않은 **것 같다**.

없었던 것이 갑자기 불쑥 생겨난 것을 볼 수 있나요? 그게 바로 appear랍니다.

1315 + +
seem
[siːm]

동 **~처럼 보이다, ~인 것 같다**

Jane **seems** like a shy girl.
제인은 수줍음 많은 소녀**처럼 보인다**.

뉘앙스 말하는 사람의 주관적인 판단을 나타내는 단어입니다.

1316 + +
possible
[pásəbl]

형 **가능한, 할 수 있는** (↔ impossible 불가능한)

Is it **possible** to make it on time?
제시간에 맞추는 것이 **가능합니까**?

possibility [pàsəbíləti] 명 가능성
possibly [pásəbli] 부 아마, 어쩌면

이론적으로 가능하다는 뜻이며, 실제로 일어날 거라는 판단으로 하는 말은 아니에요.

1317 +
certain
[sə́ːrtn]

형 **1. 확신하는** (= sure) (↔ uncertain 불확실한, 확신이 없는) **2. 어떤**

I'm **certain** of her victory.
나는 그녀의 승리를 **확신한다**.

Certain people don't eat pork.
어떤 이들은 돼지고기를 먹지 않는다.

certainly [sə́ːrtnli] 부 확실히, 틀림없이 (= surely 확실히)

어법 make certain (that)((~이 맞는지) 확인하다), for certain(틀림없이)의 어구로 잘 쓰여요.

1318 + +

clear

[kliər]

형 **1. 분명한, 확실한 2. 투명한, 맑은**

It's not **clear** when my mother will come home after work.
엄마가 일 끝나고 언제 오실지는 **분명하지** 않다.

It was a beautifully **clear**, sunny day.
아름답게 **맑고** 화창한 날이었다.

clearly [klíərli] 부 분명하게

뉘앙스 clear는 뭔가 장애가 되는 것이 없다는 뜻이고 clean은 말 그대로 오염이 없이 깨끗하다는 뜻이에요.

1319

obvious

[ábviəs]

형 **명백한, 분명한**

She made an **obvious** mistake in the article. 그녀는 그 기사에서 **명백한** 실수를 저질렀다.

obviously [ábviəsli] 부 명백하게, 분명히

보이는 증거가 없어도 상식적, 이성적으로 생각해 보았을 때 의문의 여지가 없을 정도로 분명한 것을 말해요.

그 외 상황 묘사

암기 Tip

1320

casual

[kǽʒuəl]

형 **1. 평상시의 2. 무관심한, 태평한**

She felt better in **casual** clothes.
그녀는 **평상**복을 입고 편안해졌다.

He had a **casual** attitude toward grades.
그는 성적에 대해서 **태평한** 태도를 취했다.

캐주얼(casual) 룩은 평상시에 가볍게 입을 수 있는 옷차림을 말하죠.

1321

continuous

[kəntínjuəs]

형 **끊임없는, 연속적인**

The game was canceled because of **continuous** rain.
계속 내린 비로 그 경기가 취소되었다.

continue [kəntínju:] 동 계속하다

continue에서 나온 단어로, 중간에 끊임없이 계속됨을 나타내요.

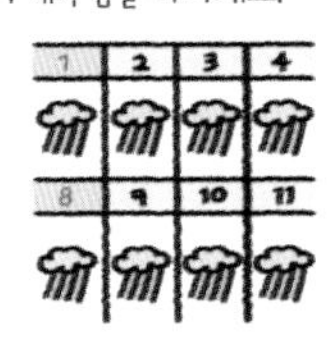

1322

constant

[kánstənt]

형 **거듭되는, 끊임없는, 일정한**

The **constant** traffic noise drives me crazy. **끊임없는** 교통 소음은 나를 미치게 한다.

뉘앙스 오랜 기간에 걸쳐 꾸준히 일정한 간격으로 계속되는 것을 의미해요.

1323 +

silent

[sáilənt]

형 **조용한, 고요한**

She kept **silent**. 그녀는 계속 **조용했다**.

silence [sáiləns] 명 고요, 정적

'고요한 밤 거룩한 밤'의 영어 가사는 Silent night, holy night~으로 시작해요.

1324 +

complete
[kəmplíːt]

형 완전한 동 ~을 끝마치다, 완성하다

The liquid made a **complete** change in the mixture. 그 액체가 혼합물을 **완전히** 변화시켰다.

James didn't **complete** his homework.
제임스는 숙제를 다 **끝내지** 못했다.

completely [kəmplíːtli] 부 완전히, 전적으로

무언가를 완벽하게 만드는 것도 complete, 그렇게 해서 완성된 상태도 complete입니다.

1325 +

remain
[riméin]

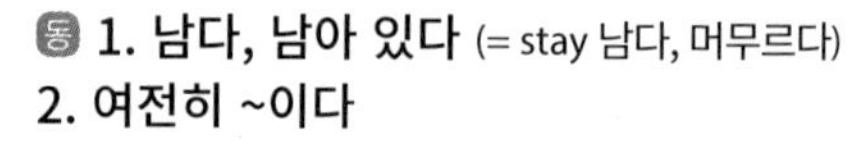

동 1. 남다, 남아 있다 (= stay 남다, 머무르다)
2. 여전히 ~이다

Please **remain** seated until the plane comes to a complete stop.
비행기가 완전히 멈출 때까지 앉은 **채로 계시기** 바랍니다.

They have **remained** friends.
그들은 **여전히** 친구**이다**.

Apply, Check & Exercise

Answer Key p.309

A 영어는 우리말로, 우리말은 영어로 쓰세요.

1 fine ________
2 normal ________
3 capable ________
4 badly ________
5 strange ________
6 wrong ________
7 noise ________
8 seem ________
9 clear ________
10 casual ________
11 constant ________
12 possible ________
13 complete ________
14 상황 ________
15 이점, 장점 ________
16 편리한 ________
17 적당한 ________
18 끔찍한 ________
19 실망시키다 ________
20 나타나다 ________
21 확신하는, 어떤 ________
22 명백한 ________
23 끊임없는, 연속적인 ________
24 조용한 ________
25 남아 있다 ________

B 다음 빈칸에 알맞은 단어를 쓰세요.

1 advantage : disadvantage = 이점 : ______________

2 normal : ______________ = 정상인 : 비정상인

3 appropriate : inappropriate = 적절한 : ______________

4 well : ______________ = 잘 : 서투르게

5 right : ______________ = 옳은 : 잘못된

6 noise : noisy = 소음 : ______________

7 appear : ______________ = ~인 것 같이 보이다 : ~처럼 보이다

8 possible : ______________ = 가능한 : 불가능한

9 constant : continuous = 거듭되는 : ______________

10 silent : ______________ = 조용한 : 침묵

11 certain : ______________ = 확신하는 : 분명한, 투명한

12 remain : ______________ = 남아 있다 : 완성하다

C 다음 중 단어의 영영 풀이가 잘못된 것을 있는 대로 고르세요.

① capable: able to do something

② disappoint: make happy by being as good as expected

③ obvious: difficult to see or understand

④ convenient: useful to you because it saves you time

⑤ awful: very bad or unpleasant

D 배운 단어를 이용하여 빈칸에 알맞은 말을 넣으세요.

1 상황이 아주 빨리 변할 수 있다. → The ______________ could change very quickly.

2 지금 이대로가 좋아요, 감사합니다. → It's ______________ as it is, thanks.

3 그녀는 평상시의 재킷을 입고 있었다. → She was wearing a ______________ jacket.

4 저 이상한 소음은 뭐지? → What's that ______________ noise?

Unit 14 사고와 안전

발음 익히기

셀프 스터디

리스닝 훈련

사고

암기 Tip

1326 + +
accident
[ǽksidənt]

명 1. 사고 2. 우연

There is heavy traffic because of a car **accident.** 자동차 **사고** 때문에 차가 많이 막힌다.

The fire was started by **accident.**
그 불은 **우연**히 시작되었다.

accidental [æ̀ksidéntəl] 형 우연한
accidentally [æ̀ksidéntəli] 부 우연히

교통사고뿐 아니라, 뜻밖에 일어나는 예상치 못한 모든 일들을 말합니다.

1327 +
bump
[bʌmp]

동 부딪치다

Nathan **bumped** his knee into a chair.
나단은 무릎을 의자에 **부딪쳤다.**

놀이공원에서 범퍼카(bumper car)를 타본 적 있나요? 작은 차들을 타고 서로 부딪치면서 놀 수 있는 놀이기구죠.

1328 + +
crash
[kræʃ]

동 1. 충돌하다 2. 추락하다 명 충돌 (사고)

Two cars **crashed** at the light.
자동차 두 대가 신호등에서 **충돌했다.**

The plane **crashed** after take-off.
비행기가 이륙 후에 **추락했다.**

The **crash** hurt Mr. Garrison's neck.
그 **충돌 사고**로 개리슨 씨가 목을 다쳤다.

자동차 충돌이나 비행기 추락 사고로 부서지는 것을 의미해요.

1329
disaster
[dizǽstər]

명 재난, 재해

There are many kinds of natural **disasters.**
자연**재해**에는 여러 종류가 있다.

어원 별(aster)이 떨어지는(dis-) 것과 맞먹는 큰 피해를 의미해요. 즉, 많은 사람이 다치거나 죽는 큰 산불이나 홍수, 가뭄, 전쟁 등을 disaster라고 해요.

사고 묘사

암기 Tip

1330 + +
danger
[déindʒər]

명 위험, 위험한 상태 (↔ safety 안전)

We are out of **danger** and now safe.
우리는 **위험**에서 벗어나서 이제 안전하다.

dangerous [déindʒərəs] 형 위험한

1331 +

state

[steit]

명 1. 상태 (= condition) **2. 주(州)**
동 진술하다, 서술하다

His apartment was in a terrible **state**.
그의 아파트는 형편없는 **상태**였다.

Jimmy comes from the **State** of Wisconsin. 지미는 위스콘신**주** 출신이다.

He needs to clearly **state** his intention.
그는 자신의 의도를 명확히 **진술할** 필요가 있다.

statement[stéitmənt] 명 진술

여러 개의 주가 합쳐서 탄생한 나라인 미국은 the United States of America(미합중국)라고도 하고 줄여서 the States라고 하기도 해요.

1332 ++

terrible

[térəbl]

형 끔찍한, 무서운

That **terrible** fight should be ended.
저 **끔찍한** 싸움은 끝나야 한다.

테러(terror)는 폭력을 써서 적에게 공포를 느끼게 하는 걸 말하죠? 이 단어에는 '공포'라는 뜻이 있답니다. terror의 형용사가 terrible이에요.

1333 +

panic

[pǽnik]

명 공황, 공포

Panic filled the airport.
공항이 **공포**로 가득 찼다.

뉘앙스 너무 무섭고 두려워서 어찌할 바를 모르는 극심한 공포 상태를 말해요.

1334

urgent

[ə́ːrdʒənt]

형 긴급한, 긴박한

Global warming needs much more **urgent** attention. 지구 온난화는 훨씬 더 **긴급한** 관심이 필요하다.

뉘앙스 즉시 행동을 취해야 하는 것을 의미해요.

1335

severe

[sivíər]

형 극심한, 심각한

Sandy has a **severe** headache.
샌디는 **심한** 두통을 앓고 있다.

severely[sivíərli] 부 심하게

뉘앙스 상태가 아주 나쁘거나 정도가 매우 강함을 의미해요.

1336

unexpected

[ʌ̀nikspéktid]

형 예기치 않은, 뜻밖의

The gift was an **unexpected** surprise.
그건 **뜻밖의** 놀라운 선물이었다.

어원 expected(예상되는)에 부정이나 반대를 의미하는 un-이 붙었네요.

사고로 인한 결과

암기 Tip

1337 +

emergency

[imə́ːrdʒənsi]

명 비상(사태), 위급

Call the police when there is an **emergency**. **비상사태**가 생기면 경찰을 부르세요.

병원의 응급실 입구에 emergency가 적혀 있지요.

1338 +

harm

[haːrm]

명 손상, 손해 (= damage 손상, 피해) 동 해치다

A hacker brought **harm** to the company.
해커가 그 기업에 **손해**를 끼쳤다.

The angry tiger **harmed** many people.
성난 호랑이가 많은 사람을 **해쳤다**.

harmful [háːrmfəl] 형 해가 되는 (↔ harmless 해가 없는)

어떠한 행동에 의해 사람이나 생물에 발생한 상처, 손상, 문제 등을 말합니다.

1339 ++

hurt

[həːrt]

hurt-hurt

동 1. 다치게 하다 2. 아프다

Teddy was badly **hurt** in a car accident.
테디는 교통사고로 크게 **다쳤다**.

It **hurts** when I turn my head to the left.
나는 고개를 왼쪽으로 돌리면 **아프다**.

마음에 상처를 입었을 경우에도 쓸 수 있어요.

1340

injure

[índʒər]

동 다치게 하다, 상처를 입히다

The player **injured** his right knee.
그 선수는 오른쪽 무릎을 **다쳤다**.

injury [índʒəri] 명 상해, 손상

뉘앙스 비슷한 말로 hurt도 있지만, injure는 hurt보다 더 심각하게 다쳤을 때 쓰는 말이에요.

1341 +

wound

[wuːnd]

명 상처, 부상 동 상처를 입히다

The doctor covered the **wound**.
의사가 **상처**를 감싸 주었다.

The scissors **wounded** his finger.
그는 가위 때문에 손가락에 **상처를 입었다**.

특히 칼이나 총 같은 흉기로 상처를 입은 경우를 말합니다.

1342

crack

[kræk]

동 **쪼개지다, 깨지다, 금이 가다**

명 **갈라진 금, 틈**

He **cracked** a bone in his leg.
그는 다리뼈에 **금이 갔다**.

We have to repair that large **crack** in the wall. 우리는 벽에 크게 **갈라진 금**을 수리해야 한다.

'크래커'라는 얇고 딱딱한 비스킷 과자가 있죠? 바삭거리며 쪼개지고 부스러지기 때문에 cracker라고 하는 것이랍니다.

1343 +

sink

[siŋk]

sank-sunk

동 **가라앉다, 침몰하다** 명 **개수대, 세면대**

The Titanic **sank** after it hit an iceberg.
타이타닉호는 빙산과 충돌하고 나서 **가라앉았다**.

Keira is washing apples in the **sink**.
키이라가 **싱크대**에서 사과를 씻고 있다.

부엌에서 설거지하거나 음식 재료를 씻는 개수대를 싱크대라고 하죠? 욕실에 있는 세면대 역시 sink입니다.

1344 +

slip

[slip]

slipped-slipped-slipping

동 **미끄러지다** (= slide)

The dancer **slipped** on stage.
댄서가 무대에서 **미끄러졌다**.

slip에서 나온 말인 슬리퍼(slipper)는 발을 미끄러뜨려 쉽게 신고 벗을 수 있게 만든 실내화를 뜻해요.

1345 +

suffer

[sʌ́fər]

동 **1. 고통 받다, 괴로워하다**
2. (고통·부상 등을) **겪다, 당하다**

He **suffered** from disease.
그는 질병으로 **고통 받았다**.

He **suffered** a severe heart attack.
그는 심각한 심장마비를 **겪었다**.

suffering [sʌ́fəriŋ] 명 고통, 고난

1346 +

rescue

[réskjuː]

동 **구하다, 구조하다** 명 **구조**

The brave woman safely **rescued** a boy.
용감한 여성이 한 소년을 안전하게 **구조했다**.

Rain delayed **rescue** work.
비 때문에 **구조** 작업이 지연되었다.

위험한 상황에 처한 사람들을 구조해 주는 119구조대를 119 rescue team이라고 해요.

1347 +

ambulance

[ǽmbjuləns]

명 **구급차**

Drivers must make way for **ambulances**.
운전자들은 **구급차**에게 길을 열어줘야 한다.

1348
symptom
[símptəm]

명 증상

Headaches can be a **symptom** of serious illness. 두통은 심각한 질병의 **증상**일 수 있다.

뉘앙스 symptom은 '증상'이라는 의미 외에도 특히 불길한 조짐이나 징후를 말하기도 해요.

안전과 조심

암기 Tip

1349 ++
safety
[séifti]

명 안전 (↔ danger 위험)

Seatbelts are for your **safety**.
안전벨트는 여러분의 **안전**을 위한 것입니다.

safe [seif] 형 안전한

자동차나 놀이기구를 탈 때 안전을 위해 매야 하는 안전띠를 safety belt라고 합니다.

1350
secure
[sikjúər]

형 안전한 (↔ insecure 불안정한)

동 1. 안전하게 지키다 2. 확보하다

Money in the bank isn't always **secure**.
은행에 있는 돈이 항상 **안전한** 건 아니다.

The police were brought in to **secure** the area. 경찰이 그 지역을 **안전하게 지키기** 위해 들어왔다.

He **secured** a place in the final round.
그는 결승전의 한 자리를 **확보했다**.

security [sikjúərəti] 명 안전, 안심

특히, 단단히 잠그거나 잘 보호해서 안전하게 하는 것을 의미해요.

Apply, Check & Exercise

Answer Key p.309

A 영어는 우리말로, 우리말은 영어로 쓰세요.

1	bump	______	2	crash	______
3	state	______	4	panic	______
5	severe	______	6	unexpected	______
7	harm	______	8	symptom	______
9	injure	______	10	crack	______
11	slip	______	12	rescue	______
13	safety	______	14	사고	______
15	재난, 재해	______	16	위험	______

17 끔찍한 ____________ 18 긴급한 ____________

19 비상(사태) ____________ 20 다치게 하다, 아프다 ____________

21 상처, 부상 ____________ 22 가라앉다 ____________

23 고통 받다 ____________ 24 구급차 ____________

25 안전한 ____________

B 다음 빈칸에 알맞은 단어를 쓰세요.

1 accident : accidentally = 사고, 우연 : ____________

2 bump : ____________ = 부딪치다 : 충돌하다, 추락하다

3 danger : ____________ = 위험 : 위험한

4 urgent : severe = 긴급한 : ____________

5 harm : harmful = 손상 : ____________

6 hurt : ____________ = 다치게 하다 : 다치게 하다, 상처를 입히다

7 emergency : ____________ = 비상(사태) : 재난, 재해

8 sink : crack = 가라앉다 : ____________

9 ambulance : ____________ = 구급차 : 구조(하다)

10 secure : security = 안전한 : ____________

C 다음 중 단어의 영영 풀이가 잘못된 것을 있는 대로 고르세요.

① symptom: a change in the body showing that a disease is present

② panic: a feeling of joy that makes someone unable to act normally

③ state: the overall physical condition of something

④ slip: keep your balance on the ice

⑤ suffer: experience pain, illness, or injury

D 배운 단어를 이용하여 빈칸에 알맞은 말을 넣으세요.

1 비상사태 시 엘리베이터를 타지 마세요. → Do not use an elevator in an ____________.

2 그의 아들은 끔찍한 사고로 다쳤다. → His son was injured in a ____________ accident.

3 그건 예상치 못한 승리였다. → It was an ____________ victory.

4 그녀는 상처를 치료하는 법을 알고 있다. → She knows how to heal the ____________.

Unit 15 질병과 의료

질병과 장애

암기 Tip

1351 + +
disease
[dizíːz]

명 **병, 질병, 질환** (= illness 병, 아픔)

Ebola is a serious **disease**.
에볼라 병은 심각한 **질병**이다.

어원 dis-(반대)와 ease(편안함)가 합쳐져서 된 말이에요.

1352 +
ill
[il]

형 **1. 병든, 아픈 2. 나쁜, 유해한**

Too much sugar can make you **ill**.
설탕을 너무 많이 먹으면 **병이 날** 수 있다.

Many people used the oil without **ill** effects.
많은 사람이 **유해한** 부작용 없이 그 기름을 사용했다.

illness[ílnis] 명 병, 아픔

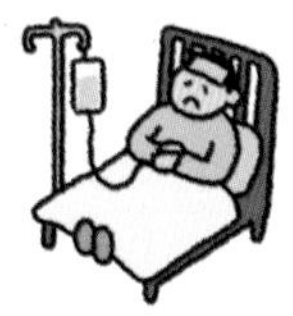

1353
flu
[fluː]

명 **독감**

Go to the hospital if you have the **flu**.
독감에 걸리면 병원에 가세요.

어원 flu는 라틴어에서 '영향을 끼치다'라는 뜻인 influenza(인플루엔자)에서 유래되었어요. 독감을 치료하는 종합 감기약의 이름은 '△△플루'라고 되어 있는 것이 많아요.

1354 +
cancer
[kǽnsər]

명 **암**

A healthy diet can help fight **cancer**.
건강한 식단이 **암**을 이겨내는 데 도움을 줄 수 있다.

cancer와 cancel(취소하다)은 헷갈리기 쉬운 단어예요. cancer는 recover(회복)할 수 있는 것이라고 기억해두세요.

1355 + +
blind
[blaind]

형 **눈먼, 맹인의**

Homer, the great poet, was **blind**.
위대한 시인 호머는 **앞을 보지 못했다**.

누군가를 소개받는 '미팅'을 영어로는 blind date라고 해요. 한 번도 보지 못한 모르는 사람과 만난다는 의미지요.

1356 +

deaf

[def]

형 청각 장애의

Deaf people use sign language.

청각 장애인들은 수화를 사용한다.

통증과 증상

암기 Tip

1357 + +

pain

[pein]

명 통증, 아픔

I feel **pain** in my neck and right arm.

목과 오른쪽 팔에 **통증**이 있습니다.

painful [péinfəl] 형 아픈, 고통스러운

ache는 지속하는 아픔을 뜻하지만, pain은 순간적인 극심한 아픔도 뜻한답니다. 누군가가 팔을 꼬집었을 때 느끼는 고통은 pain이겠죠?

1358 +

ache

[eik]

명 아픔, 통증 동 아프다

I had an **ache** in my stomach.

나는 배에 **통증**이 있었다.

신체 일부를 나타내는 단어와 합쳐져 (headache, stomachache, toothache 등등) 잘 사용돼요. 극심하지는 않지만 통증이 계속되어 불편할 때 써요.

1359

sore

[sɔːr]

형 아픈, 따가운, 쓰린

Eva has a **sore** throat.

에바는 목이 **아프다**.

뉘앙스 sore는 감염이나 염증으로 인해 상처가 나 따갑거나 쓰라릴 때 주로 쓰여요. 대표적으로 감기에 걸려 목이 따가운 것을 sore throat이라고 하지요.

1360

decay

[dikéi]

동 썩다, 부패하다

If you eat too many sweets, it'll make your teeth **decay**. 사탕을 너무 많이 먹으면 이가 **썩을** 것이다.

치아가 썩어서 생긴 충치를 decayed tooth라고 해요.

1361 +

fever

[fíːvər]

명 1. 열, 발열 2. 열병

Stress can make you run a **fever**.

스트레스를 받으면 **열**이 날 수 있다.

She caught a **fever**. 그녀는 **열병**에 걸렸다.

단순히 열을 뜻하는 heat과 다르게 fever는 병으로 인해 사람의 몸에서 나는 열을 주로 의미합니다.

1362 + +

headache

[hédèik]

명 두통

Headaches affect kids as well as adults.

두통은 어른뿐 아니라 아이에게도 생긴다.

head(머리)와 ache(통증)가 합쳐져서 된 말이에요.

1363 + +

cough
[kɔ(:)f]

명 기침 동 기침하다

I think honey is the best thing for a **cough**.
나는 꿀이 **기침**에 가장 좋다고 생각한다.

I have a fever and **cough** a lot.
나는 열이 나고 **기침도** 많이 **한다**.

기침약 중에는 cough의 우리말 발음인 '코프'가 들어간 이름이 참 많아요.

1364 + +

stress
[stres]

명 1. 스트레스 2. 강조 동 강조하다

Students are under a lot of **stress**.
학생들은 **스트레스**를 많이 받는다.

The importance of family can't be **stressed** enough.
가족의 중요성은 아무리 **강조해도** 지나치지 않다.

치료와 회복

암기 Tip

1365 +

medical
[médikəl]

형 의료의, 의학의

Acne is not covered by **medical** insurance. 여드름은 **의료** 보험이 적용되지 않는다.

스타크래프트라는 게임의 테란 유닛에는 메딕(medic)이 있죠. 부상당한 동료를 돕는 의무관으로, medical의 어원인 medic(의료, 위생병)을 그대로 쓰고 있네요.

1366 +

cure
[kjuər]

명 치료, 치료법 동 병을 고치다, 낫게 하다
(= heal 낫게 하다, 치유하다)

She hoped to find a **cure** for the disease.
그녀는 그 병의 **치료법**을 찾기를 바랐다.

Medicines **cure** many diseases today.
의술은 오늘날 많은 병을 **고쳐준다**.

뉘앙스 cure와 heal 둘 다 '치료하다, 낫게 하다라'는 뜻을 가지고 있지만, cure는 아픈 사람이나 질병(disease)를 고친다는 의미에 가깝고, heal은 상처나 상해를 낫게 하는 경우를 의미합니다.

1367 + +

treat
[tri:t]

동 1. 치료하다 2. 다루다, 취급하다

Doctors are **treating** him for cancer.
의사들이 그의 암을 **치료하고** 있다.

They are **treating** this matter seriously.
그들은 이 문제를 심각하게 **다루고** 있다.

treatment[trí:tmənt] 명 치료

헤어 트리트먼트(hair treatment)는 손상된 머릿결을 부드럽게 해 주는 치료(treatment)제 역할을 한답니다.

1368 +

heal

[hiːl]

동 **낫게 하다, 치유하다** (= cure 병을 고치다, 낫게 하다)

Time **heals** all wounds.
시간이 모든 상처를 **낫게 해 준다**.

healing [híːliŋ] 명 (몸·마음의) 치유

힐링 푸드, 힐링 캠프, 힐링 여행 등 여기저기서 '힐링(healing)'이라는 말을 많이 볼 수 있죠? 몸과 마음의 치유를 뜻하는 말로 지친 마음과 몸을 회복하는 것을 말해요.

1369 +

clinic

[klínik]

명 **병원, 진료소**

Kids hate to go to **clinics**.
아이들은 **병원**에 가는 것을 싫어한다.

hospital은 주로 큰 규모의 종합병원을 의미하고, clinic은 작은 규모의 병원을 의미해요.

1370 + +

medicine

[médəsin]

명 **1. 약, 약물 2. 의학, 의술**

Why isn't there sweet **medicine**?
왜 달콤한 **약**은 없을까?

Susan is studying **medicine**.
수잔은 **의학**을 공부하고 있다.

우리가 약을 사는 곳이 약국이죠? '메디(medi-)'라는 이름이 들어간 약국도 참 많답니다.

1371 +

drug

[drʌg]

명 **1. 약, 의약품** (= medicine 약, 약물)
2. (불법적인) **약물, 마약**

A new **drug** will be used in the treatment of cancer. 새로운 **의약품**이 암 치료에 사용될 것이다.

He took **drugs** to escape his problems.
그는 자신의 문제를 피하기 위해 **불법 약물**을 복용했다.

drug은 마약이라는 뜻으로 많이 쓰이고, 일반적으로 아플 때 먹는 약은 medicine을 주로 사용해요

1372

pill

[pil]

명 **알약**

Pills do not taste bitter. **알약**은 쓰지 않다.

1373 +

patient

[péiʃənt]

명 **환자**

형 **인내심 있는, 참을성 있는** (↔ impatient 성급한, 참지 못하는)

The doctor spoke with the **patient**.
의사가 **환자**와 이야기를 나누었다.

Parents urged the teacher to be more **patient**. 부모들이 교사에게 좀 더 **참아** 달라고 설득했다.

patience [péiʃəns] 명 인내심, 참을성

환자들은 치료를 위해 고통을 참아내는 **인내심**이 필요해요.

1374 +

recover
[riːkʌ́vər]

동 **회복하다, 낫다**

Jake fully **recovered** from the accident.
제이크가 사고에서 완전히 **회복했다.**

recovery [rikʌ́vəri] 명 회복

상처가 났을 때, 시간이 지나면서 새 살이 상처를 다시(re) 덮는 것(cover)을 볼 수 있어요. 눈에 보이는 상처뿐만 아니라 질병이나 재해로부터 회복하는 것도 모두 recover입니다.

1375 +

condition
[kəndíʃən]

명 **1. 상태** (= state 상태), **건강상태 2. 상황, 형편 3. 조건**

Ryu was in his best **condition.**
류는 **컨디션**이 최상이었다.

They're working in bad **conditions.**
그들은 열악한 **환경**에서 일하고 있다.

The two sides agreed on the **conditions.**
양측은 그 **조건**에 동의했다.

시험 보기 전에 '컨디션을 조절한다'고 하죠? 여기에서의 컨디션이 바로 건강 상태를 말하는 것입니다. 모두들 좋은 컨디션을 유지해서 시험 잘 보세요!

Apply, Check & Exercise

Answer Key p.310

A 영어는 우리말로, 우리말은 영어로 쓰세요.

1 ill	______	2 flu	______
3 pain	______	4 ache	______
5 sore	______	6 decay	______
7 stress	______	8 treat	______
9 heal	______	10 clinic	______
11 drug	______	12 pill	______
13 condition	______	14 질병, 질환	______
15 암	______	16 눈먼	______
17 청각 장애의	______	18 발열, 열병	______
19 두통	______	20 기침	______
21 의료의	______	22 치료	______
23 약, 의학	______	24 환자	______
25 회복하다	______		

B 다음 빈칸에 알맞은 단어를 쓰세요.

1 illness : disease = 병, 아픔 : ______________

2 cough : ______________ = 기침 : 독감

3 blind : deaf = 눈먼 : ______________

4 pain : painful = 통증 : ______________

5 ache : ______________ = 아프다 : 썩다

6 drug : ______________ = 약 : 알약

7 patient : patience = 인내심 있는 : ______________

8 recover : ______________ = 회복하다 : 회복

9 cure : ______________ = 치료 : 낫게 하다, 치유하다

10 medicine : medical = 약, 의학 : ______________

C 다음 중 단어의 영영 풀이가 잘못된 것을 있는 대로 고르세요.

① clinic: a place where people get medical help

② stress: a state of worry caused by problems in your life

③ cancer: a serious disease caused by cells that are not normal

④ sore: feeling joy

⑤ headache: an ache or pain in the chest

D 배운 단어를 이용하여 빈칸에 알맞은 말을 넣으세요.

1 그는 상태가 아주 좋다. → He is in very good ______________.

2 환자들을 치료하는 것은 쉽지 않았다. → It was not easy to treat ______________.

3 나는 그날 독감에 걸려서 집에 머물렀다.
→ I had the ______________ that day and stayed at home.

4 제인은 열이 있어서 오늘 오지 않을 것이다.
→ Jane has a ______________ and won't be coming here today.

Final Check

UNIT 11-15

UNIT 11~UNIT 15에서 배운 125단어의 의미를 복습해 볼까요?
뜻이 떠오르지 않거나 시간이 오래 걸리는 것들은
에 따로 체크해서 즉시즉시 떠오를 때까지 반복해서 복습해주세요.

FINISH

1375

No.	Word	No.	Word
1352	ill	1320	casual
1280	pimple	1275	remove
1305	normal	1355	blind
1330	danger	1363	cough
1289	wrist	1348	symptom
1316	possible	1332	terrible
1347	ambulance	1295	toe
1278	forehead	1353	flu
1310	disappoint	1365	medical
1344	slip	1329	disaster
1273	approach	1313	noise
1366	cure	1252	knock
1372	pill	1264	spread
1368	heal	1276	physical
1272	wander	1350	secure
1370	medicine	1267	skip
1292	knee	1337	emergency
1327	bump	1314	appear
1282	throat	1298	sight
1328	crash	1324	complete
1308	awful	1300	stare
1341	wound	1284	chest
1253	hang	1359	sore
1307	capable	1293	ankle
1319	obvious	1258	shake

1333 panic
1262 spin
1323 silent
1358 ache
1336 unexpected
1311 strange
1294 heel
1279 cheek
1291 thumb
1299 vision
1357 pain
1288 elbow
1254 raise
1290 palm
1256 dig
1349 safety
1271 lay
1356 deaf
1322 constant
1351 disease
1304 convenient
1251 shut
1371 drug
1317 certain
1274 pause

1283 chin
1334 urgent
1325 remain
1369 clinic
1338 harm
1269 stretch
1296 height
1263 fold
1303 advantage
1265 bend
1268 roll
1326 accident
1255 lift
1302 fine
1364 stress
1367 treat
1315 seem
1354 cancer
1285 stomach
1373 patient
1260 blow
1297 muscle
1331 state
1306 appropriate
1281 tongue

1321 continuous
1312 wrong
1286 organ
1361 fever
1257 press
1277 sense
1346 rescue
1342 crack
1309 badly
1335 severe
1362 headache
1318 clear
1301 situation
1345 suffer
1339 hurt
1360 decay
1259 chew
1287 waist
1374 recover
1340 injure
1266 lean
1270 slide
1375 condition
1261 twist
1343 sink

Study & School Life

Picture Dictionary

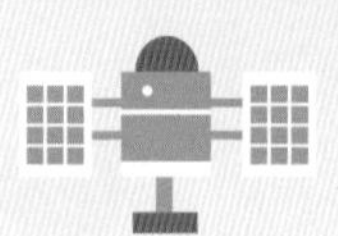

absent

journal

treasure

pray

collect

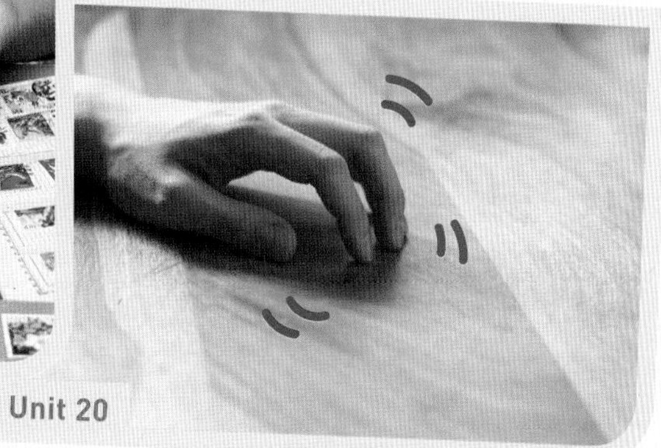

tap

Unit 16 학교와 수업 1

발음 익히기

셀프 스터디

리스닝 훈련

학교와 제도

암기 Tip

1376 +
academic
[ækədémik]

명 학교의, 학업의

Take it to the **academic** office.
그것을 **교무**실로 가져가라.

Mike's **academic** report got an A+.
마이크는 A+의 성적표를 받았다.

academy[əkǽdəmi] 명 학교, 학원, 학술원

'△△ 아카데미'라는 이름을 가진 학원이 많이 있죠.

1377
institute
[ínstitjù:t]

명 기관, 협회

Bob joined the writing **institute**.
밥이 작문 **협회**에 가입했다.

institution[ìnstitjú:ʃən] 명 (대규모) 기관, 단체, 협회

특히 교육이나 전문 직종과 관련된 기관이나 협회를 말해요.

1378
auditorium
[ɔ̀:ditɔ́:riəm]

명 1. 강당 2. 객석, 관람석

The lecture will be held at the **auditorium**.
그 강의는 **강당**에서 열릴 것이다.

The **auditorium** was empty yesterday.
객석은 어제 텅 비어 있었다.

어원 오디오(audio)를 통해 알 수 있듯이, aud-에는 '듣다'라는 뜻이 있어요. auditorium은 강연이나 강의를 듣는 방, '강당'이 되네요.

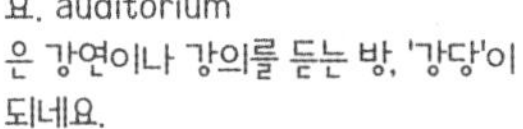

1379 +
locker
[lákər]

명 로커, 사물함

I keep all of my books in my **locker**.
나는 모든 책을 **사물함**에 보관한다.

스포츠시설에는 라커룸(locker room)이 갖춰져 있어요. 운동에 필요한 옷이나 장비를 보관하고, 옷을 갈아입을 수도 있죠.

1380 + +
poster
[póustər]

명 포스터, 벽보

They were putting up **posters** for the concert. 그들은 콘서트 **포스터**를 붙이고 있었다.

1381 +
term
[təːrm]

명 1. 학기 2. 용어, 말

Winter **term** starts in November.
겨울 **학기**는 11월에 시작한다.

The **term** "automobile" means "car."
'automobile'이란 **용어**는 '자동차'를 뜻한다.

정해진 기간을 뜻하는 단어로, 상황에 따라 학기, 임기, 기간 등으로 해석됩니다. 주로 일년에 3~4학기를 운영할 때의 학기를 뜻해요.

1382 +
semester
[siméstər]

명 학기

Fall **semester** starts the 28th of August.
가을 **학기**는 8월 28일에 시작한다.

주로 1년에 두 학기를 운영할 때 1학기를 first semester, 2학기를 second semester라고 해요.

1383 + +
course
[kɔːrs]

명 1. 강의, 과목 2. (일의) 진행, 과정 3. (선박 항공기의) 항로

This **course** is for beginners.
이 **강의**는 초급자를 위한 것이다.

She's beginning a two-year **course** in design. 그녀는 디자인 분야의 2년 **과정**을 시작하고 있다.

The plane changed **course** to avoid the storm. 그 비행기는 폭풍을 피하기 위해 **항로**를 변경했다.

달리기 코스, 데이트 코스, 코스 요리 등 순서대로 진행되는 연속된 과정을 말할 때도 사용해요.

학교의 구성 인물

암기 Tip

1384 +
junior
[dʒúːnjər]

형 손아래의, 연소의 (↔ senior 연장의)
명 1. 손아랫사람 2. 후배, 하급자

Sofia is two years my **junior**.
소피아는 나보다 2년 **후배**이다.

They are my **juniors** in rank.
그들은 내 **하급자들**이다.

성인보다 어린 청소년들을 대상으로 한 더 작은 사이즈를 '주니어 사이즈'로 칭하는 경우가 많지요.

1385 +
senior
[síːnjər]

형 (나이나 계급이) 높은, 연장의 (↔ junior 연소의)
명 1. 연장자, 손윗사람 2. 상급생

Mark is **senior** to me in the firm.
마크는 내 회사 **선임**이다.

She is three years my **senior**.
그녀는 나보다 세 살 **위**다.

Jane will be a **senior** this year.
제인은 금년에 **상급생**이 될 것이다.

각 학교의 최종 학년의 학생을 senior라고 한답니다. 가장 나이가 많은 선배이니까요. 직장에서는 선배, 사회에서는 나이 많은 어르신들을 뜻하죠.

1386

peer

[piər]

명 또래, 동료

He was admired by his **peers**.
그는 **동료들**에게 존경을 받았다.

peer는 주로 나이나 신분이 같거나 비슷한 또래를 말해요.

1387

principal

[prínsəpəl]

형 주요한, 주된 명 교장, 우두머리

Her **principal** interest in life was money.
그녀 인생의 **주된** 관심사는 돈이었다.

The teacher sent him to the **principal**'s office. 선생님께서 그를 **교장**실로 보내셨다.

prince(왕자)란 단어는 원래 제1의 자리를 차지한 사람이라는 뜻이 있어요. principal을 이와 연관해 기억해 보세요.

학업 내용과 활동

암기 Tip

1388 +

detail

[ditéil]

명 세부 사항

Tell me all the **details**.
세부 사항을 모두 내게 말해줘.

어원 de-(강조) + tail(= cut)이 합쳐진 단어네요. 어떤 것이 잘려서 나뉘면 작은 조각들이 생기겠지요. 따라서 detail은 '세부 사항'이라는 뜻이 됩니다.

1389

category

[kǽtəgɔ̀ːri]

명 범주, 종류, 부문

Let's start by grouping the books into **categories**. 일단 그 책들을 **범주**로 묶어서 시작하자.

범주는 같은 성질을 가진 것들을 묶어놓은 것을 말해요.

1390 + +

chart

[tʃɑːrt]

명 1. 도표, 차트 2. 인기 판매 순위표

This **chart** shows the change in the number of students over 10 years.
이 **도표**는 10년 동안의 학생 수 변화를 보여준다.

His new single went to number 2 in the pop **charts**.
그의 새로운 싱글 음반은 팝 **인기 판매 순위표**에서 2위로 올라갔다.

음원차트라는 말 들어본 적 있나요? chart는 '도표'라는 뜻 외에도 음반 판매량에 따른 인기 판매 순위표를 말할 때도 써요.

1391 + +

correct

[kərékt]

형 맞는, 정확한

Let's see whether your answer is **correct** or not. 너의 답이 **옳은지** 그른지 보자.

Listen carefully and mark the **correct** number. 주의 깊게 듣고 **올바른** 번호에 표시하세요.

correction [kərékʃən] 명 정정, 수정

correctly [kəréktli] 부 바르게

뉘앙스 correct는 틀린 점이나 결점이 없음을, right는 진실이나 규범에 어긋나지 않음을 주로 말합니다.

1392 + +
topic
[tápik]

명 주제, 화제

Select a **topic** you're interested in.
관심 있는 **주제**를 하나 고르세요.

뉴스나 신문에 있는 해외 토픽(topic) 코너는 해외에서 일어난 화젯거리들을 소개해주는 것이지요.

1393
principle
[prínsəpl]

명 원칙, 원리

Choosing our leaders is the **principle** of democracy.
지도자를 선출하는 것이 민주주의의 **원칙**이다.

principle(원칙)과 principal(주요한; 교장)은 생김새가 비슷해서 헷갈려요. principal의 a가 알파벳 중 첫 번째 등장하는 주요한 철자라고 생각하여 외워볼까요?

1394 +
theory
[θí(:)əri]

명 이론, 학설

Einstein's **theory** is still studied.
아인슈타인의 **이론**은 여전히 연구되고 있다.

사실로 입증되지는 않았지만, 사물의 이치나 지식을 타당성 있게 설명한 것을 뜻합니다.

1395 +
concept
[kánsept]

명 개념, 생각

Culture is a quite broad **concept**.
문화는 상당히 넓은 **개념**이다.

'이 광고의 컨셉은 ~', '이 제품의 컨셉은 ~'이라는 말을 쓰죠. 어떤 작품이나 제품 등에서 드러내고자 하는 주된 생각을 말해요.

1396 + +
reason
[rí:zən]

명 이유, 근거

There is a **reason** for every important thing that happens.
발생하는 모든 중요한 일에는 **이유**가 있다.

reasonable [rí:zənəbl] 형 논리적인, 이해할 수 있을만한

이유를 댈 수 있으면 좀 더 **논리적**이고 **이해하기**가 더 쉬워지겠죠?

1397 +
saying
[séiiŋ]

명 속담, 격언 (= proverb 속담)

Grandpa always repeats old **sayings**.
할아버지는 항상 오래된 **속담**을 거듭 말씀하신다.

어원 동사 say(말하다)에서 파생된 명사로서 '말'의 의미를 담고 있어요.

1398
spell
[spel]

동 철자를 말하다, 철자를 맞게 쓰다
명 주문, 마법

How do you **spell** "Wednesday"?
'수요일'의 **철자**가 어떻게 되나요?

The kiss of the prince broke the **spell**.
왕자의 키스가 **마법**을 깨뜨렸다.

우리가 철자법이라는 의미로 쓰는 spelling(스펠링)이라는 단어가 spell에서 왔어요.

1399 +

presentation
[prèzəntéiʃən]

명 **1. 발표, 프레젠테이션 2. 증정**

I'm worried about my **presentation**.
나는 **발표**가 걱정된다.

They sang during the **presentation** of the gifts. 선물을 **증정**하는 동안 그들은 노래를 했다.

present [prizént] 동 제시하다

우리가 흔히 줄여서 피티(pt)라고도 말하지만 옳은 영어는 아니에요.

1400 +

erase
[iréis]

동 **지우다, 없애다**

He **erased** the wrong word.
그는 잘못 쓴 글자를 **지웠다**.

eraser [iréisər] 명 지우개

기억에서 지우거나 지우개로 지우는 것 둘 다 의미할 수 있어요.

Apply, Check & Exercise

Answer Key p.310

A 영어는 우리말로, 우리말은 영어로 쓰세요.

1	academic	______	2	auditorium	______
3	poster	______	4	semester	______
5	course	______	6	chart	______
7	topic	______	8	concept	______
9	saying	______	10	spell	______
11	senior	______	12	peer	______
13	erase	______	14	기관, 협회	______
15	사물함	______	16	학기, 용어	______
17	세부 사항	______	18	범주	______
19	맞는, 정확한	______	20	원칙, 원리	______
21	이론	______	22	이유, 근거	______
23	손아래의	______	24	주요한, 교장	______
25	프레젠테이션	______			

B 다음 빈칸에 알맞은 단어를 쓰세요.

1 academic : academy = 학교의, 학문의 : ______________

2 institute : institution = 기관 : ______________

3 term : ______________ = 학기, 용어 : 학기

4 junior : ______________ = 손아래의 : 연장의, 손윗사람

5 detail : category = 세부 사항 : ______________

6 correct : correction = 맞는 : ______________

7 presentation : present = 발표 : ______________

8 spell : ______________ = 철자를 맞게 쓰다 : 지우다

9 reason : reasonable = 이유, 근거 : ______________

10 principle : principal = 원칙, 원리 : ______________

C 다음 중 단어의 영영 풀이가 잘못된 것을 있는 대로 고르세요.

① auditorium: a building where people gather to hear a speech

② poster: a printed notice or picture, used to advertise something

③ chart: information in the form of text

④ peer: a person who belongs to the senior age group

⑤ theory: an idea that explains facts

D 배운 단어를 이용하여 빈칸에 알맞은 말을 넣으세요.

1 이것들을 사물함에 넣어라. → Put these things in a ______________.

2 그녀가 가장 좋아하는 대화 주제는 건강이다.
→ Her favorite ______________ of conversation is health.

3 그들은 과학적 이론의 개념을 발전시켰다.
→ They developed the ______________ of a scientific theory.

4 그건 내가 가장 좋아하는 속담 중 하나이다.
→ That's one of my favorite ______________.

Unit 17 학교와 수업 2

발음 익히기

셀프 스터디

리스닝 훈련

가르침

암기 Tip

1401
motivate
[móutəvèit]

동 동기를 부여하다

A great leader is good at **motivating** his team.
훌륭한 리더는 자신의 팀에 **동기를 부여하는** 데 능숙하다.

motivation [mòutəvéiʃən] 명 동기 부여, 자극

어원 mot-(= move) + -ivate → 움직이게 하다 → 동기를 부여하다

1402 +
educate
[édʒukèit]

동 교육하다, 가르치다

Bill was **educated** in the U.K.
빌은 영국에서 **교육을 받았다**.

education [èdʒukéiʃən] 명 교육

뉘앙스 teach는 가르치는 것의 가장 일반적인 개념으로, 사소한 것을 가르치는 것도 포함해요. educate는 특정한 목표 등을 고려하여 더욱 계획성 있게 가르치는 것입니다.

1403 +
instruct
[instrʌ́kt]

동 1. 가르치다 (= teach 가르치다)
2. 지시하다, 명령하다

Mr. Berry **instructs** the ballet class.
베리 씨는 발레 수업을 **가르친다**.

The GPS **instructed** us to turn.
GPS가 우리에게 방향을 돌리라고 **지시해 주었다**.

instruction [instrʌ́kʃən] 명 1. 설명 2. 지시 3. 가르침

어원 in(= on) + struct(= build)이 합쳐졌어요. 지식 등을 쌓아 올리는 것으로, '가르치다'라는 의미가 되네요.

1404
refer
[rifə́ːr]

동 1. 언급하다, 거론하다
2. 참고하다, 참조하다

The letter does not **refer** to you.
그 편지에는 너에 대한 **언급**이 없다.

Please **refer** to your study guide.
학습 가이드를 **참고하세요**.

reference [réfərəns] 명 1. 말하기, 언급 2. 참고, 참조

책이나 연구논문에는 저자가 참고하거나 인용한 문헌을 모아놓은 부분이 있어요. 이러한 참고문헌을 reference라고 해요.

1405 +
lecture
[léktʃər]

명 강의, 강연 동 강의하다

Mr. Sung's **lecture** is too boring.
성 선생님의 **강의**는 너무 지루해.

학교 수업도 강의의 일종이랍니다.

1406 +
scold
[skould]

동 **야단치다, 꾸짖다**

You should not **scold** without reason.
이유 없이 **꾸짖어서는** 안 된다.

1407 +
consult
[kənsʌ́lt]

동 **상담하다**

You should **consult** a doctor without delay. 당신은 바로 의사와 **상담해야** 한다.

consultation [kɑ̀nsəltéiʃən] 명 협의, 상의
consultant [kənsʌ́ltənt] 명 상담가, 자문 위원

1408
counsel
[káunsəl]
counselled[counseled] - counselled[counseled]

동 **1. 상담하다 2. 충고하다, 조언하다**

They will **counsel** students on personal matters.
그들은 학생들의 개인적인 문제에 대해 **상담할** 것이다.

She **counselled** them to accept the proposal.
그녀는 그들에게 그 제안을 받아들이라고 **조언했다**.

어떤 문제에 대해 상담, 조언, 지도하는 상담전문가를 카운슬러(counselor)라고 하죠. counsel을 하는 사람인 거죠.

1409 +
range
[reindʒ]

명 **범위, 폭**

There will be an increase in the **range** of 0 to 3 percent.
0%에서 3% **범위** 내에서 증가가 있을 것이다.

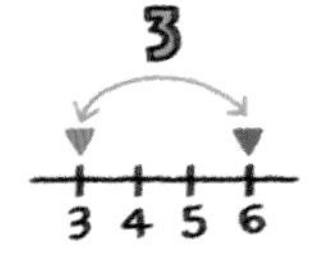

1410 +
reward
[riwɔ́ːrd]

명 **보상, 보수** (↔ penalty 벌금, 불이익)
동 **보상하다, 보답하다**

Rewards only come after risks.
보상은 위험을 감수한 후에만 온다.

She **rewarded** her son with a soccer ball.
그녀는 아들에게 축구공으로 **보상했다**.

어원 re-(= 뒤로) + -ward(= 향하다)가 합쳐진 말이에요. 보상이라고 하는 것은 무언가에 대한 대가로 되돌아온 것을 말하지요.

학습 태도와 학업 성취

암기 Tip

1411 +
attitude
[ǽtitjùːd]

명 **태도, 자세, 사고방식**

Always keep a positive **attitude**.
항상 긍정적인 **자세**를 가지세요.

뉘앙스 attitude는 사람에 대한 태도뿐 아니라 사물에 대한 태도나 마음가짐을 나타낼 때도 쓰입니다.

1412 + +

behave
[bihéiv]

동 **1. 행동하다 2. 예의 바르게 행동하다**

He **behaves** like a child.
그는 어린애처럼 **행동한다**.

Kids should learn to **behave** in public places.
아이들은 공공장소에서 **예의 바르게 행동하는** 법을 배워야 한다.

behavior[bihéivjər] 명 행동

어법 behave yourself는 '행동을 조심하다, 예의 바르게 행동하다'라는 뜻의 숙어랍니다.

1413 + +

effort
[éfərt]

명 **노력, 수고**

Ability is decided by one's own **effort**.
능력은 스스로의 **노력**에 의해 결정된다.

1414 + +

difficulty
[dífikʌ̀lti]

명 **곤란, 어려움**

He has **difficulty** making decisions.
그는 결정하는 데 **어려움**을 겪는다.

difficult[dífikʌ̀lt] 형 어려운, 하기 힘든

어법 형용사에 -y가 붙어 '~인 상태'의 명사를 만들기도 해요.

1415 + +

attend
[əténd]

동 **참석하다, 출석하다**

Claire **attends** French class every day.
클레어는 매일 프랑스어 수업에 **출석한다**.

어느 장소에 모습을 드러내는 것을 뜻해요. 그 장소에 따라 참석하다, 출석하다, 출근하다 등 자연스런 우리말로 해석하면 됩니다.

1416 +

absent
[ǽbsənt]

형 **결석한, 부재의, 자리에 없는** (↔ present 참석한)

He was **absent** for three days in a row.
그는 3일 연속으로 **결석했다**.

absence[ǽbsəns] 명 결석, 결근

있어야 할 곳에 없음을 의미하는데, 그 장소가 어디냐에 따라 '결석한, 결근한' 등으로 다양하게 해석돼요.

1417

acquire
[əkwáiər]

동 **얻다, 습득하다**

Our group **acquired** a new member.
우리 그룹은 신규 회원을 **받았다**.

acquisition[æ̀kwizíʃən] 명 습득

뉘앙스 사거나 하지 않고 노력이나 능력으로 무언가를 습득한 경우에 사용해요.

1418
accomplish
[əkámpliʃ]

동 **이루다, 성취하다** (= achieve 달성하다)

What do you hope to **accomplish** this year? 금년에 무엇을 **이루기를** 바라니?

accomplishment[əkámpliʃmənt] 명 업적, 공적

어원 ac-(= to) + com-(강조) + -pl(= fill) + -ish가 합쳐진 단어로, '완전히 채우다', 즉 '이루다, 성취하다'라는 뜻이 돼요.

과제와 복습

암기 Tip

1419 +
essay
[ései]

명 **1.** (짧은 논문식) **과제물, 리포트 2. 수필**

I have to write an **essay** about my hometown.
나는 우리 고향 마을에 대한 **과제물**을 써야 한다.

She published a collection of **essays**.
그녀는 **수필** 모음집을 출간했다.

우리는 흔히 에세이를 '수필'의 의미로 사용하는데, 영어로는 과제물이나 리포트를 뜻하는 경우가 더 많아요.

1420 +
journal
[dʒə́ːrnəl]

명 **1. 일기, 일지 2. 신문, 잡지, 학술지**

Eva writes in her **journal** every day.
에바는 매일 **일기**를 쓴다.

The study was published in the **journal** *Science*. 그 연구는 〈사이언스〉**지**에 발표되었다.

journalist(저널리스트)는 신문이나 잡지 일에 종사하는 사람을 말해요. 뉴스 전문가라고 할 수 있죠.

1421 ++
review
[rivjúː]

명 **1. 검토 2. 복습 3. 논평, 비평**
동 **1. 재검토하다 2. 복습하다**

Changes were made after the **review**.
검토 후에 변화가 생겼다.

The movie got good **reviews**.
그 영화는 좋은 **논평**을 받았다.

Lucas is **reviewing** for exams.
루카스는 시험을 대비해 **복습하고** 있다.

어원 re-(= again) + view(= see)가 합쳐져 '다시 보기', 즉, '검토, 복습'이라는 의미가 되네요.

학업 능력

암기 Tip

1422
intellectual
[ìntəléktʃuəl]

형 **지적인, 지능의**

The presenter is **intellectual** and witty.
그 발표자는 **지적이고** 재치가 있다.

intellect[íntəlèkt] 명 지적 능력

1423 +

knowledge

[nálidʒ]

명 **지식, 학식**

Mike has deep **knowledge** of the affair.

마이크는 그 일에 대해 깊은 **지식**이 있다.

Knowledge is power. (아는 것이 힘이다.) 라는 유명한 말이 있죠.

1424 +

intelligent

[intélidʒənt]

형 **총명한, 똑똑한**

He is a highly **intelligent** man.

그는 매우 **똑똑한** 사람이다.

intelligence [intélidʒəns] 명 지능

지능지수를 측정하는 아이큐(I.Q.) 검사의 I는 바로 Intelligence의 약자랍니다.

1425 + +

genius

[dʒíːnjəs]

명 **천재, 비범한 재능**

Albert Einstein was a **genius**.

알베르트 아인슈타인은 **천재**였다.

볼프강 아마데우스 모차르트는 5살 때부터 작곡을 시작했다고 해요. 비범한 재능을 가진 천재인 거죠.

Apply, Check & Exercise

Answer Key p.310

A 영어는 우리말로, 우리말은 영어로 쓰세요.

1 motivate	______	2 instruct	______
3 refer	______	4 consult	______
5 counsel	______	6 behave	______
7 attend	______	8 acquire	______
9 effort	______	10 range	______
11 review	______	12 intellectual	______
13 intelligent	______	14 교육하다	______
15 강의	______	16 꾸짖다	______
17 보상	______	18 태도	______
19 어려움	______	20 결석한	______
21 성취하다	______	22 과제물, 수필	______
23 일기, 잡지	______	24 지식	______
25 천재	______		

B 다음 빈칸에 알맞은 단어를 쓰세요.

1 educate : ________________ = 교육하다 : 교육

2 refer : reference = 언급하다 : ________________

3 consult : consultant = 상담하다 : ________________

4 behave : ________________ = 행동하다 : 행동

5 acquire : ________________ = 습득하다 : 습득

6 essay : journal = 과제물, 수필 : ________________

7 intellectual : intelligent = 지적인 : ________________

8 lecture : ________________ = 강의, 강의하다 : 가르치다, 지시하다

9 difficulty : ________________ = 곤란 : 노력, 수고

10 accomplish : achieve = 이루다 : ________________

11 absent : ________________ = 결석한 : 출석한

C 다음 중 단어의 영영 풀이가 잘못된 것을 있는 대로 고르세요.

① motivate: give someone a reason for doing something

② range: a group of different things that are similar in some way

③ reward: something that you get because you have done something bad

④ attend: be absent at an event such as a meeting or a class

⑤ genius: a very smart or talented person

D 배운 단어를 이용하여 빈칸에 알맞은 말을 넣으세요.

1 그는 나쁜 행위로 꾸지람을 받았다.

→ He was ________________ for his bad behavior.

2 나는 시험을 위한 복습을 충분히 하지 못했다.

→ I haven't done enough ________________ for the exam.

3 그는 태도가 나쁜 게으른 학생이었다.

→ He was a lazy student with a bad ________________.

4 그는 한국 역사에 대한 지식이 많이 없다.

→ He doesn't have much ________________ of Korean history.

Unit 18 역사와 종교

역사와 전통

암기 Tip

1426 +
ancient
[éinʃənt]

형 **고대의, 아주 오래된** (↔ modern 현대의)

I learned the history of **ancient** Rome in class. 나는 수업에서 **고대** 로마 역사를 배웠다.

very old와 같은 의미라고 할 수 있어요.

1427 +
settle
[sétəl]

동 **1. 정착하다 2. 해결하다, 합의를 보다**

The French started to **settle** Quebec in the 1600s.
프랑스인들은 1600년대에 퀘벡에 **정착하기** 시작했다.

Every effort was made to **settle** the matter. 그 문제를 **해결하기** 위해 모든 노력이 이루어졌다.

set을 seat으로 생각해보세요. 머물 곳에 앉는 것은 정착하는 것이고, 문제가 안정되게 앉는 것은 해결하는 거죠.

1428 +
original
[ərídʒənəl]

형 **1. 원래의, 본래의 2. 독창적인**
명 **원본, 원형**

This is the **original** file. Don't lose it.
이것이 **원본** 파일입니다. 잃어버리지 마세요.

That's not a very **original** suggestion.
그것은 별로 **독창적인** 제안이 아니다.

This painting is a copy of the **original**.
이 그림은 **원본**을 흉내 낸 복제품이다.

origin[ɔ́(:)ridʒin] 명 기원, 유래

original(오리지널)은 원본, 즉 변형되지 않은 최초의 것을 말하는데요, 이 과자도 여러 맛 중에서 가장 먼저 나온 것임을 뜻해요.

1429 ++
tradition
[trədíʃən]

명 **전통**

Wearing a Halloween costume is a **tradition**. 핼러윈 의상을 입는 게 **전통**이다.

traditional[trədíʃənəl] 형 전통의

한국의 전통 혼례는 영어로 Korean traditional wedding이라고 하면 되겠죠?

1430 +
custom
[kʌ́stəm]

명 **관습, 풍습**

Giving presents at Christmas is an old **custom**. 크리스마스에 선물을 주는 것은 오래된 **풍습**이다.

뉘앙스 habit은 한 사람의 습관인 데 비해, custom은 '한 사회에 속한 사람들의 집단적인 행동 방식'인 관습을 말하는 것이에요.

1431 +
liberty
[líbərti]

명 **자유**

Give me **liberty**, or give me death!
자유가 아니면 죽음을 달라!

미국의 독립을 기념하여 만들어진 자유의 여신상은 영어로 Statue of Liberty라고 해요.

1432 +
treasure
[tréʒər]

명 **보물, 보배**

Follow the map to find the **treasure**.
지도를 따라가 **보물**을 찾아라.

<National Treasure>라는 영화는 미국의 숨겨진 보물을 찾는 영화예요. national treasure는 나라의 보물, 즉 '국보'를 의미하지요.

1433
generation
[dʒènəréiʃən]

명 **세대**

Grandma's **generation** doesn't understand computers.
우리 할머니 **세대**는 컴퓨터를 이해하지 못한다.

A **generation** ago, home computers were unknown.
한 **세대** 전에는 가정용 컴퓨터는 알려져 있지 않았다.

generate [dʒénərèit] 동 발생시키다, 만들어 내다

비슷한 연령층을 뜻하는 외에도 30년의 기간을 의미해요.

왕국

암기 Tip

1434 ++
kingdom
[kíŋdəm]

명 **왕국**

The king returned from war to his **kingdom**. 전쟁에 나갔던 왕이 **왕국**으로 귀환했다.

영국의 이름은 United Kingdom으로 U.K.라고 줄여 쓸 수 있어요. Kingdom(왕국)이라는 이름에서 보듯이 영국에는 왕실이 존재하지요.

1435 +
empire
[émpaiər]

명 **제국**

The Roman **Empire** spoke Latin.
로마 **제국**에서는 라틴어를 사용했다.

뉴욕의 '엠파이어 스테이트 빌딩(Empire State Building)'은 오랫동안 세계에서 가장 높은 건물이었어요. 그 큰 빌딩의 규모를 생각해보면 그것이 하나의 empire(제국)을 이루었다고도 할 수 있겠죠?

1436
dynasty
[dáinəsti]

명 **왕조**

Henry VII was the first king of the Tudor **dynasty**.
헨리 7세가 튜더 **왕조** 초대 왕이었다.

국사 시간에 배우는 '조선왕조'를 우리는 The Joseon Dynasty라고 표현할 수 있어요.

1437
royal
[rɔ́iəl]

형 **왕의, 국왕의**

The British **royal** family is actually German. 영국 **왕**가는 사실 독일 출신이다.

royalty[rɔ́iəlti] 명 1. 왕족 2. (책의) 인세, 저작권 사용료

loyal(충실한)과 혼동하지 않도록 주의해야 해요. r을 왕이 앉는 의자로 생각해볼까요?

1438 +
noble
[nóubl]

형 **1. 고결한, 숭고한 2. 귀족의**
명 **귀족**

Helping others is a **noble** cause.
타인을 돕는다는 것은 **숭고한** 대의이다.

She married a man of **noble** birth.
그녀는 **귀족** 출신의 남자와 결혼했다.

The king spoke with his **nobles** first.
왕은 먼저 **귀족들**과 얘기를 나눴다.

novel(장편 소설)과 혼동하지 않도록 주의해야 해요.

1439
servant
[sə́ːrvənt]

명 **하인**

His **servant** cleaned the house.
그의 **하인**이 집을 청소했다.

어원 servant는 serve(봉사하다) 하는 사람(-ant)이랍니다.

종교

암기 Tip

1440 +
religion
[rilídʒən]

명 **종교**

Jesus founded the **religion** called Christianity.
예수가 기독교라 불리는 **종교**를 창시했다.

religious[rilídʒəs] 형 종교의, 종교적인

1441
bless
[bles]

동 (신의) **축복을 빌다, 가호를 빌다**

God **bless** you and your family!
신께서 여러분과 여러분 가족에게 **축복을 내리시기를**!

영어권 문화에서는 재채기하면 그 옆에 있던 사람들이 '(God) Bless you!'라고 말해요. 재채기하면 영혼이 빠져나가 신에게로 간다고 믿기 때문에 주문처럼 신의 가호를 빌어준다는 설이 있어요.

1442
rely
[rilái]
relied-relied-relying

동 **의지하다, 의존하다**

Some people **rely** on prayers instead of doctors. 어떤 이들은 의사 대신에 기도에 **의지한다**.

미국에는 Relyon이라는 차를 빌려주는 회사가 있어요. 신뢰할 만하다는 의미로 지은 이름이겠죠?

1443 + +

heaven

[hévən]

명 **천국, 천당**

Do you think **heaven** and hell are real?

천국과 지옥이 진짜 있다고 생각해?

1444

soul

[soul]

명 **영혼, 정신** (= spirit 정신) (↔ body 몸, 신체)

The ancient Egyptians believed in **souls**.

고대 이집트인들은 **영혼**을 믿었다.

살려 달라고 긴급 구조를 요청할 때 SOS라는 암호를 보냅니다. 바로 'Save Our Souls. (우리의 영혼을 구해주세요.)'의 약자예요.

1445 +

pray

[prei]

동 (신에게) **기도하다, 빌다**

Please **pray** for my sick grandmother.

병드신 저희 할머니를 위해 **기도해** 주세요.

prayer[prɛər] 명 기도

prayer는 -er을 보고 그 뜻을 '기도하는 사람'으로 착각하지 않도록 주의해야 해요.

1446

holy

[hóuli]

형 **신성한, 성스러운**

This mountain is a **holy** place.

이 산은 **신성한** 곳이다.

교회나 크리스마스 시즌이 되면 자주 볼 수 있는 단어예요. 캐럴 '오 거룩한 밤'의 영어 제목이 'O Holy Night'이랍니다.

1447 + +

miracle

[mírəkl]

명 **기적**

Miracles happen once in a while.

기적은 가끔 일어난다.

1448

priest

[pri:st]

명 **성직자, 사제**

The **priest** was very friendly.

그 **사제**는 아주 친근했다.

priest는 가톨릭교회, 즉 성당의 신부를 뜻하는데, 부를 때는 "Father! (신부님!)"라고 해야 해요.

1449 ++

temple

[témpəl]

명 **절, 사원, 신전**

Many tourists visit Bulguksa **Temple**.
많은 관광객이 불국**사**를 방문한다.

템플스테이(temple stay)를 들어본 적 있나요? 절이 있는 산사에서 수행자의 일상을 경험하며 지내보는 전통문화 체험 프로그램이에요.

1450 +

evil

[íːvəl]

형 **사악한, 악랄한** (= bad 나쁜)

명 **악, 악행**

The **evil** queen tried to kill the princess.
그 **악랄한** 여왕은 공주를 죽이려고 했다.

He thinks that the world is full of **evil**.
그는 세상이 **악**으로 가득 차 있다고 생각한다.

'악마, 악령'이라는 뜻의 devil이라는 단어 본 적 있죠? 그 속에 evil이 보이시나요? 사악함을 품은 존재, 그게 바로 devil입니다.

Apply, Check & Exercise

Answer Key p.311

A 영어는 우리말로, 우리말은 영어로 쓰세요.

1	original ________	2	liberty ________
3	treasure ________	4	kingdom ________
5	empire ________	6	noble ________
7	servant ________	8	bless ________
9	rely ________	10	soul ________
11	holy ________	12	temple ________
13	evil ________	14	고대의 ________
15	정착하다 ________	16	전통 ________
17	관습 ________	18	세대 ________
19	국왕의 ________	20	종교 ________
21	천국 ________	22	기도하다 ________
23	기적 ________	24	왕조 ________
25	사제 ________		

B 다음 빈칸에 알맞은 단어를 쓰세요.

1 ancient : ______________ = 고대의 : 현대의

2 tradition : ______________ = 전통 : 전통의

3 kingdom : ______________ = 왕국 : 제국

4 royal : ______________ = 왕의 : 귀족의, 고결한

5 religion : religious = 종교 : ______________

6 body : ______________ = 신체 : 영혼, 정신

7 pray : prayer = 기도하다 : ______________

8 holy : ______________ = 신성한 : 사악한

9 original : ______________ = 원래의 : 기원, 유래

10 priest : ______________ = 사제 : 사원, 신전

11 custom : ______________ = 관습 : 자유

C 다음 중 단어의 영영 풀이가 잘못된 것을 있는 대로 고르세요.

① generation: a group of people born during the same time

② dynasty: a family of rulers who rule for a long time

③ settle: move to a place and make it your home

④ treasure: something that has little value

⑤ heaven: the place where bad people go after they die

D 배운 단어를 이용하여 빈칸에 알맞은 말을 넣으세요.

1 그의 하인은 음식을 준비했다. → His ______________ prepared food.

2 신의 축복이 있기를. → May God ______________ you.

3 많은 사람들이 뉴스를 인터넷에 의지한다.
→ Many people ______________ on the Internet for news.

4 우리가 공항에 제시간에 도착하면 기적일 거야.
→ It'll be a ______________ if we get to the airport in time.

Unit 19 과학 실험실

발음 익히기

셀프 스터디

리스닝 훈련

연구와 조사

암기 Tip

1451 +
research
[risə́ːrtʃ]

명 연구, 연구 조사 동 연구하다, 조사하다

Research sometimes takes years.
연구는 때때로 수년이 걸리기도 한다.

Doctors are **researching** into the causes of the disease.
의사들은 그 질병의 원인을 **연구하고** 있다.

researcher [risə́ːrtʃər] 명 연구원

1452
examine
[igzǽmin]

동 1. 조사하다, 검사하다 2. 진찰하다 3. 시험하다

She **examined** the leaf closely.
그녀는 나뭇잎을 자세히 **살펴보았다**.

He was **examined** by several doctors.
그는 몇몇 의사들에게 **진찰받았다**.

The students will be **examined** on American history.
학생들은 미국 역사에 대한 **시험을 볼** 것이다.

examination [igzæ̀mənéiʃən] 명 시험 (= exam)

선생님은 우리의 실력과 얼마나 열심히 공부했는지를 **검사하기** 위해 **시험**을 보신답니다. 의사 선생님 역시 우리의 건강을 **조사하기** 위해 청진기를 대고 **진찰**하시는 것이고요.

1453
conduct
[kándʌkt]

동 1. (특정한 활동을) 하다 2. 지휘하다 (= direct 지휘하다) 명 행위, 품행

A man is **conducting** a survey.
남자가 설문 조사를 **하는** 중이다.

Jim is **conducting** the musical.
짐은 뮤지컬을 **지휘하고** 있다.

conduct는 lead(이끌다)라는 뜻이 있는데, 같이 오는 단어에 따라 적절하게 뜻이 변화되는 것이에요. 즉, 조사를 이끄는 것은 '조사를 하다', 연주자들을 이끄는 것은 '지휘하다'가 돼요.

1454 + +
collect
[kəlékt]

동 수집하다, 모으다

It was difficult to **collect** data.
데이터를 **수집하는** 것은 어려웠다.

collection [kəlékʃən] 명 수집, 수집품

뉘앙스 gather는 정리 없이 모으는 것을 말하는 반면, collect는 체계적, 계획적으로 모으는 것을 뜻하므로 수집하는 것이지요.

1455
means
[mi:nz]

명 **수단, 방법, 방도** (= method 방법)

Surveys are an important **means** of gathering information.
설문 조사는 정보를 모으는 중요한 **수단**이다.

어법 명사 means는 mean(의미하다, 비열한)과는 의미상 전혀 상관이 없는 단어입니다. 단수명사로도 쓰이고 복수명사로도 쓰여요.

1456 +
method
[méθəd]

명 **방법** (= way 방법, 방식)

Sometimes traditional **methods** are not good enough.
때로는 전통적인 **방법**이 꼭 좋은 건 아니다.

뉘앙스 어떤 일을 하기 위한 계획적이고 체계적인 방법을 뜻합니다.

1457
analyze
[ǽnəlàiz]

동 **분석하다**

The scientist **analyzed** the data carefully.
과학자가 데이터를 신중히 **분석했다**.

analysis [ənǽlisis] 명 분석, 분석 연구

어떤 것을 더 잘 이해하기 위해 상세히 검토하는 것을 말해요.

1458
factor
[fǽktər]

명 **요인, 인자, 요소** (= element 요소)

Climate change can be a **factor** in natural disasters.
기후 변화가 자연재해의 **요인**이 될 수 있다.

어원 fac(t)-(= do, 행하다) + or가 합쳐진 단어예요. 어떤 일을 일으키기 위해 작용하는 것이므로 '요인'이나 '인자'라는 뜻이 돼요.

1459 + +
cause
[kɔ:z]

명 **원인, 이유** 동 **~의 원인이 되다**

Stress can be a direct **cause** of cancer.
스트레스가 암의 직접적인 **원인**이 되기도 한다.

A little spark can **cause** a big fire in dry weather.
건조한 날씨에는 작은 불꽃이 큰 화재**의 원인이 될** 수 있다.

이유를 설명할 때 쓰는 접속사 because(왜냐하면)에도 cause가 들어가 있지요.

실험

암기 Tip

1460 +
experiment
[ikspérəmənt]

명 (과학적인) **실험** 동 **실험을 하다**

The scientist's **experiment** was successful. 그 과학자의 **실험**은 성공적이었다.

Dr. Tronbull **experiments** on super plants.
트론불 박사는 슈퍼 식물에 관한 **실험을 한다**.

1461
laboratory/lab
[lǽbrətɔ̀ːri]

명 **실험실, 연구실**

She studies diseases in a **laboratory**.
그녀는 **실험실**에서 질병을 연구한다.

주로 과학적 또는 의학적 실험이나 조사를 하는 공간을 말해요. 우리가 과학 시간에 사용하는 학교의 실험실도 lab이라고 할 수 있어요.

1462 +
equipment
[ikwípmənt]

명 **장비, 설비, 용품**

Bats and gloves are baseball **equipment**.
방망이와 글러브는 야구 **장비**이다.

어법 equipment는 1개의 장비도, 2개 이상의 장비도 모두 equipment예요. 즉, furniture(가구)처럼 복수여도 -s가 붙지 않고 a(n)과 함께 쓸 수도 없어요.

1463
filter
[fíltər]

명 **필터, 여과 장치** 동 **여과하다, 거르다**

We poured the water through the **filter**.
우리는 **필터**를 통해 물을 부었다.

That software can **filter** e-mail.
그 소프트웨어는 이메일을 **걸러낼** 수 있다.

깨끗한 물을 제공하는 정수기는 불순물이 필터(filter)를 통해 걸러지면서 정수된답니다.

1464 +
material
[mətíəriəl]

명 **1. 재료, 물질 2. 옷감 3. 자료, 소재**

Diamond is one of the hardest **materials** in the world.
다이아몬드는 세상에서 가장 단단한 **물질** 중 하나이다.

She is going to buy some pretty dress **material**. 그녀는 예쁜 드레스용 **옷감**을 사려고 한다.

Jane is collecting **material** for a new book. 제인은 새 책을 위한 **자료**를 모으고 있다.

무언가를 만드는 데 필요한 것을 말해요. 옷을 만들 땐 옷감이, 책을 쓸 때는 여러 가지 자료가 필요하겠죠?

1465
element
[éləmənt]

명 **1. 요소, 성분 2. 원소**

Milk is an **element** of cheese.
우유는 치즈의 **성분**이다.

Hydrogen is the most common **element**.
수소는 가장 흔한 **원소**이다.

elementary[èləméntəri] 형 초급의, 기본적인

어떤 성분과 요소(element)는 물질을 구성하는 기본 단위죠. 그래서 elementary school이라고 하면, 교육 과정에서 가장 기초가 되는 '초등학교'를 말해요.

1466 +
cell
[sel]

명 **세포**

How many **cells** are in our bodies?
우리 몸에는 **세포**가 몇 개 있어요?

1467
mixture
[míkstʃər]

명 **혼합물, 혼합체**

Pour the **mixture** into the bottle.
혼합물을 병에 부어라.

두 가지 이상의 물질이 서로 섞여 있는 것이죠. 철자에 'mix(섞다, 혼합하다)'가 들어 있는 것을 기억하세요.

1468 +
poison
[pɔ́izən]

명 **독, 독약**

Waste from factories is **poison** to the earth. 공장에서 나온 폐기물이 지구에 **독**이 된다.

1469 +
electronic
[ilektránik]

형 **전자의, 전자 공학의**

Most housewives are interested in new **electronic** goods.
대부분의 주부는 새로운 **전자**제품에 관심이 있다.

이메일(e-mail)을 전자 우편이라고 하죠? e가 바로 electronic의 약자랍니다.

1470 +
layer
[léiər]

명 **막, 층, 겹**

The ozone **layer** began to thicken.
오존**층**이 두꺼워지기 시작했다.

머리카락을 층층으로 자르는 '레이어드(layered) 커트' 헤어스타일이 있어요. 또한, 여러 겹을 겹쳐 입은 스타일을 '레이어드(layered) 룩'이라고 해요.

1471
flame
[fleim]

명 **불꽃, 불길**

The **flame** was very hot and bright.
불꽃이 아주 뜨겁고 밝았다.

flame과 frame, 비슷하게 생긴 단어네요. frame은 '틀, 뼈대, 액자'라는 뜻이랍니다. l을 불길이 치솟은 모양으로 연관지어 기억해보세요.

1472
precise
[prisáis]

형 **정확한, 정밀한** (= accurate 정확한)

They tried to get **precise** information.
그들은 **정확한** 정보를 얻으려고 노력했다.

precise는 정확한 것뿐만 아니라 분명하고 확실하다는 뜻도 포함해요.

1473 ++

error

[érər]

명 오류, 실수

She doesn't know how to handle experimental **errors**.
그녀는 실험상의 **오류**를 처리하는 방법을 모른다.

뉘앙스 만약 수학을 배우는 학생이 어떤 문제를 틀렸는데, 그 학생이 공식을 정확히 쓰지 못해서 틀렸다면, 그것은 오류(error)지요. 반면 그 학생이 공식을 잘 아는데도 틀렸다면, 학생은 단순한 실수(mistake)를 한 것이에요.

1474 +

angle

[ǽŋgl]

명 1. 각도, 각 2. 시각, 관점

The two lines meet at a 45-degree **angle** to each other. 두 선은 45도 **각도**로 서로 만난다.

We need to approach the issue from a new **angle**.
우리는 그 문제를 새로운 **시각**으로 접근할 필요가 있다.

타악기 중 하나인 '트라이앵글(triangle)'은 삼각형처럼 생겨서 지어진 이름이고 실제로 삼각형도 triangle이라고 해요.

1475

expand

[ikspǽnd]

동 확장하다, 팽창하다

Metals **expand** when they are heated.
금속은 열을 받으면 **팽창한다**.

expansion[ikspǽnʃən] 명 확장, 팽창

어원 ex-(= out) + pand(= spread)가 합쳐졌어요. 밖으로 펼쳐나가는 것이므로 '확장하다, 팽창하다'는 의미가 되네요.

Apply, Check & Exercise

Answer Key p.311

A 영어는 우리말로, 우리말은 영어로 쓰세요.

1 conduct	______	2 means	______
3 method	______	4 factor	______
5 cause	______	6 experiment	______
7 equipment	______	8 filter	______
9 cell	______	10 mixture	______
11 electronic	______	12 layer	______
13 flame	______	14 연구 조사	______
15 검사하다, 진찰하다	______	16 수집하다	______
17 분석하다	______	18 실험실	______
19 재료, 물질	______	20 요소, 원소	______

21 독약 ______________

22 각도 ______________

23 정확한, 정밀한 ______________

24 오류 ______________

25 확장하다 ______________

B 다음 빈칸에 알맞은 단어를 쓰세요.

1 examine : ______________ = 검사하다 : 시험

2 means : ______________ = 수단 : 방법

3 element : ______________ = 요소, 원소 : 요인, 인자

4 laboratory : ______________ = 실험실 : 실험

5 collect : ______________ = 모으다 : 거르다, 여과하다

6 expand : ______________ = 확장하다 : 확장, 팽창

7 research : ______________ = 연구 : 연구원

8 analyze : ______________ = 분석하다 : 분석

9 material : ______________ = 재료 : 장비, 설비

10 cell : ______________ = 세포 : 막, 층

C 다음 중 단어의 영영 풀이가 잘못된 것을 있는 대로 고르세요.

① mixture: a combination of two or more different things

② angle: the space between two straight lines that join each other

③ error: something that is correct

④ cause: a change that results when something happens

⑤ flame: the hot gas that can be seen where a fire is

D 배운 단어를 이용하여 빈칸에 알맞은 말을 넣으세요.

1 이 질병의 정확한 원인은 아직 밝혀지지 않았다.

→ The ______________ cause of this disease is still unknown.

2 전자게임 시장이 확장되고 있다. → The market for ______________ games is expanding.

3 그들은 독이 더 있는지 병을 체크하고 있다.

→ They are checking the bottle for more ______________.

4 동물에 대한 실험을 하는 것이 필요할까요?

→ Is it necessary to ______________ experiments on animals?

Unit 20 컴퓨터

발음 익히기

셀프 스터디

리스닝 훈련

컴퓨터

암기 Tip

1476 + +
machine
[məʃíːn]

명 기계

Machines have made us more productive.
기계는 우리를 더 생산적으로 만들어 왔다.

자동응답기는 영어로 answering machine이라고 하지요. 휴대전화가 일반화된 지금도 외국의 여러 나라에서는 많이 사용되고 있답니다.

1477 +
device
[diváis]

명 장치, 기구

Smart **devices** are essential in our daily lives. 스마트 **기기**들은 일상 생활에 꼭 필요하다.

컴퓨터는 기억 장치나 인쇄 장치 등 여러 장치들로 구성되어 있어요. 즉, device는 특정한 일을 위해 고안된 장치를 말한답니다.

1478 +
screen
[skriːn]

명 1. 화면, 스크린 2. 칸막이, 가리개

The new theater has large **screens**.
새로 생긴 그 영화관에는 대형 **화면**이 있다.

Change your clothes behind the **screen**.
칸막이 뒤에서 옷을 갈아입으세요.

스크린 골프는 screen(화면)에 비친 골프 코스를 향해서 공을 치는 실내 골프장이죠.

1479 +
steel
[stiːl]

명 강철, 강

Computer cases are usually made from **steel**. 컴퓨터 케이스는 대개 **강철**로 만들어진다.

1480 +
system
[sístəm]

명 체계, 제도, 시스템

Their security **system** was hacked yesterday.
그들의 보안 **시스템**이 어제 해킹을 당했다.

어원 sy-(= together) + ste-(= stand) + -m이 합쳐졌어요. 함께 서 있을 수 있는 '제도, 체계, 시스템'을 말해요.

컴퓨터 작업

암기 Tip

1481
operate
[ápərèit]

동 **1. 작동하다, 작용하다 2. 수술하다**
3. 경영하다, 운영하다 (= run)

Supercomputers **operate** at high speeds.
슈퍼컴퓨터는 빠른 속도로 **작동한다**.

Nancy's leg was **operated** on.
낸시는 다리 **수술을 받았다**.

Jacob **operates** several hotels in China.
제이콥은 중국에서 몇 개의 호텔을 **운영한다**.

operation [àpəréiʃən] 명 1. 작용 2. 수술

무언가가 원활히 움직이는 것을 뜻해요. 기계 등이 작동하는 것뿐만 아니라, 사람이 다시 몸을 원활히 움직일 수 있도록 의사가 수술하는 것도 의미한답니다. 또, 경영을 잘해야 회사도 원활히 잘 돌아가겠죠?

1482
drag
[dræg]
dragged-dragged-dragging

동 **1.** (무거운 것을) **끌다, 끌어당기다**
2. (마우스를) **드래그하다**

A woman is **dragging** her suitcase.
여자가 여행 가방을 **끌고** 있다.

마우스의 버튼을 누른 채 마우스를 이동시키는 것이 마치 마우스를 끄는 것과도 같아서 마우스를 드래그한다고 해요.

1483 +
click
[klik]

동 **1.** (마우스를) **클릭하다 2. 딸깍하는 소리가 나다**

Click here for more information.
더 많은 정보를 얻고 싶으시면 여기를 **클릭하세요**.

마우스를 클릭하면 딸깍하는 소리가 나죠.

1484
tap
[tæp]

동 **가볍게 톡톡 두드리다** 명 **수도꼭지**

He **tapped** the keyboard and moved the mouse. 그는 키보드를 **치고** 마우스를 움직였다.

탭 댄스(tap dance)는 쇠붙이를 붙인 구두로 플로어를 두드리면서 추는 춤이랍니다.

1485 +
delete
[dilí:t]

동 **삭제하다**

Please do not **delete** this file.
이 파일을 **삭제하지** 마시오.

컴퓨터 자판의 Delete 키는 현재 커서가 있는 위치의 글자를 삭제하는 기능이 있죠.

1486 +
select
[silékt]

동 **선택하다, 선발하다**

I always **select** the best one.
나는 언제나 가장 좋은 것을 **고른다**.

selection [silékʃən] 명 선택, 선발

'△△ 셀렉션(selection)'이라는 말을 많이 하지요. 골라 놓은 것이나, 고를 수 있도록 모아 놓은 것을 의미합니다.

1487
mode
[moud]

명 **방식, 모드**

Modern technologies have changed our **mode** of living.
현대 과학기술이 우리의 생활 **방식**을 바꾸어 놓았다.

Put your phone into airplane **mode**.
전화기를 비행기 탑승 **모드**로 바꿔 주세요.

스마트폰이나 노트북에는 비행기 모드가 있죠. 비행기 탑승 시에 비행기 모드를 설정하면 전자기기의 무선 통신이 차단된답니다.

1488
install
[ínstəl]

동 **설치하다** (↔ uninstall 삭제하다)

Install this program on your computer.
컴퓨터에 이 프로그램을 **설치하세요.**

인터넷

암기 Tip

1489 +
website
[wébsàit]

명 **웹사이트** (기업·단체·개인이 정보를 올릴 수 있는 홈페이지)

Hackers can shut down a **website**.
해커들은 **웹사이트**를 폐쇄시킬 수 있다.

web(복잡하게 연결된 망)과 site(장소)를 뜻하는 단어가 합쳐져서 만들어졌어요.

1490
dot
[dɑt]

명 **1. 점 2. 작은 반점, 얼룩**

What are the **dots** over each letter for?
각 글자 위에 있는 **점**은 무엇을 위한 것인가요?

You have a **dot** of ketchup on your shirt.
당신 셔츠에 케첩 **얼룩**이 있어요.

인터넷 주소를 말할 때 마지막에 '~닷컴(.com)'이라고 하죠. 이는 com 앞에 dot(점)이 온다는 걸 의미하죠.

1491 +
link
[liŋk]

명 **1. 관련, 관계 2. 연결 3.** ((컴퓨터)) **링크**
동 **연결하다, 잇다**

He thinks there may be a **link** between caffeine and heart disease.
그는 카페인과 심장병이 **관련**이 있을 수 있다고 생각한다.

The office has direct computer **links** to many companies.
그 사무실은 많은 회사와 직접 컴퓨터로 **연결**되어 있다.

Click on this **link** to visit our website.
우리 웹사이트를 방문하려면 이 **링크**를 클릭하세요.

link는 '관련, 관계'의 뜻에서 알 수 있듯이, 고리처럼 연결된 의미를 지니고 있어요. 컴퓨터에서 링크를 누르면 웹 사이트나 프로그램 등으로 연결되어 이동하죠.

1492 + +

search

[sə́ːrtʃ]

동 **찾다, 검색하다, 수색하다**

명 **찾기, 검색, 수색**

Police are **searching** for a missing child.
경찰이 실종 아동을 **찾고** 있다.

Google is the most famous **search** engine. 구글은 가장 유명한 **검색**엔진이다.

서치라이트(search-light 탐조등)는 무언가를 찾을 때 밤을 대낮처럼 밝혀 주는 것이에요.

1493 +

surf

[səːrf]

동 **1. 파도타기를 하다 2.** (인터넷) **검색을 하다**

He learned to **surf** when he was young.
그는 어렸을 때 **파도타기를** 배웠다.

She is **surfing** the net for hours.
그녀는 여러 시간 동안 인터넷을 **검색하고** 있다.

바다에서 파도타기를 하는 것처럼, 정보의 바다인 인터넷에서 정보를 찾는 것을 뜻해요.

1494

upload

[ʌ̀plóud]

동 **업로드하다, 올리다** (↔ download 다운로드하다, 내려받다)

Daniel **uploaded** his photos online.
다니엘은 온라인에 사진을 **올렸다**.

업로드(upload)는 내 컴퓨터에서 다른 곳으로 파일을 전송하는 걸 말하죠. 그와 반대로 인터넷상에 있는 파일을 내 컴퓨터에 전송받는 것을 다운로드(download)라고 해요.

1495 +

password

[pǽswəːrd]

명 **암호, 비밀번호**

You need to reset your **password**.
너는 **비밀번호**를 재설정할 필요가 있다.

통과(pass)하기 위해서 입력해야 하는 단어(word)인 거죠.

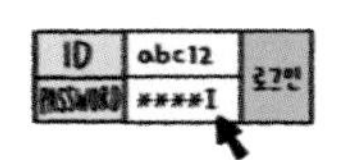

1496

code

[koud]

명 **1. 암호, 부호 2.** (컴퓨터) **부호, 코드**

The letter is written in **code**.
그 편지는 **암호**로 쓰여 있다.

He is writing programming **code**.
그는 프로그래밍 **코드**를 적고 있다.

물건을 살 때 마트에서 점원이 바코드(bar code)를 찍죠? 굵기가 다른 수직 막대(bar)들의 조합으로 된 암호(code)로서 스캐너로 찍으면 상품과 가격을 알 수 있죠.

1497 +

virus

[váiərəs]

명 **바이러스**

You'd better watch out for computer **viruses**. 컴퓨터 **바이러스**를 조심하는 게 좋을 거야.

우리 몸이 바이러스에 감염되면 정상적인 기능을 못 하듯이, 컴퓨터도 바이러스에 감염되면 프로그램에 해로운 파일이 침입해서 고장이 나요.

1498

vaccine

[væksíːn]

명 (예방) **백신**

The **vaccine** appears safe.
그 **백신**은 안전해 보인다.

질병에 대한 면역력을 키우기 위해 예방접종을 하듯이 컴퓨터도 바이러스 감염을 예방하는 백신 프로그램이 있어요. 우리나라의 백신 프로그램으로는 V3 등이 있죠.

1499 +

mobile

[móubail]

형 **이동하는, 움직이는**

Those **mobile** libraries have Internet access. 그 **이동** 도서관들에서 인터넷을 이용할 수 있다.

천장에 매달아 움직이는 '모빌'을 떠올려 보세요. 모바일(mobile)의 의미가 더 쉽게 연상될 수 있어요.

1500 +

automatic

[ɔ̀ːtəmǽtik]

형 **자동의**

This **automatic** door opens when you come close. 이 **자동**문은 당신이 가까이 가면 열립니다.

어원 auto-는 '자신, 자기, 자동으로 움직이는'의 의미가 있답니다.

Apply, Check & Exercise

Answer Key p.311

A 영어는 우리말로, 우리말은 영어로 쓰세요.

1	device ____	2	screen ____
3	system ____	4	drag ____
5	tap ____	6	mode ____
7	dot ____	8	link ____
9	surf ____	10	upload ____
11	code ____	12	vaccine ____
13	automatic ____	14	기계 ____
15	강철 ____	16	작동하다 ____
17	클릭하다 ____	18	삭제하다 ____
19	선택하다 ____	20	설치하다 ____
21	웹사이트 ____	22	찾다, 검색하다 ____
23	비밀번호 ____	24	바이러스 ____
25	이동하는, 움직이는 ____		

B 다음 빈칸에 알맞은 단어를 쓰세요.

1 machine : ______________ = 기계 : 장치, 기구

2 click : ______________ = 클릭하다 : (마우스를) 드래그하다

3 install : uninstall = 설치하다 : ______________

4 search : ______________ = 찾다, 검색하다 : (인터넷) 검색을 하다, 파도타기를 하다

5 code : mode = 암호, 부호 : ______________

6 download : ______________ = 내려 받다 : 올리다, 업로드하다

7 virus : ______________ = 바이러스 : 백신

8 mobile : ______________ = 이동하는 : 자동의

9 operate : ______________ = 작동하다, 수술하다 : 작동, 수술

10 delete : select = 삭제하다 : ______________

C 다음 중 단어의 영영 풀이가 잘못된 것을 있는 대로 고르세요.

① tap: hit something hard

② website: a place on the Internet where you can find information

③ screen: the part of a computer with the set of keys

④ steel: a strong, hard metal

⑤ dot: a small round mark or spot

D 배운 단어를 이용하여 빈칸에 알맞은 말을 넣으세요.

1 암호를 입력하세요. → Enter your ______________.

2 두 이론 사이에는 많은 관련이 있다.
→ There are a number of ______________ between the two theories.

3 컴퓨터 시스템이 작동을 멈추었다.
→ The computer ______________ has stopped working.

Final Check

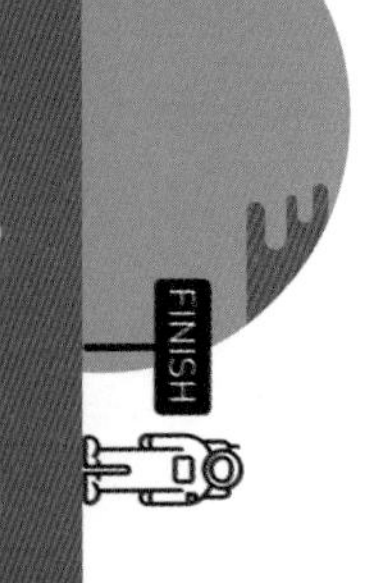

1500

UNIT 16-20

UNIT 16~UNIT 20에서 배운 125단어의 의미를 복습해 볼까요?
뜻이 떠오르지 않거나 시간이 오래 걸리는 것들은
에 따로 체크해서 즉시즉시 떠오를 때까지 반복해서 복습해주세요.

No.	Word	No.	Word
1482	drag	1380	poster
1473	error	1449	temple
1416	absent	1441	bless
1478	screen	1394	theory
1477	device	1470	layer
1430	custom	1417	acquire
1401	motivate	1426	ancient
1383	course	1419	essay
1425	genius	1445	pray
1389	category	1471	flame
1480	system	1395	concept
1450	evil	1431	liberty
1443	heaven	1382	semester
1421	review	1498	vaccine
1475	expand	1391	correct
1446	holy	1447	miracle
1377	institute	1472	precise
1494	upload	1434	kingdom
1412	behave	1379	locker
1474	angle	1429	tradition
1411	attitude	1492	search
1463	filter	1408	counsel
1465	element	1476	machine
1499	mobile	1433	generation
1422	intellectual	1497	virus

1400 erase
1486 select
1468 poison
1406 scold
1432 treasure
1386 peer
1483 click
1398 spell
1436 dynasty
1456 method
1467 mixture
1376 academic
1484 tap
1381 term
1413 effort
1397 saying
1435 empire
1488 install
1420 journal
1388 detail
1423 knowledge
1428 original
1403 instruct
1399 presentation
1387 principal

1451 research
1469 electronic
1440 religion
1466 cell
1384 junior
1457 analyze
1427 settle
1392 topic
1479 steel
1489 website
1444 soul
1396 reason
1464 material
1385 senior
1439 servant
1462 equipment
1402 educate
1437 royal
1454 collect
1481 operate
1500 automatic
1442 rely
1404 refer
1438 noble
1491 link

1460 experiment
1409 range
1405 lecture
1487 mode
1453 conduct
1495 password
1410 reward
1490 dot
1415 attend
1461 laboratory/lab
1378 auditorium
1390 chart
1458 factor
1414 difficulty
1485 delete
1455 means
1424 intelligent
1393 principle
1452 examine
1448 priest
1459 cause
1496 code
1493 surf
1418 accomplish
1407 consult

Society & World

Picture Dictionary

Unit 23

candidate

Unit 23

speech

Unit 24

negotiate

Unit 24

soldier

Unit 24

arrow

Unit 25

various

Unit 21 사회와 사회 문제

사회 이슈와 문제

암기 Tip

1501
arise
[əráiz]
arose-arisen-arising

동 일어나다, 생기다, 발생하다

If any problems **arise**, let me know.
어떤 문제가 **발생하면**, 저에게 알려주세요.

1502 +
occur
[əkə́ːr]
occurred-occurred-occurring

동 일어나다, 생기다, 발생하다 (= happen 발생하다)

Something unexpected **occurred** in class.
예기치 못한 일이 수업 중에 **일어났다**.

occurrence [əkə́ːrəns] 명 발생

뉘앙스 happen은 '일어나다'를 뜻하는 가장 일반적인 말이죠? occur는 happen보다 더 격식을 차린 말로써, 아무런 예고 없이 갑작스럽게 일이 발생하는 것을 말해요.

1503 +
pose
[pouz]

동 1. (문제 등을) 제기하다 2. 포즈[자세]를 취하다
명 포즈, 자세

This medicine **poses** no danger to patients.
이 약은 환자들에게 어떠한 위험도 **제기하지** 않는다.

They **posed** for the group photo.
그들은 단체 사진을 찍으려고 **포즈를 취했다**.

1504 +
conflict
[kánflikt]

명 대립, 갈등, 충돌

There is a **conflict** between him and his brother. 그와 형 사이에 **갈등**이 있다.

She often comes into **conflict** with her husband. 그녀는 남편과 자주 **충돌**을 일으킨다.

세계적으로 서로 대립하는 국가들이 참 많아요. 이런 갈등이 하루빨리 사라지길 바랍니다.

1505
individual
[ìndəvídʒuəl]

형 1. 각각의, 개별의 2. 개인의, 개인적인
명 개인

The **individual** size pizza is $5.
1인용 피자는 5달러입니다.

Individuals are affected by their community.
개인은 자신이 속한 지역 사회의 영향을 받는다.

어원 나눌 수(divide) 없다(in-)에서 나온 단어입니다. 더 이상 나눌 수 없으므로 개별의 것이 되는 거지요.

1506 +

poverty
[pávərti]

명 가난, 빈곤

Poverty hurts families' minds and bodies.
가난 때문에 가족의 마음과 몸이 상처를 입는다.

어법 형용사 poor(가난한)의 명사형이랍니다.

1507 +

gap
[gæp]

명 1. 틈, 구멍 2. 격차

The dog got through a **gap** in the fence.
그 개는 울타리에 난 **구멍**을 통과했다.

There's a big **gap** between the rich and poor. 빈부의 **격차**가 크다.

1508 +

influence
[ínfluəns]

명 영향, 영향력 (= effect 영향)
동 영향을 주다

The TV producer has lots of **influence**.
그 TV 프로듀서는 **영향력**이 크다.

The art of Paul Cézanne **influenced** Picasso a lot.
폴 세잔의 회화가 피카소에게 커다란 **영향을 끼쳤다**.

어법 'A에게 영향을 미치다'의 의미로 have an influence on A의 어구를 잘 써요. 동사를 이용할 때는 A앞에 on을 쓰지 않고 그냥 influence A라고 하므로 주의해야 해요.

1509

significant
[signífikənt]

형 1. 매우 중요한 (↔ insignificant 하찮은, 사소한) 2. 상당한 (= very large)

Bullying is a **significant** problem in schools. 괴롭힘은 학교에서 **중요한** 문제이다.

significance [signífəkəns] 명 중요성

뉘앙스 important보다 더 강한 의미의 말이에요. 즉, very important의 의미라고 할 수 있어요.

1510

circumstance
[sə́:rkəmstæ̀ns]

명 1. 환경, 상황 2. 형편, 사정

Weather **circumstances** made us come down the mountain early.
날씨 **상황** 때문에 우리는 산에서 빨리 내려왔다.

Their **circumstances** changed a lot after he lost his job.
그들의 **형편**은 그가 실직한 후에 많이 변했다.

어원 circum-은 circle(원), stance는 stand(서있다)라고 생각해보세요. 합치면 '동그랗게 서 있는 것'이므로 주위의 '환경, 상황'을 의미하는 것이지요.

1511

deserve
[dizə́:rv]

동 (마땅히) ~을 받을 만하다, 받을 가치가 있다

Mary really **deserves** the award.
메리는 정말로 그 상을 **받을 자격이 있다**.

어떤 일을 한 것에 대해 무언가를 받아야 한다는 것을 뜻하는데요, 항상 좋은 것만 받는 걸 뜻하지는 않아요. 나쁜 짓을 해서 벌을 받을 만할 때도 씁니다.

1512
moral
[mɔ́:rəl]

형 **도덕의, 윤리의** (↔ immoral 비도덕적인)
명 **교훈**

Aesop wrote many **moral** stories.
이솝은 여러 **교훈적인** 이야기를 썼다.

도덕은 법처럼 강제성이 있는 것은 아니지만, 우리가 세상을 살면서 마땅히 지켜야 할 도리를 의미합니다.

1513 +
require
[rikwáiər]

동 **1. 필요로 하다** (= need)
2. 요구하다 (= demand)

The issue **requires** your attention.
그 사안은 여러분의 관심을 **필요로 합니다**.

The law **requires** us to get some training.
그 법은 우리가 훈련을 받을 것을 **요구한다**.

뉘앙스 필요하다는 뜻으로 우리에게 친숙한 need라는 단어와 비슷한 뜻이지만, require는 '본질적으로 당연히 필요로 하다'란 의미로 사용해요.

자선 활동

암기 Tip

1514
contribute
[kəntríbju:t]

동 **1. 기부하다 2. 기여하다**

You can **contribute** money to the poor.
너는 불우이웃에게 돈을 **기부할** 수 있다.

She **contributed** to winning the game.
그녀는 경기에 이기는 데 **기여했다**.

contribution [kàntrəbjú:ʃən] 명 기부금, 성금

'기부하다'의 의미에서 확장되어, 성공을 돕다, 즉 '기여하다'라는 의미로도 많이 쓰이지요.

1515 +
charity
[tʃǽrəti]

명 **1. 자선 단체 2. 자선, 기부**

We donated our old books to **charity**.
우리는 오래된 책을 **자선 단체**에 기부했다.

I meet her regularly at **charity** events.
나는 그녀를 **자선** 행사에서 정기적으로 만난다.

1516 +
establish
[istǽbliʃ]

동 **1. 설립하다, 수립하다 2. 확립하다**

Students **established** the club in 2018.
학생들은 2018년에 그 동아리를 **설립했다**.

The police help to **establish** law and order. 경찰이 법과 질서를 **확립하는** 데 도움을 준다.

어원 단어를 보면 'stabl(e)'이 있죠? stable은 '안정된'이라는 뜻을 가지고 있어요. 안정되기 위해 정부나 단체를 설립하고 법률, 제도 등을 확립하는 것이지요.

1517 +
benefit
[bénəfit]

명 **혜택, 이득, 이익**

Some tourist spots give **benefits** with a student card.
몇몇 관광지는 학생증이 있으면 **혜택**을 준다.

화장품 브랜드 '베네피트(benefit)'는 제품을 통해 고객들이 예뻐지는 즐거움의 혜택을 제공한다는 철학을 가지고 있어요.

그 외 사회 관련 단어

암기 Tip

1518 +
reality
[riǽləti]

명 현실

It's painful, but you have to face **reality**.
고통스럽지만 당신은 **현실**을 받아들여야 한다.

real [ríːəl] 형 현실적인

리얼리티(reality)쇼는 실제 현실을 보여주는 동시에 재미를 주는 예능 프로그램이죠.

1519 +
unit
[júːnit]

명 1. 구성 단위 2. 한 개, 한 단위

Seconds are **units** of time.
초는 시간의 **단위**이다.

Last month they sold 1,000 **units** of that model of car.
지난달에 그들은 그 모델의 차를 천 **대** 팔았다.

1520 +
standard
[stǽndərd]

명 표준, 기준
형 1. 표준이 되는 2. 보통의, 일반적인

The meter is an international **standard**.
미터는 국제 **표준**이다.

All hand-baggage was X-rayed. This is now **standard** practice.
모든 손가방은 엑스레이 검사를 했다. 이것은 **일반적인** 관례이다.

사물의 정도나 성격을 알기 위한 근거나 기준이라는 뜻 외에도 '일반적인'이란 뜻이 있어요. 호텔의 standard room은 좋지도, 나쁘지도 않은 일반적인 방을 말하는 것이지요.

1521
tend
[tend]

동 ~하는 경향이 있다, ~하기 쉽다

Spring **tends** to be warmer now.
요즘 봄이 더 따뜻해지는 **경향이 있다**.

tendency [téndənsi] 명 경향, 버릇

어떠한 방향으로 치우친다는 뜻에서 나왔어요.

1522 +
relate
[riléit]

동 ~과 관계가 있다, 관련시키다

Watching too much TV is **related** to obesity. TV를 너무 많이 보는 건 비만과 **관련 있다**.

related [riléitid] 형 관련된
relation [riléiʃən] 명 관련, 관계
relationship [riléiʃənʃìp] 명 관계, 사이

1523 +

proper
[prápər]

형 **적절한, 적당한, 알맞은**

Some people do not have **proper** cinema etiquette. 어떤 사람들은 **적절한** 극장 예절을 지키지 않는다.

properly[prápərli] 부 적절히, 알맞게

사회적, 도덕적으로 '올바른'의 의미로도 발전되어 쓰인답니다.

1524 +

labor
[léibər]

명 **노동, 근로** 동 **애쓰다, 노력하다**

We won't forget all your **labor**.
우리는 당신의 **노고**를 잊지 않을 것입니다.

We **labored** all day to find a solution.
우리는 해결책을 찾기 위해 하루 종일 **애썼다**.

뉘앙스 labor는 work 중에서도 임금을 얻고자, 생계를 위해 하는 일을 말한답니다.

1525

seek
[si:k]
sought-sought

동 **1. 찾다** (= look for) **2. 구하다, 추구하다**

George is **seeking** a job.
조지는 일자리를 **찾고** 있다.

We all **seek** our life's meaning.
우리는 모두 삶의 의미를 **추구한다**.

숨바꼭질을 영어로는 hide and seek라고 해요. '숨어라(hide) 그리고(and) 찾아라(seek)'지요.

Apply, Check & Exercise

Answer Key p.312

A 영어는 우리말로, 우리말은 영어로 쓰세요.

1 arise	____________	2 occur	____________
3 pose	____________	4 gap	____________
5 significant	____________	6 moral	____________
7 establish	____________	8 reality	____________
9 unit	____________	10 standard	____________
11 tend	____________	12 circumstance	____________
13 seek	____________	14 대립, 갈등	____________
15 각각의, 개인의	____________	16 가난	____________
17 영향	____________	18 ~을 받을 만하다	____________
19 필요로 하다	____________	20 기부하다	____________
21 자선 단체	____________	22 혜택, 이득	____________

23 ~와 관계가 있다 ______________ 24 적절한 ______________

25 노동 ______________

B 다음 빈칸에 알맞은 단어를 쓰세요.

1 occur : occurrence = 일어나다, 생기다 : ______________

2 contribute : ______________ = 기부하다 : 자선, 자선 단체

3 circumstance : ______________ = 환경, 형편 : 현실

4 relate : relation = ~와 관계가 있다 : ______________

5 tend : tendency = ~하는 경향이 있다 : ______________

6 arise : ______________ = 일어나다, 발생하다 : (문제를) 제기하다

7 proper : ______________ = 적절한 : 적절히, 알맞게

8 gap : ______________ = 격차, 틈 : 갈등, 대립

9 moral : immoral = 도덕의 : ______________

10 significance : ______________ = 중요성 : 매우 중요한

11 labor : ______________ = 노동, 노력하다 : 찾다, 구하다

C 다음 중 단어의 영영 풀이가 잘못된 것을 있는 대로 고르세요.

① unit: a single thing that is a part of something larger

② standard: the level that is considered to be acceptable

③ benefit: a bad result or effect

④ poverty: the state of being rich

⑤ influence: the power to change someone or something

D 배운 단어를 이용하여 빈칸에 알맞은 말을 넣으세요.

1 학생들은 작은 학급에서 개별적인 관심을 더 받는다.

→ Students get more ______________ attention in small classes.

2 우리의 경찰관들은 존경을 받을 만하다. → Our police officers ______________ our respect.

3 그 화초는 정기적으로 물을 주는 것이 필요하다.

→ The plants ______________ regular watering.

4 대부분의 돈이 지역 자선단체를 설립하기 위해 사용될 것이다.

→ Most of the money will be used to ______________ local charities.

Unit 22 법

발음 익히기

셀프 스터디

리스닝 훈련

법과 의무

암기 Tip

1526 +
legal
[líːgəl]

형 1. 법률의 2. 합법의

Mr. Stuart is my **legal** adviser.
스튜어트 씨는 내 **법률** 고문이다.

What the company did was not **legal**.
그 회사가 한 일은 **합법적이** 아니었다.

어원 leg-(= law, 법률) + -al → 법률의, 합법의

1527
illegal
[ilíːgəl]

형 불법의, 위법의

Don't do anything **illegal**.
어떤 **불법적인** 것도 행하지 마라.

1528 +
duty
[djúːti]

명 1. 의무 2. 직무 3. 세금, 관세

It is a citizen's **duty** to vote.
투표하는 것은 시민의 **의무**이다.

His **duties** include cleaning the cars.
그의 **직무**에는 차량 세척이 포함되어 있다.

When I travel, I always go to the **duty**-free shop. 여행 갈 때, 나는 항상 면**세**점에 간다.

맡은 일(직무)이나 세금 납부는 꼭 해야 하는 의무지요.

1529 +
obey
[oubéi]

동 ~에 따르다, 복종하다 (↔ disobey 불복종하다, 거역하다)

Kate trained her puppy to **obey** her.
케이트는 자신의 강아지가 자기에게 **복종하도록** 훈련했다.

1530 +
exact
[igzǽkt]

형 정확한, 정밀한 (= accurate 정확한)

Police don't know the **exact** cause of the accident. 경찰은 사고의 **정확한** 원인을 모른다.

exactly [igzǽktli] 부 정확히, 틀림없이

뉘앙스 '딱 맞다, 꼭 맞다'에서의 '딱, 꼭'이라는 뉘앙스가 포함된 말이에요.

재판과 처벌

암기 Tip

1531
arrest
[ərést]

동 체포하다, 검거하다 명 체포, 검거

The police **arrested** him at the airport.
경찰은 공항에서 그를 **체포했다**.

The **arrest** occurred on Thursday morning.
목요일 아침에 **검거**했다.

1532
accuse
[əkjúːz]

동 1. 고발하다, 고소하다, 기소하다 2. 비난하다

The band **accused** the new singer of copying their song.
그 밴드는 신인가수가 자신들의 노래를 표절했다고 **고소했다**.

Susan **accused** him of lying.
수잔은 그가 거짓말했다고 **비난했다**.

검사가 특정한 형사 사건에 대하여 법원에 그 사건이 법에 어긋나는지 아닌지를 정식으로 재판해 달라고 요구하는 행위를 '기소'라고 해요.

1533
trial
[tráiəl]

명 1. 재판 2. 시험, 시도, 실험

The media covered the **trial**.
언론에서 그 **재판**을 보도했다.

Robot **trials** are happening now.
현재 로봇 **실험**이 진행되고 있다.

법원이나 법관이 판결을 내리는 행위를 '재판'이라고 해요.

1534 +
involve
[inválv]

동 1. 포함하다 2. 관련시키다

My job **involves** problem solving.
내 업무는 문제 해결을 **포함한다**.

How did he come to be **involved**?
그가 어떻게 해서 **연루되었나요**?

뉘앙스 include(포함하다)가 광범위하게 쓰이는 것에 비해 involve는 주로 어떤 행위나 일이 포함된다는 뜻으로 쓰인답니다.

1535 +
identify
[aidéntəfài]

동 확인하다, 알아보다

Can you **identify** me in this picture?
이 사진에서 나를 **알아볼** 수 있겠니?

identity [aidéntəti] 명 신원, 신분

웹사이트에 로그인할 때 입력해야 하는 ID가 있죠? 이 ID는 identification(신원의 확인)의 앞의 두 글자를 말해요. 사이트에 들어가려는 사람의 신원을 확인하는 거죠.

1536 +
deny
[dinái]

동 부인하다, 부정하다

She **denied** breaking the glass.
그녀는 유리잔 깬 걸 **부인했다**.

denial [dináiəl] 명 1. 부인, 부정 2. 거부

1537 +

guilty

[gílti]

형 **1. 유죄의 2. 죄책감이 드는, 가책을 느끼는**

The judge found him **guilty**.
판사가 그에게 **유죄** 판결을 내렸다.

The boys exchanged **guilty** looks.
소년들은 **가책을 느끼는** 표정을 주고받았다.

죄가 있으면 **죄책감**도 따라서 생기는 것이죠.

1538

innocent

[ínəsənt]

형 **1. 무죄의** (↔ guilty 유죄의) **2. 순진한**

The police knew that I was **innocent**.
그 경찰은 내가 **무죄라는** 것을 알고 있었다.

They seemed so young and **innocent**.
그들은 매우 어리고 **순진해** 보였다.

순진하다는 의미는 삶의 부정적인 면에 대한 경험이나 지식이 없다는 것을 의미해요.

1539 +

evidence

[évidəns]

명 **증거** (= proof)

There was no **evidence** against him.
그에게 불리한 **증거**는 없었다.

evident[évidənt] 형 분명한, 눈에 띄는

뉘앙스 proof가 좀 더 구체적이고 결정적인 증거임을 뜻하는 뉘앙스가 있어요.

1540 +

clue

[klu]

명 **실마리, 단서** (= hint 힌트, 암시)

Police have found an important **clue**.
경찰은 중요한 **단서**를 발견했다.

보드게임 '클루(clue)'는 주어진 단서를 통해 저택 안에서 벌어진 살인사건의 용의자를 추리하는 게임이에요.

1541

witness

[wítnis]

명 **1. 목격자 2. 증인** 동 **목격하다, 보다**

The **witness** saw everything.
목격자가 모든 것을 목격했다.

Smith was a key **witness** at the trial.
스미스는 그 재판에서 핵심 **증인**이었다.

어원 wit-(= see) + -ness → 본 사람 → 목격자, 증인

1542 +

appeal

[əpíːl]

동 **1. 애원하다, 호소하다 2.** ((법률)) **항소하다**

명 **1. 애원, 호소 2.** ((법률)) **항소**

A woman on the news **appealed** for help.
뉴스에서 한 여성이 도움을 **호소했다**.

She lost at the trial and **appealed** the following month.
그녀는 재판에 져서 다음 달에 **항소했다**.

'항소'는 판결에 불복하여 다시 재판을 청구하는 것을 말해요. 다시 법원에 호소할 기회를 갖는 것이지요.

1543 +
release
[rilíːs]

동 1. 풀어 주다, 석방하다 2. 개봉하다, 발매하다, 공개하다
명 1. 해방, 석방 2. 개봉, 발매, 공개

People are against **releasing** the criminal.
사람들이 그 범죄자 **석방**에 반대한다.

The group **released** a new album.
그 그룹은 새 음반을 **발매했다.**

단어 속 'lease'는 loosen(풀어 주다)의 뜻이에요. 죄수를 풀어주면 석방하는 것이고, 영화나 음반 등을 풀어주면 개봉하는 것이겠죠.

암기 Tip

사건과 범죄

1544
incident
[ínsidənt]

명 일어난 일, 사건

Fire safety education can prevent dangerous **incidents**.
소방 안전교육이 위험한 **사고**를 예방할 수 있다.

뉘앙스 accident 역시 '사건'이지만, 우연히 일어나는 사건에 더 가까워요. 한편, incident는 기분 좋지 않은 사건, 불행한 사건을 말한답니다.

1545
criminal
[krímənl]

형 범죄의 명 범인, 범죄자

There was no evidence of any **criminal** activity. 어떤 **범죄** 행위의 증거도 없었다.

The police caught the **criminal.**
경찰은 그 **범인**을 잡았다.

crime [kraim] 명 범죄, 범행

미국의 범죄 수사물 '크리미널 마인드(Criminal Minds)'는 10년 넘게 꾸준한 사랑을 받은 드라마로, 우리나라에서도 리메이크된 적이 있었죠.

1546 +
murder
[mə́ːrdər]

명 살인, 살해 동 살인하다, 살해하다

The woman **murdered** her former friend.
여자가 자신의 옛 친구를 **살해했다.**

murderer [mə́ːrdərər] 명 살인범

kill은 살인뿐만 아니라 사고로 사람이 죽는 것, 동물이 죽는 것 등을 모두 포함하지만, murder는 살인만을 의미한답니다.

1547 +
violent
[váiələnt]

형 1. 폭력적인, 난폭한 2. 격렬한

There has been an increase in **violent** crime. **폭력** 범죄가 계속 증가해 왔다.

There was a **violent** protest outside the building. 건물 밖에서 **격렬한** 항의가 있었다.

violence [váiələns] 명 1. 폭행, 폭력 2. 격렬함

violent는 자연현상이 세차거나 극심할 때도 쓸 수 있어요. 격렬한 지진(violent earthquake), 세찬 폭풍(violent storm) 등이 있죠.

1548
suspect
동사 [səspékt]
명사 [sʌ́spekt]

동 1. 의심하다, 수상히 여기다 2. ~이 아닌가 하고 생각하다 명 용의자

The whole class **suspects** Billy.
반 전체가 빌리를 **의심하고 있다.**

I **suspect** that we will have snow before night. 밤이 되기 전에 눈이 오지 **않을까 생각한다.**

어원 su-(= 아래서부터, from below) + spect(= 보다, look)가 합쳐진 단어로 '아래에서 위로 훑어보다'는 뜻이 '수상하게 여겨 의심하다'는 의미가 되었어요.

1549 +

stranger
[stréindʒər]

명 낯선 사람, 모르는 사람

A **stranger** kept staring at me.
낯선 사람이 나를 계속 빤히 쳐다봤다.

1550

victim
[víktim]

명 희생자, 피해자

The crime **victim** quickly called 911.
범죄 **피해자**가 재빨리 911로 전화를 걸었다.

전쟁에서 희생된 사람, 재해로 인해 피해를 입은 사람, 사고를 당하거나 범죄의 대상이 된 사람, 병든 사람까지 모두 victim이라고 해요.

Apply, Check & Exercise

Answer Key p.312

A 영어는 우리말로, 우리말은 영어로 쓰세요.

1	legal	______	2	duty	______
3	exact	______	4	accuse	______
5	trial	______	6	identify	______
7	guilty	______	8	evidence	______
9	clue	______	10	release	______
11	incident	______	12	murder	______
13	suspect	______	14	불법의	______
15	복종하다	______	16	체포하다	______
17	포함하다	______	18	부인하다	______
19	무죄의, 순진한	______	20	목격자	______
21	호소하다	______	22	범죄의	______
23	폭력적인	______	24	낯선 사람	______
25	희생자	______			

B 다음 빈칸에 알맞은 단어를 쓰세요.

1 legal : illegal = 합법의 : ________
2 accurate : ________ = 정확한 : 정확한, 정밀한
3 identify : identity = 확인하다, 알아보다 : ________
4 deny : denial = 부인하다 : ________
5 innocent : ________ = 무죄의 : 유죄의
6 evidence : evident = 증거 : ________
7 hint : ________ = 힌트, 암시 : 실마리, 단서
8 arrest : ________ = 체포하다 : 석방하다
9 victim : ________ = 피해자 : 용의자
10 incident : ________ = 사건 : 살해
11 crime : ________ = 범죄 : 범죄의, 범인

C 다음 중 단어의 영영 풀이가 잘못된 것을 있는 대로 고르세요.

① duty: something that is done as part of a job
② accuse: say that someone is innocent of a fault or crime
③ witness: a person who sees something happen
④ obey: do what someone tells you to do
⑤ stranger: someone who you have met before

D 배운 단어를 이용하여 빈칸에 알맞은 말을 넣으세요.

1 그 재판은 이번 주 금요일에 시작될 예정이다.
→ The ________ is due to start this Friday.

2 그는 의사결정 과정에 모든 사람을 포함시키려 할 것이다.
→ He will try to ________ everyone in the decision-making process.

3 경찰은 정보가 있는 사람은 누구든지 말해 달라고 호소했다.
→ The police ________ to anyone with information to talk to them.

4 그는 폭력적이고 위험한 남자이다. → He is a ________ and dangerous man.

Unit 23 정치

발음 익히기

셀프 스터디

리스닝 훈련

암기 Tip

1551 +
political
[pəlítikəl]

형 정치적인, 정치상의

The **political** party lost this year.
그 **정**당은 올해 패배했다.

politics [pálətiks] 명 정치(학)
politician [pàlətíʃən] 명 정치인

1552 +
policy
[páləsi]

명 정책, 방침

Read the privacy **policies** before accepting it.
그것을 수락하기 전에 개인정보 보호 **정책**을 읽으세요.

정치적 목적을 실현하기 위한 방책을 의미해요.

정치 활동

암기 Tip

1553 +
permit
[pərmít]
permitted-permitted-permitting

동 1. 허가하다, 허락하다 (= allow 허용하다) 2. 가능케 하다

You aren't **permitted** to park here!
이곳은 주차가 **허용되지** 않습니다!

If time **permits**, we can repeat the process. 시간이 **되면**, 우리는 그 과정을 반복할 수 있다.

permission [pərmíʃən] 명 허락, 허가

외국 대학에 지원하고 기다리는 입학 허가서를 퍼미션(permission)이라고도 해요.
A: 지원서는 냈니? 퍼미션은 언제쯤 온대?
B: 이달 말쯤 도착할 거래.

1554 +
approve
[əprú:v]

동 1. 찬성하다 2. 승인하다

My parents **approved** of my marriage.
부모님께서 내 결혼을 **허락[찬성]해주셨다**.

The Education reform bill was **approved**.
교육 개혁 법안이 **승인되었다**.

approval [əprú:vəl] 명 1. 찬성 2. 승인

어법 '~을 찬성하다'의 의미로는 approve of를 써요.

1555
declare
[dikléər]

동 선언하다, 선포하다

Doug **declared** he didn't do it.
덕은 자기가 한 일이 아니라고 **선언했다**.

어원 de-(강조)에 clare(= clear 분명한, 명백한)가 합쳐진 말이에요.

1556 +
monitor
[mánitər]

동 모니터하다, 감시하다
명 1. 화면, 모니터 2. 감시 장치

Television advertising is **monitored**.
텔레비전 광고는 **모니터된다**.

He was staring at a heart **monitor**.
그는 심장 **모니터**를 응시하고 있었다.

감시자는 누군가를 **감시**할 때 컴퓨터의 **모니터**를 통해서 관찰하기도 하죠.

정부 기관과 관료

암기 Tip

1557 +
government
[gʌ́vərnmənt]

명 1. 정부, 정권 2. 정치, 통치

The **government** made rules against smoking. **정부**가 금연 규정을 제정했다.

The party has no actual experience of **government**. 그 당은 실제적인 **통치** 경험이 없다.

govern [gʌ́vərn] 동 통치하다, 지배하다

한 나라를 통치하는 사람들 또는 통치 행위를 모두 뜻할 수 있답니다.

1558
republic
[ripʌ́blik]

명 공화국

Argentina is a federal **republic**.
아르헨티나는 연방 **공화국**이다.

대한민국의 영어 명칭은 Republic of Korea예요.

1559
council
[káunsəl]

명 의회

The city **council** passed a law.
그 시**의회**는 한 법률을 통과시켰다.

'의회'는 국민의 의사를 대표하여 법을 만드는 기관이랍니다.

1560
committee
[kəmíti]
철자주의

명 위원회

The **committee** made a final decision.
그 **위원회**는 최종 결정을 내렸다.

'위원회'란 어떤 목적을 달성하기 위해서 위원들이 모여 합리적 의사결정을 하는 기관을 말해요.

1561 +
status
[stéitəs]

명 1. 지위, 신분 2. 상태, 사정

They were men of high **status**.
그들은 **지위**가 높은 사람들이었다.

What is the **status** of the project?
프로젝트의 **상태**는 어떤가요?

status는 'standing'이라는 의미로, '서 있는 모습'을 떠올려보세요. 직업이나 사회에서 내가 서 있는 자리, 곧 '지위, 신분'이 되네요.

1562 +

rank

[ræŋk]

명 1. 지위, 계급 2. 등급 동 (순위를) 매기다

He wanted to mix with people of high social **rank**.
그는 사회적 **지위**가 높은 사람들과 어울리기를 원했다.

He is a painter of the first **rank**.
그는 최고 **등급**의 화가이다.

테니스, 권투, 탁구, 골프 등에서는 매년 성적을 기준으로 선수들의 순위를 발표해요. 이러한 선수들의 순위를 랭킹(ranking)이라고 하죠.

1563 +

appoint

[əpɔ́int]

동 1. 임명하다, 지명하다 (= assign 임명하다)
2. (시간·장소를) 정하다

We **appointed** Jill as class leader.
우리는 질을 학급 회장으로 **임명했다**.

They **appointed** a day in May for celebrations.
그들은 축하 행사를 위해 5월 중 하루를 **정했다**.

어원 ap-(= ~로) + point(= 손가락으로 가리키다)로서, 손가락으로 가리켜서 정해 주는 것으로 생각하면 쉬워요.

1564 + +

president

[prézidənt]

명 1. 대통령 2. 회장, 의장, 사장

Who was the first French **president**?
프랑스의 초대 **대통령**은 누구였나요?

What does the **president** of a company do? 기업의 **회장**은 어떤 일을 하나요?

1565

minister

[mínistər]

명 1. 장관 2. 목사, 성직자

The foreign **minister** was also present at the meeting. 외무부 **장관**도 그 회의에 참석했다.

The **minister** was preparing for Sunday services. 그 **목사**는 일요일 예배를 준비하고 있었다.

priest는 가톨릭교의 성직자, minister는 개신교의 성직자예요. 개신교는 16세기에 가톨릭교에서 분리되어 나왔어요.

1566

mayor

[méiər]

명 시장(市長) (시의 행정을 이끌도록 뽑힌 책임자)

He served as **mayor** of Boston.
그는 보스턴의 **시장**으로 재임했다.

지금 여러분이 도시에 산다면 그 도시의 시장님은 누구인가요? mayor와 그 시장님을 연결시켜 암기해보세요.

1567 +

official

[əfíʃəl]

형 1. 공식적인 2. 공무상의 명 공무원

The president made an **official** announcement. 대통령이 **공식** 발표를 했다.

He spent a lot of his time on **official** duties. 그는 **공무상** 의무에 많은 시간을 썼다.

office [ɔ́(:)fis] 명 사무실, 회사

1568 +

loyal

[lɔ́iəl]

철자주의

형 **충성스러운, 충실한**

Mr. Smith is the politician's **loyal** supporter. 스미스 씨는 그 정치인의 **충성스러운** 지지자이다.

loyalty [lɔ́iəlti] 명 충성, 충실

loyal(충성스러운)과 royal(왕실의)은 생김새도 발음도 참 비슷하네요. royal의 r을 왕이 앉는 의자로 생각해보는 건 어떨까요?

투표와 선거

암기 Tip

1569

poll

[poul]

명 **1. 여론 조사 2. 투표, 투표수**

A recent **poll** shows there's no way that she can win. 최근 한 **여론 조사**에 따르면 그녀가 이길 방법이 없는 것으로 나타난다.

He won the election with 52% of the **poll**.
그는 52%를 **득표**하여 선거에서 승리했다.

여론 조사 'poll'을 Public(대중의) Opinion(의견) ll이라고 생각하면 외우기 쉬워요. ^^

1570 + +

vote

[vout]

동 **투표하다, 선거하다** 명 **투표**

Who are you going to **vote** for in the next election?
당신은 다음 선거에서 누구에게 **투표하려고** 하나요?

vote for는 '~에게 찬성표를 던지다'이고 vote against는 '~에게 반대표를 던지다'예요.

1571

candidate

[kǽndidèit]

명 **후보자, 지원자**

There are four **candidates** running for mayor. 시장에 출마하는 **후보**가 4명이다.

candidate를 보고 "I can do it!" 나는 할 수 있다! 고 외치는 지원자를 상상해보아요.

1572 + +

campaign

[kæmpéin]

철자주의

명 **캠페인,** (사회적·정치적인) **운동**

People watched the **campaign** before voting. 사람들은 투표하기 전에 **선거 운동**을 봤다.

사회, 정치적 목적을 위해서 조직적으로 행하는 운동을 캠페인이라고 해요. '자연 보호 캠페인, 폭력 추방 캠페인, 선거 캠페인' 등 다양해요.

1573 + +

speech

[spiːtʃ]

명 **1. 연설, 담화 2. 말, 말투**

That was a very moving **speech**.
그건 매우 감동적인 **연설**이었다.

In **speech** we use a smaller vocabulary than in writing.
말에서는 쓰기보다 더 적은 어휘를 사용한다.

speak [spiːk] 동 말하다, 이야기하다

사람들 앞에서 연설을 잘하기 위해 스피치 학원에 등록하여 말투, 화법 등을 배우기도 해요.

1574 ++

support

[səpɔ́ːrt]

동 1. 지원하다 2. 지탱하다 3. (금전적으로) 후원하다 명 지지, 지원, 도움

I **support** your choice 100 percent.
나는 네 선택을 100% **지지해.**

The bridge is **supported** by two towers.
그 다리는 두 개의 탑으로 **지탱된다.**

We **support** a young African child.
우리는 아프리카의 어린 아이 한 명을 **후원한다.**

각종 스포츠에서의 서포터즈(supporters)를 알고 있나요? 선수단을 응원하고 지지하는 팬들의 단체랍니다. 축구에서의 '붉은 악마'도 supporters라고 할 수 있겠죠.

1575 +

assist

[əsíst]

동 돕다, 원조하다 (= help 돕다)

We will do everything to **assist** you.
저희는 당신을 **돕기** 위해서 무엇이든 하겠습니다.

assistance[əsístəns] 명 도움, 지원

축구에서 공을 잘 패스해주어 같은 팀 동료가 골을 넣게 돕는다면, 패스한 사람에게 '어시스트를 했다.'라고 하죠.

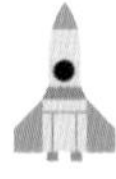

Apply, Check & Exercise

Answer Key p.312

A 영어는 우리말로, 우리말은 영어로 쓰세요.

1 political ________
2 permit ________
3 declare ________
4 monitor ________
5 council ________
6 rank ________
7 minister ________
8 mayor ________
9 poll ________
10 candidate ________
11 loyal ________
12 speech ________
13 assist ________
14 정책 ________
15 찬성하다, 승인하다 ________
16 정부 ________
17 공화국 ________
18 위원회 ________
19 지위, 상태 ________
20 임명하다 ________
21 대통령 ________
22 공식적인 ________
23 투표하다 ________
24 캠페인 ________
25 지원하다, 지탱하다 ________

B 다음 빈칸에 알맞은 단어를 쓰세요.

1 politics : ________________ = 정치 : 정치적인

2 permit : permission = 허가하다 : ________________

3 approve : ________________ = 찬성하다, 승인하다 : 찬성, 승인

4 government : ________________ = 정부 : 의회

5 status : ________________ = 지위, 상태 : 지위, 계급

6 president : ________________ = 대통령 : 장관

7 office : official = 사무실 : ________________

8 vote : ________________ = 투표하다, 투표 : 여론 조사, 투표

9 support : ________________ = 지원하다 : 돕다, 원조하다

10 campaign : ________________ = 캠페인 : 연설

C 다음 중 단어의 영영 풀이가 잘못된 것을 있는 대로 고르세요.

① loyal: having complete support for someone

② candidate: a person who was elected

③ monitor: watch and check something over a period of time

④ republic: a country governed by a king or queen

⑤ mayor: an official who is elected to be the head of a city

D 배운 단어를 이용하여 빈칸에 알맞은 말을 넣으세요.

1 그 위원회는 정기적으로 모임을 갖는다. → The ________________ meets regularly.

2 그는 더 많은 여성을 고위직에 임명할 것이다.
→ He will ________________ more women to senior positions.

3 그것은 정부 정책에 의해 결정된다. → It is determined by government ________________.

4 그는 녹색당의 충성스러운 지지자이다.
→ He is a ________________ supporter of the Green Party.

Unit 24 전쟁

발음 익히기

셀프 스터디

리스닝 훈련

전쟁과 전투

암기 Tip

1576 ++
battle
[bǽtl]

명 **전투, 투쟁, 싸움** (= war 전쟁)
동 **싸우다, 투쟁하다**

They didn't fear losing the **battle**.
그들은 **전투**에서 패하는 것을 두려워하지 않았다.

전투(battle)는 전쟁(war) 중 특정한 지역에서 벌어지는 싸움을 말합니다. '6·25 전쟁 중 가장 치열했던 전투는 낙동강 일대에서의 전투였다.'라는 말에서 볼 수 있듯이요.

1577 +
attack
[ətǽk]

동 **공격하다, 습격하다** 명 **공격, 습격**

Sharks can **attack** people.
상어는 사람을 **공격하기도** 한다.

The **attack** came as a shock to everyone.
그 **공격**은 모든 이에게 충격으로 다가왔다.

attack은 해를 가하려고 폭력을 사용하는 것을 의미해요.

1578 +
invade
[invéid]

동 **침략하다, 침입하다**

The Russian Army **invaded** Crimea in 1771. 러시아군이 1771년에 크림 반도를 **침략했다**.

어원 in-(= 안으로) + -vade(= go, walk)로, '침입하다'는 안으로 들어간다는 것이지요.

1579 +
resist
[rizíst]

동 **저항하다, 반대하다**

The bank robber tried to **resist** arrest.
은행 강도는 체포에 **저항하려고** 애썼다.

resistance[rizístəns] 명 저항, 반대

나치에 저항한 저항군을 레지스탕스(Résistance)라고 하죠. 모두 옛 프랑스 말에서 온 것이에요.

1580 ++
guard
[gɑːrd]

동 **1. 지키다, 망을 보다 2. 감시하다**
명 **감시인, 경비원**

A tank **guarded** the bridge from enemy attack. 탱크가 적의 공격으로부터 다리를 **지켰다**.

Two policemen were sent to **guard** the prisoner. 두 명의 경찰이 죄수를 **감시하기** 위해 보내졌다.

보디가드(bodyguard)는 다른 사람의 신변의 안전을 지키는 사람으로 우리말로 '경호원'이라고 하죠.

1581
defeat
[difíːt]

동 **패배시키다, 이기다** 명 **패배**

They were well-trained and **defeated** the enemy at sea.
그들은 훈련이 잘 되어서 적군을 바다에서 **무찔렀다**.

1582
occupy
[ákjəpài]

동 **차지하다, 점유하다, 사용하다**

Soldiers **occupied** the town.
군인들이 소도시를 **점령했다**.

occupation [àkjəpéiʃən] 명 직업, 점령

공중 화장실에서 이런 사인을 본 적이 있나요? 'occupied'는 말 그대로 그 공간을 차지하여 사용하고 있다는 뜻이죠.

1583 +
capture
[kǽptʃər]

동 **1. 붙잡다, 포획하다 2.** (관심·마음을) **사로잡다**

They were **captured** by enemy soldiers.
그들은 적군에게 **붙잡혔다**.

The concert has **captured** the interest of teenagers. 그 콘서트는 십 대들의 관심을 **사로잡았다**.

휴대폰에서 저장하고 싶은 내용이 있으면, '캡처(capture)' 기능을 사용하죠? 그 내용을 붙잡아서, 필요할 때 다시 볼 수 있게 해주죠.

1584
negotiate
[nigóuʃièit]

동 **협상하다**

Let's **negotiate** the price first.
우선 가격부터 **협상합시다**.

negotiation [nigòuʃiéiʃən] 명 협상

흔히 중고품을 거래할 때 가격과 관련하여 협상하는 것을 뜻하는 '네고'는 negotiate에서 나온 말이지만 올바른 영어 사용은 아니랍니다.

1585
threat
[θret]
발음주의

명 **위협, 협박**

The publishing company received a bomb **threat**. 그 출판사는 폭탄 테러 **위협**을 받았다.

threaten [θrétən] 동 위협하다

강도나 유괴범들 외에 사물, 즉 칼과 같은 날카로운 물건들 역시 우리에게 위협이 될 수 있어요.

1586
independent
[ìndipéndənt]

형 **독립된, 독립적인, 자립적인** (↔ dependent 의존적인)

Scotland is not an **independent** country.
스코틀랜드는 **독립**국가가 아니다.

independence [ìndipéndəns] 명 독립, 자립

어원 in-(~가 아닌) + depend(의존하다)에 형용사를 만드는 -ent가 붙어서 된 말이에요.

1587
revolution
[rèvəljú:ʃən]

명 1. 혁명, 변혁 2. 회전, 공전

The French **Revolution** changed the world. 프랑스 **혁명**이 세계를 바꾸어 놓았다.

The Earth makes one **revolution** around the sun each year.
지구는 매년 태양 주위를 한 번 **공전**한다.

revolve [rivά:lv] 동 돌다, 회전하다

이전의 관습이나 제도, 방식을 단번에 깨뜨리고 새로운 것을 급격하게 세우는 일을 '혁명'이라고 해요.

1588 +
attempt
[ətémpt]

명 시도, 도전 동 시도하다 (= try 시도해 보다)

In 1961, the United States **attempted** to invade Cuba.
1961년에 미국은 쿠바를 침략하려고 **시도했다**.

어원 at-(= to) + tempt(= try)로, '~에 대해 시도하다'라는 의미예요.

군대와 군사

암기 Tip

1589 +
army
[ά:rmi]

명 1. 군대 2. 육군

He joined the **army** at the age of 20.
그는 20살에 **군대**에 입대했다.

단어 'arm'이 보이나요? 무기가 없던 시절, 강력한 '팔' 힘을 가지고 있던 사람들이 군인으로 활약했겠지요?

1590 +
military
[mílitèri]

형 군대의, 군사의, 군인의

My elder brother flies **military** jets.
우리 형은 **군용**기를 조종한다.

밀리터리 룩(military look)이란 군복 디자인에서 영감을 얻은 패션스타일을 말해요.

1591 ++
soldier
[sóuldʒər]

명 군인, 병사

Soldiers in uniform are often seen on the street. 군복 입은 **군인들**이 종종 거리에서 눈에 띈다.

해군이나 공군이 아닌 육군 군인만을 의미한답니다.

1592 ++
sail
[seil]

동 항해하다, 배로 가다 명 1. 돛 2. 항해

Hudson **sailed** from England to Canada.
허드슨은 영국에서 캐나다로 **항해했다**.

The wind will begin to fill the **sails**.
바람이 **돛**에 가득 실리기 시작할 것이다.

sailor [séilər] 명 1. 선원, 뱃사람 2. 해군 군인

'세라복'의 '세라'는 sailor를 일본식으로 잘못 발음하는 것입니다. 해군 군복의 디자인과 비슷하다고 해서 이렇게 불러요.

1593 + +

honor

[ánər]

발음주의

명 1. 명예 2. 영광 동 존경하다

When **honor** dies, man is dead.
명예를 잃은 자는 죽은 것이나 다름없다.

It was an **honor** to be invited.
초대를 받게 되어 **영광**이었습니다.

'영광입니다, 영광으로 생각합니다.'는 I'm honored.라고 표현해요.

1594 + +

enemy

[énəmi]

명 적, 경쟁 상대

Russia and Ukraine are **enemies**.
러시아와 우크라이나는 **적대 관계**이다.

전쟁에서의 '적'뿐만 아니라 반대 입장이거나 해하려는 사람 모두 enemy라 할 수 있어요.

무기

암기 Tip

1595 +

weapon

[wépən]

명 무기

Police checked the man for **weapons**.
경찰은 남자가 **무기**를 소지하고 있는지 조사했다.

1596 +

arrow

[ǽrou]

명 화살, 화살표

They shot **arrows** from behind the trees.
그들은 나무 뒤에서 **화살**을 쐈다.

큐피드의 화살(arrow)을 가슴에 맞으면 처음 보는 사람과 사랑에 빠진다는 말이 있죠?

1597 + +

shoot

[ʃuːt]

shot-shot

동 1. (총을) 쏘다 2. (영화·사진을) 촬영하다, 찍다

The hunter **shot** the duck.
사냥꾼이 오리를 **총으로 쏘았다**.

The movie was **shot** in India.
그 영화는 인도에서 **촬영되었다**.

1598 +

shot

[ʃɑt]

명 1. (총기) 발사, 발포 2. (스포츠에서) 슛

Did anyone hear **shots**?
누구 **총성**을 들은 사람 있어요?

Ronaldo's **shot** came from a pass by Benzema. 호날두의 **슛**은 벤제마의 패스에서 나왔다.

총기를 shot(발사)하면 총알이 날아가는 것처럼, 농구나 축구 같은 구기 종목에서도 shot은 공이 골대로 총알처럼 날아가죠.

1599 +

bomb

[bam]
발음주의

명 폭탄 동 폭격하다

The **bomb** fell on the city.
그 도시에 **폭탄**이 투하됐다.

The planes **bombed** their target.
비행기들은 목표물을 **폭격했다**.

1600

explode

[iksplóud]

동 **1. 폭발하다** (= burst 터지다) **2.** (감정 등이) **폭발하다**

Five bombs **exploded** in Cairo.
카이로에서 다섯 개의 폭탄이 **터졌다**.

She **exploded** with anger.
그녀는 분노의 감정이 **폭발했다**.

explosion [iksplóuʒən] 명 폭발, 폭파

어원 ex-는 out(밖)의 의미가 있어요. '폭발한다'는 것은 무엇이 밖으로 갑작스럽게 퍼지거나 일어나는 것이지요.

Apply, Check & Exercise

Answer Key p.312

A 영어는 우리말로, 우리말은 영어로 쓰세요.

1 invade	______	2 guard	______
3 occupy	______	4 capture	______
5 revolution	______	6 attempt	______
7 army	______	8 sail	______
9 enemy	______	10 weapon	______
11 shoot	______	12 explode	______
13 shot	______	14 전투, 투쟁	______
15 공격하다	______	16 저항하다	______
17 패배시키다	______	18 협상하다	______
19 위협	______	20 독립적인	______
21 군대의	______	22 군인	______
23 명예, 영광	______	24 화살	______
25 폭탄	______		

B 다음 빈칸에 알맞은 단어를 쓰세요.

1 invade : ______________ = 침략하다 : 패배시키다

2 resist : ______________ = 저항하다 : 공격하다

3 occupy : occupation = 차지하다 : ______________

4 threat : ______________ = 위협 : 위협하다

5 soldier : ______________ = 군인 : 군대, 육군

6 sail : ______________ = 항해하다 : 선원, 해군 군인

7 bomb : ______________ = 폭탄 : 무기

8 shoot : ______________ = (총을) 쏘다 : (총기) 발포

9 explode : ______________ = 폭발하다 : 폭발, 폭파

10 capture : negotiate = 포획하다 : ______________

C 다음 중 단어의 영영 풀이가 잘못된 것을 있는 대로 고르세요.

① battle: a fight between groups of soldiers

② revolution: the violent attempt to end the rule of one government

③ honor: something that makes you feel very ashamed

④ guard: protect a person or a place by watching them

⑤ enemy: someone who tries to help another

D 배운 단어를 이용하여 빈칸에 알맞은 말을 넣으세요.

1 그 나라는 1964년에 독립하게 되었다. → The country became ______________ in 1964.

2 군인들은 탈출을 시도하였다. → The soldiers made an ______________ to escape.

3 정부는 군사적인 조치를 취하겠다고 위협하였다.
→ The government has threatened to take ______________ action.

4 사냥꾼이 사슴을 화살로 쐈다. → The hunter shot the deer with an ______________.

Unit 25 세계

발음 익히기

셀프 스터디 리스닝 훈련

국가 · 지역

암기 Tip

1601 ++
nation
[néiʃən]

명 1. 국가 2. 국민

All **nations** are equal. 모든 **국가**는 동등하다.

The president will speak to the **nation** tomorrow. 대통령은 내일 **국민들**에게 연설할 것이다.

national [nǽʃənəl] 형 1. 국가의 2. 국민의

뉘앙스 country(나라)는 주로 땅덩어리, 즉 국토를 의미하는 반면 nation은 그 안에 사는 국민, 민족이라는 의미가 강조되는 단어랍니다.

1602
border
[bɔ́ːrdər]

명 1. 국경, 경계 2. 가장자리, 변두리

They crossed the **border** into Canada.
그들은 **국경**을 넘어 캐나다로 갔다.

She lives just beyond the western **border** of the park.
그녀는 공원의 서쪽 **가장자리** 바로 너머에 살고 있다.

1603 ++
capital
[kǽpitəl]

명 1. 수도 2. (알파벳) 대문자 3. 자본, 자본금

The **capital** of Australia is Canberra.
호주의 **수도**는 캔버라이다.

Write your name in **capital** letters.
당신의 이름을 **대문자**로 쓰세요.

We need more **capital** to start our business.
우리가 사업을 시작하기 위해서는 **자본**이 더 필요하다.

어원 원래 capital은 '머리(head)의, 중요한'이란 의미를 가진 프랑스 단어에서 온 말이에요. 수도는 한 나라에서 중요한 도시이고, 대문자는 문장의 머리, 즉 첫 글자로 쓰이는 것이죠.

1604 +
citizen
[sítizən]

명 시민, 국민

They teach their children to be good **citizens**.
그들은 자신의 아이들이 선량한 **시민**이 되도록 교육한다.

철자에 city를 의미하는 citi-가 들어있어요.

1605 +
local
[lóukəl]

형 지역의, 현지의

Corey works at a **local** organization.
코리는 한 **지역** 단체에서 일한다.

'도시'와 대비되는 개념의 '지방'이 아니라, 살고 있거나 얘기하려는 특정한 지방을 뜻합니다.

1606 +

native

[néitiv]

형 **1. 출생지의 2.** (어디) **태생의, 토박이의 3. 타고난, 선천적인 4.** (언어가) **모국어인**

명 **1.** (~에서) **태어난 사람, 출신자 2. 원주민, 토착민**

He never saw his **native** land again.
그는 자신의 **고국** 땅을 다시 보지 못했다.

Kangaroos are **native** to Australia.
캥거루는 호주 **토종의 동물**이다.

She has a **native** ability to learn quickly.
그녀는 빨리 학습하는 **선천적인** 능력이 있다.

German is my **native** language.
독일어는 내 **모국어**이다.

영어 시간에 수업을 들어오시는 native speaker 선생님은 사실 native speaker of English라고 해야 한답니다. 영어가 모국어인 사람을 뜻해요.

1607

ethnic

[éθnik]

형 **민족의, 종족의**

Some **ethnic** groups still hold their own traditions.
일부 **민족** 그룹은 여전히 자신들만의 전통을 고수한다.

에스닉(ethnic) 룩은 원래는 세계 여러 나라의 민족의상을 말했으나, 요즘에는 민족의상이 가지고 있는 특유의 소박하고 민속적인 느낌의 복장을 말해요.

1608

racial

[réiʃəl]

형 **인종의, 민족의**

You should avoid **racial** jokes.
인종과 관련된 농담은 하지 말아야 한다.

race [reis] 명 인종

1609 + +

flag

[flæg]

명 **깃발**

The children waved **flags** when the president arrived.
그 아이들은 대통령이 도착했을 때 **깃발**을 흔들었다.

국기는 national flag라고 하죠.

1610 + +

symbol

[símbəl]

명 **1. 상징 2. 기호, 부호**

The dove is a **symbol** of peace.
비둘기는 평화의 **상징**이다.

"K" is the **symbol** for a strikeout in baseball.
'K'는 야구에서 스트라이크 아웃을 나타내는 **기호**이다.

symbolic [simbálik] 형 상징적인, 상징하는

추상적인 개념을 구체적인 사물로 나타내는 것을 상징이라고 해요.

국제·외국

암기 Tip

1611 ++
global
[glóubəl]

형 전 세계의, 지구상의, 전체적인

Terrorism is a **global** problem.
테러는 **전 세계의** 문제이다.

globe [gloub] 명 1. 지구본 2. 구, 공

글로벌 리더(global leader)가 되기 위해서는 영어 공부도 열심히 하고, 열린 마음으로 다른 나라의 문화를 이해할 수 있어야 해요.

1612 +
international
[ìntərnǽʃənəl]

형 국제적인, 국제의

The UN is an **international** organization.
유엔은 **국제**기구이다.

internationally [ìntərnǽʃənəli] 부 국제적으로

nation이라는 단어가 보이시나요? 국가(nation)들 사이(inter)에서 일어나는 것이니까 국제적이지요.

1613 ++
foreign
[fɔ́:rin]
발음주의, 철자주의

형 외국의

A **foreign** language is a useful tool.
외국어는 유용한 도구이다.

foreigner [fɔ́(:)rinər] 명 외국인

'이방인'이라는 부정적인 느낌이 있어서 우리나라에 온 외국인을 foreigner라고 칭하는 것보다 American, Chinese, 또는 visitor라고 하는 게 더 좋아요.

1614 +
abroad
[əbrɔ́:d]

부 외국에, 외국으로

My uncle just returned to Korea from **abroad**. 우리 삼촌은 **외국에서** 한국으로 막 돌아오셨다.

어원 a-(~로) + broad(넓은 (곳)) → 넓은 곳으로 → abroad(외국으로)

1615 +
overseas
[òuvərsí:z]

형 해외의, 외국의 부 해외에, 외국으로

Overseas travel is much easier now.
해외여행이 이제 훨씬 더 쉬워졌다.

James wants to work and live **overseas**.
제임스는 **해외에서** 일하며 살고 싶어 한다.

바다를 넘어서(over)가면 해외로 가는 것이지요.

1616 +
union
[jú:njən]

명 1. (국가 등의) 연합, 연방 2. (노동)조합

The European **Union** was not always as big as it is today.
유럽**연합**이 오늘날처럼 항상 컸던 것은 아니었다.

He joined the teachers' **union**.
그는 교사 **노동조합**에 가입했다.

유럽연합(EU, European Union)에 가입한 유럽 국가들은 같은 화폐를 사용하고, 의회를 만들어 외교, 정치, 군사적으로 하나의 공동체를 이루고 있어요.

1617 +
unite
[juːnáit]

동 **연합하다, 결합하다, 합치다**

European countries **united** to make the EU. 유럽 국가들이 EU를 만들려고 **연합했다**.

unity [júːnəti] 명 통합, 통일

50개의 주(states)와 1개의 특별구(district)가 연합해(united) 이룬 나라가 바로 United States of America, 미국이지요.

사회 · 문화

암기 Tip

1618 +
population
[pàpjuléiʃən]

명 **인구**

Population is important for economic growth. **인구**가 경제 성장에 중요하다.

1619 + +
language
[lǽŋgwidʒ]

명 **언어, 말**

Language is a tool for communication. **언어**는 의사소통의 도구이다.

우리의 몸짓이나 표정도 언어라고 할 수 있습니다. 수화(sign language)도 마찬가지이고요.

1620 +
translate
[trænsléit]

동 **번역하다, 통역하다**

Computers still cannot **translate** well. 컴퓨터는 아직 제대로 **번역하지** 못한다.

translation [trænsléiʃən] 명 번역

어원 trans-(이동) + slate(쓰다)로 이루어진 단어예요. 다른 언어로 바꾸어 옮겨(trans) 쓰는(slate) 것을 번역이라고 하죠.

1621 +
organization
[ɔ̀ːrgənizéiʃən]

명 **단체, 기구, 조직**

David works for the World Health **Organization**. 데이비드는 세계보건**기구**에서 일한다.

organize [ɔ́ːrgənàiz] 동 조직하다, 준비하다

어원 organ(장기, 기관) + -ize(만들다)로서, organ이 몸에서 각자 맡은 바 일을 하듯이 organization도 특정한 목적을 이루기 위해 만들어진 것들을 뜻한답니다.

1622 +
affair
[əfέər]

명 **일, 문제, 사건**

The presidents met to discuss international **affairs**. 대통령들은 국제 **문제**를 의논하려고 만났다.

'썰전'과 같은 시사프로그램을 본 적 있으신가요? '시사'는 당시에 일어나는 여러 가지 사회적 사건을 의미해요. 즉, 최근에 일어난 사건, current affairs라고 말해요.

1623 +
aid
[eid]

명 도움, 원조, 지원 동 돕다

The government promised to provide food **aid.** 정부는 식량 **원조**를 제공하기로 약속했다.

Dogs **aid** in rescues in snow.
개들은 눈 속에서 구조를 **돕는다.**

사고를 당했을 때 가장 먼저 하는 응급 처치를 영어로 first aid라고 해요. 가장 먼저 도움을 준다는 의미겠지요.

1624 +
various
[vɛ́(:)əriəs]

형 다양한, 여러 가지의

She has the shirt in **various** colors.
그녀는 그 셔츠를 **다양한** 색상별로 갖고 있다.

vary[vɛ́(:)əri] 동 다르다, 다르게 하다
variety[vəráiəti] 명 여러 가지, 다양성

우리가 TV에서 많이 보는 '버라이어티 쇼(variety show)'는 토크, 코미디, 음악, 게임까지 다양하게 포함된 프로그램으로, 갖가지의 엔터테인먼트를 제공하기 때문에 variety show라고 해요.

1625 +
aware
[əwɛ́ər]

형 의식하고 있는, 깨닫고 있는

Everyone should be **aware** of world events.
모든 사람은 세계적인 사건들에 대해 **의식하고** 있어야 한다.

어법 aware는 전치사 of와 함께 be aware of~의 형태로 자주 쓰여요.

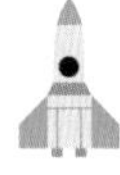

Apply, Check & Exercise

Answer Key p.313

A 영어는 우리말로, 우리말은 영어로 쓰세요.

1	nation	______	2	border	______
3	local	______	4	ethnic	______
5	flag	______	6	global	______
7	overseas	______	8	union	______
9	unite	______	10	translate	______
11	affair	______	12	aid	______
13	aware	______	14	수도	______
15	시민	______	16	출생지의, (어디) 태생의	______
17	인종의	______	18	상징, 기호	______
19	국제적인	______	20	외국의	______

21 인구 ______________ 22 언어 ______________

23 단체, 기구 ______________ 24 다양한 ______________

25 외국으로, 외국에 ______________

B 다음 빈칸에 알맞은 단어를 쓰세요.

1 nation : national = 국가, 국민 : ______________

2 racial : ______________ = 인종의 : 민족의, 종족의

3 symbol : ______________ = 상징 : 깃발

4 international : ______________ = 국제적인 : 전 세계의, 지구상의

5 abroad : ______________ = 외국으로 : 해외의, 해외에

6 unite : unity = 연합하다 : ______________

7 language : ______________ = 언어 : 번역하다

8 various : ______________ = 다양한 : 여러 가지, 다양성

9 capital : ______________ = 수도 : 국경

10 organization : ______________ = 단체, 조직 : 연합, 조합

C 다음 중 단어의 영영 풀이가 잘못된 것을 있는 대로 고르세요.

① citizen: a person who lives in a particular town or a country
② local: relating to the whole world
③ native: born in a particular place
④ foreign: located inside your own country
⑤ affair: an event, especially one that is shocking

D 배운 단어를 이용하여 빈칸에 알맞은 말을 넣으세요.

1 그녀는 그 문제를 잘 알고 있다. → She is fully ______________ of the problem.

2 그 도시의 인구는 약 2백만 명이다.
→ The ______________ of the city is about two million.

3 그 지역은 지금 외국의 원조에 의존하고 있다.
→ The area is now dependent on foreign ______________.

Final Check

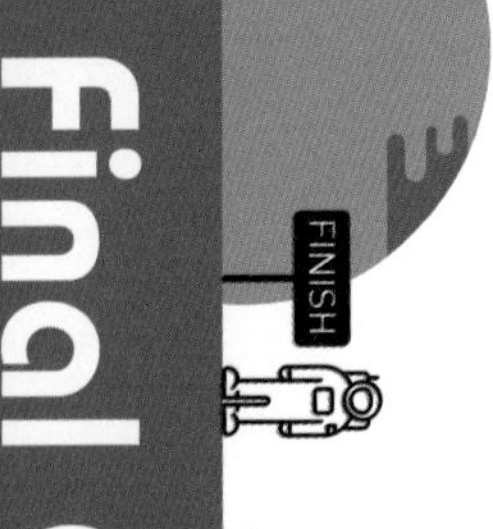

UNIT 21-25 UNIT 21~UNIT 25에서 배운 125단어의 의미를 복습해 볼까요?
뜻이 떠오르지 않거나 시간이 오래 걸리는 것들은
○에 따로 체크해서 즉시즉시 떠오를 때까지 반복해서 복습해주세요.

1618	population
1531	arrest
1612	international
1617	unite
1586	independent
1526	legal
1615	overseas
1527	illegal
1562	rank
1508	influence
1560	committee
1553	permit
1510	circumstance
1571	candidate
1558	republic
1514	contribute
1594	enemy
1536	deny
1567	official
1529	obey
1520	standard
1511	deserve
1530	exact
1546	murder
1503	pose
1556	monitor
1595	weapon
1534	involve
1505	individual
1604	citizen
1592	sail
1608	racial
1516	establish
1551	political
1577	attack
1621	organization
1548	suspect
1513	require
1575	assist
1544	incident
1585	threat
1537	guilty
1528	duty
1583	capture
1574	support
1565	minister
1521	tend
1573	speech
1606	native
1611	global

1625

1522 ○○○ relate
1620 ○○○ translate
1570 ○○○ vote
1563 ○○○ appoint
1590 ○○○ military
1605 ○○○ local
1591 ○○○ soldier
1625 ○○○ aware
1572 ○○○ campaign
1582 ○○○ occupy
1602 ○○○ border
1507 ○○○ gap
1542 ○○○ appeal
1609 ○○○ flag
1547 ○○○ violent
1550 ○○○ victim
1566 ○○○ mayor
1525 ○○○ seek
1515 ○○○ charity
1549 ○○○ stranger
1600 ○○○ explode
1523 ○○○ proper
1554 ○○○ approve
1589 ○○○ army
1569 ○○○ poll

1610 ○○○ symbol
1601 ○○○ nation
1543 ○○○ release
1512 ○○○ moral
1581 ○○○ defeat
1545 ○○○ criminal
1616 ○○○ union
1584 ○○○ negotiate
1517 ○○○ benefit
1519 ○○○ unit
1559 ○○○ council
1539 ○○○ evidence
1597 ○○○ shoot
1593 ○○○ honor
1568 ○○○ loyal
1532 ○○○ accuse
1622 ○○○ affair
1504 ○○○ conflict
1599 ○○○ bomb
1535 ○○○ identify
1598 ○○○ shot
1533 ○○○ trial
1576 ○○○ battle
1540 ○○○ clue
1613 ○○○ foreign

1607 ○○○ ethnic
1509 ○○○ significant
1564 ○○○ president
1623 ○○○ aid
1518 ○○○ reality
1587 ○○○ revolution
1596 ○○○ arrow
1603 ○○○ capital
1578 ○○○ invade
1524 ○○○ labor
1557 ○○○ government
1538 ○○○ innocent
1541 ○○○ witness
1619 ○○○ language
1552 ○○○ policy
1614 ○○○ abroad
1506 ○○○ poverty
1555 ○○○ declare
1501 ○○○ arise
1588 ○○○ attempt
1561 ○○○ status
1580 ○○○ guard
1624 ○○○ various
1579 ○○○ resist
1502 ○○○ occur

Economy & Industry

Picture Dictionary

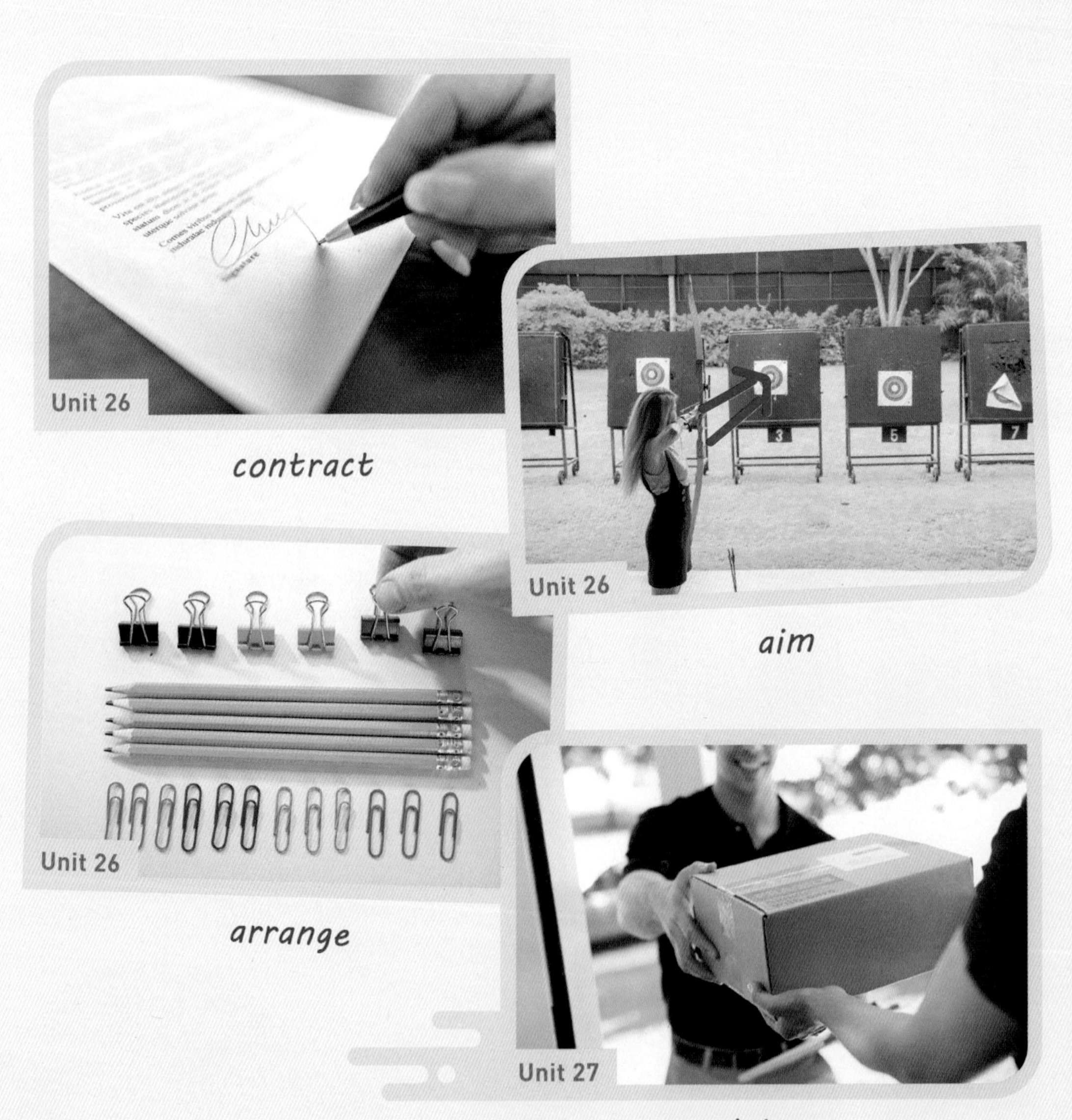

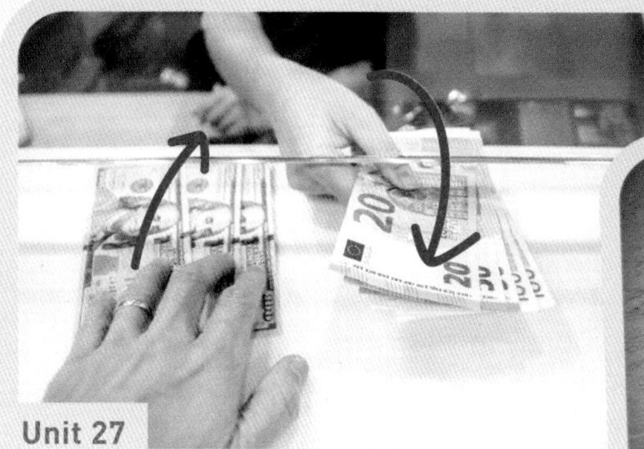
Unit 27

exchange

Unit 28

burden

Unit 29

invent

Unit 30

bush

Unit 30

shade

Unit 30

reflect

Unit 26 회사

회사, 소속

암기 Tip

1626 +
found
[faund]
founded-founded

동 **설립하다, 세우다**

Robinson **founded** the company in 1915.
로빈슨은 1915년에 그 회사를 **설립했다.**

foundation[faundéiʃən] 명 기초, 토대

find(찾다)의 과거형 found와 똑같이 생긴 단어지만, find의 의미와는 전혀 다른 단어이니, 헷갈리지 않도록 조심해야 해요.

1627
firm
[fəːrm]

명 **회사** (= company)
형 **1. 단단한, 딱딱한 2. 확고한**

The **firm** hired five new people.
그 **회사**는 다섯 명을 새로 뽑았다.

She made a pie with **firm** peaches.
그녀는 **단단한** 복숭아로 파이를 만들었다.

He reached a **firm** decision on that matter.
그는 그 문제에 관해 **확고한** 결정을 내렸다.

기본이 탄탄한 회사는 역경이 닥쳐도 흔들리지 않겠죠?

1628 +
agency
[éidʒənsi]

명 **1. 대리점, 대행사 2.** (정부) **기관**

This travel **agency** offers reasonable prices.
이 여행**사**는 합리적인 가격을 제시한다.

This is a list of the government **agencies** of the nation. 이것이 그 나라의 정부 **기관** 목록입니다.

agent[éidʒənt] 명 대리인, 중개인

연예인이나 스포츠 선수가 소속되어 있는 에이전시(agency)는 바쁜 연예인과 선수를 대신해 업무를 주선하거나 대행해주는 역할을 해요.

1629 +
department
[dipáːrtmənt]

명 **부문, 부서,** (대학의) **과**

The tech **department** is the biggest.
기술 **부서**의 규모가 가장 크다.

우리말 뜻이 다양해 보이지만, 회사나 학교, 정부기관, 상업기관 등의 한 부분을 가리키는 말이에요.

구직

암기 Tip

1630 +
employ
[implɔ́i]

동 **고용하다** (= hire 고용하다) (↔ dismiss, fire 해고하다)

The company **employs** 200 people.
그 회사는 200명을 **고용하고 있다.**

사람을 고용해 돈을 주는 사람은 employer, 돈을 받으며 일을 하는 사람은 employee라고 합니다.

1631 +
hire
[háiər]

동 (사람을) **고용하다** (= employ)

The office **hired** a new worker.
그 회사는 신입 직원을 **고용했다**.

fire는 '불' 이외에 '해고하다'라는 뜻도 가지고 있어요. hire와 fire는 생긴 것도 비슷하고 발음도 비슷하지만, 뜻은 정반대랍니다.

1632 +
inform
[infɔ́:rm]

동 **알리다, 통지하다** (= tell 알리다)

TV **informs** us of the news.
텔레비전은 우리에게 소식을 **전해준다**.

information[ìnfərméiʃən] 명 정보
informative[infɔ́:rmətiv] 형 유익한

tell(말하다) 역시 알고 있는 사실이나 정보를 알려준다는 뜻인데요, inform은 tell보다 훨씬 격식을 차린 표현입니다.

1633 + +
apply
[əplái]

동 **1. 지원하다 2. 적용하다**

Maria **applied** for the job.
마리아가 그 일자리에 **지원했다**.

The rules **apply** to every student in school.
그 규정들은 교내 모든 학생에게 **적용됩니다**.

application[æ̀plikéiʃən] 명 1. 지원, 신청 2. 적용
applicant[ǽplikənt] 명 지원자

대학 입시철이면 '유웨이어플라이(apply), 진학어플라이(apply)' 등이 검색어에 뜨는데 이는 모두 대학 진학 지원서를 접수할 수 있는 사이트예요.

1634 +
attach
[ətǽtʃ]

동 **1. 붙이다, 접착하다 2. 첨부하다**

He **attached** a note to the package.
그는 소포에 메모를 **붙였다**.

She **attached** those files to the email.
그녀는 이메일에 그 파일들을 **첨부했다**.

attachment[ətǽtʃmənt] 명 1. 애착, 믿음 2. 부착, 부착물

어원 at-(= to, ~에게) + -tach(= stick, 붙이다)이 합쳐진 단어로 '붙이다'라는 뜻이네요. 파일을 첨부할 때도 메일에 그 파일을 붙여서 간다고 생각할 수 있어요.

1635 +
request
[rikwést]

명 **요청, 부탁** 동 **신청하다, 요청하다**

Bill sent his **request** by email.
빌은 자신의 **요구 사항**을 이메일로 보냈다.

require[rikwáiər] 동 필요로 하다, 요구하다

<사랑의 리퀘스트>라는 한 TV방송사의 프로그램은 소외된 이웃들을 찾아가 취재하고 기부를 요청하는 것이었죠.

1636 +
salary
[sǽləri]

명 **급여, 월급, 봉급**

Job satisfaction is more important than **salary**. 일에 대한 만족이 **급여**보다 중요하다.

'봉급을 받는 사람'이라는 뜻인 '샐러리맨(salary man)'은 일본식 표기이고, 올바른 영어 표현은 salaried man이랍니다.

1637
contract
[kɑ́ntrækt]

명 **계약, 약정, 협약** 동 **계약하다**

We made a **contract** with a German company. 우리는 독일 기업과 **계약**을 맺었다.

The two men signed the **contract**. 두 남자가 그 **계약**에 서명했다.

어원 con-(= together) + -tract(= pull)로서, 함께 끌고 당기면서 의견을 맞추어 성립하는 '계약'의 의미가 되네요.

1638
represent
[rèːprizént]

동 **1. 대표하다, 대신하다**
2. 나타내다, 상징하다

She **represented** her company at the meeting. 그녀는 회의에서 자신의 회사를 **대표했다**.

The "Like" button can **represent** the user's liking of a particular product. 'Like' 버튼은 특정 제품에 대한 사용자의 기호를 **나타낼** 수 있다.

representative [rèprizéntətiv] 명 1. 대표자 2. (판매) 대리인

어원 re-(= back) + present(= 내놓다)로서, 뒤에서 앞으로 내놓는 것은 무언가를 '대표하는 것, 대신하는 것'이겠죠.

1639 +
obtain
[əbtéin]

동 **얻다, 획득하다** (= gain, get 얻다)

He **obtained** the position of sales representative. 그는 영업 사원직을 **얻었다**.

몹시 원하는 것을 노력하여 손에 넣는 데 성공한 것입니다.

회사 생활

암기 Tip

1640 +
aim
[eim]

명 **목표, 목적** (= purpose 목적)
동 **목표로 하다, 겨냥하다**

His **aim** is to win a prize at the contest. 그의 **목표**는 그 대회에서 상을 받는 것이다.

'목표를 높여라', 즉 '꿈을 크게 가져라'라는 의미의 Aim high.는 여기저기에 잘 인용되는 어구예요.

1641 +
purpose
[pə́ːrpəs]

명 **목적, 의도**

The **purpose** of life is to be happy. 삶의 **목적**은 행복해지는 것이다.

뉘앙스 하려고 굳게 결심한 일에 대한 이유, 즉 의도의 성격이 강해요.

1642 +
task
[tæsk]

명 **일, 과제, 직무**

Mothers have many **tasks** to do every day. 엄마들은 매일 해야 할 **일**이 많다.

해야만 하는 일의 의미로서, 특히 힘들거나 곤란한 직무를 가리키는 말입니다. 컴퓨터가 동시에 여러 일을 수행할 수 있는 능력을 멀티태스킹(multitasking)이라고 하지요.

1643 +

strategy

[strǽtədʒi]

명 (목표를 위한) **계획, 전략**

His **strategy** seemed too difficult.
그의 **전략**은 너무 어려워 보였다.

문제 해결을 위한 전략의 의미로 여러 참고서에서 소제목 등으로도 자주 사용이 돼요.

1644

propose

[prəpóuz]

동 **1. 제안하다** (= suggest 제안하다) **2. 청혼하다**

Brad **proposed** we have sushi today.
브래드가 오늘 초밥을 먹자고 **제안했다**.

He **proposed** to his girlfriend.
그는 여자 친구에게 **청혼했다**.

proposal [prəpóuzəl] 명 1. 제안, 제의 2. 청혼, 프러포즈

상대에게 결혼하자고 제안하는 것을 청혼한다고 하죠.

1645 +

arrange

[əréindʒ]

동 **1. 정돈하다, 정리하다 2. 마련하다, 준비하다**

Mike **arranged** the flowers in a vase.
마이크는 꽃병의 꽃들을 **정돈했다**.

I **arranged** a dinner for you after the concert. 나는 콘서트 후에 너를 위한 저녁을 **마련했어**.

어원 원래는 전쟁을 하려고 군인들을 줄 세운다라는 의미에서 출발한 것이에요. 즉, 무언가를 하기 위해 미리 정돈하거나 정리하는 것을 뜻해요.

1646

sort

[sɔːrt]

명 **종류** 동 **분류하다, 구분하다**

I love this **sort** of movie.
난 이런 **류**의 영화가 너무 좋아.

Please **sort** these papers by name.
이 문서들을 이름 순으로 **분류해** 주세요.

컴퓨터에서 자료를 가나다순이나 알파벳순으로 가지런히 정렬시키는 것도 소트(sort)라 하지요.

1647

colleague

[káliːg]

철자주의

명 **동료** (= co-worker 동료)

He was a **colleague** of mine from the office. 그는 사무실 **동료** 중 한 명이었다.

어원 단어 안 'league'가 보이나요? 함께(col = together) 같은 리그(league)에 있는 사람, '동료'가 되네요.

1648

overall

[òuvərɔ́ːl]

형 **종합적인, 전체의** 부 **종합적으로, 전부**

Her **overall** speaking skill is good.
그녀의 **전반적인** 말하기 능력은 좋은 편이다.

Overall, 10 students will be chosen.
전부 10명의 학생들이 선발될 것이다.

처음부터 끝까지 모든 것(all)을 포함하는 것을 나타내는 말입니다.

1649 +

practical

[prǽktikəl]

형 1. 현실적인, 실제적인 (↔ abstract 추상적인)
2. 실용적인

Do you think it will be a **practical** solution?
그게 **실제적인** 해결책이 될 것 같아요?

School science needs more **practical** experiments.
학교 과학 시간에는 좀 더 **실용적인** 실험이 필요하다.

practice[prǽktis] 명 연습, 훈련

1650

retire

[ritáiər]

동 퇴직하다, 은퇴하다

Mrs. Jones **retires** this year.
존스 부인은 올해 **퇴직하신다.**

retirement[ritáiərmənt] 명 퇴직, 은퇴

일을 그만두는 것이 retire인데, 특히 정년이 되어 그만두는 것을 뜻해요.

Apply, Check & Exercise

Answer Key p.313

A 영어는 우리말로, 우리말은 영어로 쓰세요.

1	firm ________	2	department ________
3	employ ________	4	hire ________
5	inform ________	6	contract ________
7	obtain ________	8	aim ________
9	task ________	10	propose ________
11	sort ________	12	practical ________
13	retire ________	14	설립하다 ________
15	대리점 ________	16	종합적인, 전부 ________
17	지원하다 ________	18	붙이다, 첨부하다 ________
19	요청, 부탁 ________	20	급여, 월급 ________
21	대표하다 ________	22	목적, 의도 ________
23	전략 ________	24	정돈하다 ________
25	동료 ________		

B 다음 빈칸에 알맞은 단어를 쓰세요.

1 found : foundation = 설립하다 : ________
2 company : ________ = 회사 : 회사, 단단한
3 agency : agent = 대리점, 대행사 : ________
4 employ : ________ = 고용하다 : 고용하다
5 inform : ________ = 알리다 : 정보
6 apply : ________ = 지원하다 : 지원, 적용
7 attach : ________ = 붙이다 : 부착, 애착
8 request : ________ = 요청 : 필요로 하다, 요구하다
9 represent : representative = 대표하다 : ________
10 aim : ________ = 목표, 목적 : 목적, 의도
11 propose : ________ = 제안하다 : 제안, 제의
12 practice : ________ = 연습 : 실제적인, 현실적인

C 다음 중 단어의 영영 풀이가 잘못된 것을 있는 대로 고르세요.

① department: one of the major parts of a company
② colleague: a person who tells other workers what to do
③ salary: an amount of money that an employee is paid
④ retire: continue a job or career
⑤ obtain: gain or get something by effort

D 배운 단어를 이용하여 빈칸에 알맞은 말을 넣으세요.

1 이것은 쉬운 과업이 아니다. → This is not an easy ________.
2 그녀는 새로운 전략을 제안하고 있다. → She is proposing a new ________.
3 모든 것이 미리 준비되어야 한다. → All the things should be ________ in advance.
4 그녀는 파일을 분류하기 시작했다. → She started to ________ the files.
5 그는 전체적으로 잘했다. → He did well ________.

Unit 27 소비

판매와 구입

암기 Tip

1651 ++
sell
[sel]
sold-sold

동 **팔다, 판매하다** (↔ buy 사다)

The designer wants to **sell** his clothes online. 그 디자이너는 온라인으로 옷을 **팔고** 싶어한다.

1652 +
purchase
[pə́ːrtʃəs]
철자주의

동 **사다, 구입하다** (= buy) 명 **구입(품)**

Michael **purchased** a new car.
마이클은 새 차를 **구입했다**.

The refrigerator is a wise **purchase**.
그 냉장고는 아주 잘 **사신** 겁니다.

1653 ++
charge
[tʃɑːrdʒ]

동 **1.** (요금을) **청구하다** **2. 고소하다** **3.** (임무를) **맡기다**
명 **1. 요금** **2. 비난, 고발** **3. 책임, 담당**

The shop **charged** $100 for repairs.
상점에서 수리비로 100달러를 **청구했다**.

They **charged** him with dangerous driving.
그들은 그를 난폭 운전 혐의로 **고소했다**.

They were **charged** with deciding where to build a new office.
그들은 새 사무실을 건설할 곳을 결정하는 **임무를 맡았다**.

The **charge** is $22.50. **요금**은 22달러 50센트이다.

이 외에도 '공격하다, 충전하다, 비난하다, 외상으로 사다, 부여하다, 채우다' 등 여러 뜻으로 잘 쓰여요. 매우 중요한 단어이니 독해에 나올 때마다 문맥과 연결지어 잘 알아두기 바랍니다.

1654 ++
spend
[spend]
spent-spent

동 (돈·시간을) **쓰다, 소비하다**

She **spends** a lot of money on vacations.
그녀는 휴가 때 돈을 많이 **쓴다**.

spend는 돈과 시간을 쓰는 것 외에도, 에너지와 노력을 들이는 것을 말하기도 해요.

1655 ++
pay
[pei]

동 **지불하다, 내다** 명 **급료, 보수**

You should **pay** full price for the ticket.
표 값을 전액 **지불하셔야** 합니다.

The work is hard, but the **pay** is good.
그 일은 힘들지만 **보수**는 좋다.

삼성 휴대폰에는 휴대폰 기기로 결제할 수 있는 '삼성페이(Samsung pay)' 기능이 있죠? 지갑이 없어도, 본인 인증만으로 손쉽게 물건을 살 수 있어요.

1656 +

afford

[əfɔ́ːrd]

동 **~할 여유가 있다, ~할 형편이 되다**

Can they **afford** to buy a house?
그들이 주택을 구입할 **여유가 있나요**?

affordable[əfɔ́ːrdəbl] 형 (가격이) 알맞은

afford를 암기할 때, 값비싼 **포드(Ford)** 자동차를 살 수 있는 여유가 있는 내 모습을 그려보아요.

1657 +

worth

[wəːrθ]

형 **~할 가치가 있는** (↔ worthless 쓸모없는)
명 **가치, 값어치**

How much is the first Batman comic **worth**?
배트맨 만화책의 초판본은 얼마만큼의 **가치가 있을까**?

The **worth** of the stocks has increased.
그 주식의 **가치**가 상승해 왔다.

중요하거나, 즐겁거나, 유용하기 때문에 어떤 것을 할 이유가 충분하다는 의미예요.

1658

priceless

[práislis]

형 **값을 매길 수 없는, 귀중한**

Time is free, but it's **priceless**.
시간은 무료지만 **값을 매길 수 없다**.

가격(price)이 없다(less)? 너무 소중해서 '값을 매길 수 없다는' 것이지, '공짜'의 의미는 아니랍니다.

1659 + +

own

[oun]

형 **자기 소유의, 자기 자신의** 동 **소유하다**

She started her **own** business.
그녀는 **자신의** 사업을 시작했다.

소유의 뜻을 강조할 때 쓰이는 말이에요. my cell phone 대신 my own cell phone이라고 하면 '내 소유의 휴대전화'인 것이 강조돼요.

1660 +

consumer

[kənsjúːmər]

명 **소비자**

The **consumer** feedback to the product is good. 그 상품에 대한 **소비자** 반응이 좋다.

consume[kənsúːm] 동 소비하다

'스마트 컨슈머(smart consumer)'는 똑똑한 선택을 하는 소비자를 말해요. 가격과 품질을 꼼꼼히 비교하고, 구매 후기를 참고해 합리적인 소비를 하는 사람이죠.

1661 + +

customer

[kʌ́stəmər]

명 **손님, 고객**

The **customer** bought dresses.
그 **고객**은 드레스를 구입했다.

뉘앙스 customer는 상점에 물건을 보거나 구매를 하러 온 손님을 말해요. guest(손님)는 일반 가정에 초대를 받고 온 사람을 뜻하는 단어고요.

1662 +

client

[kláiənt]

명 **의뢰인, 손님, 고객**

The lawyer spoke with his **client**.
그 변호사는 **의뢰인**과 대화를 나누었다.

The **client** is unhappy with the price.
그 **고객**은 그 가격이 마음에 들지 않는다.

client는 의료, 변호 등의 전문적인 서비스를 의뢰하고 받는 사람을 말해요.

암기 Tip

1663 + +

cost

[kɔ(:)st]

명 1. 값, 비용 2. 노력, 희생, 손실

동 1. (비용·대가가) 들다 2. 희생시키다, 대가를 치르게 하다

This model remains popular for its low **cost**. 이 모델은 저렴한 **가격**으로 인기 있다.

He's going to win, whatever the **cost**.
그는 어떤 **희생**을 치르더라도 이기려고 한다.

How much does this radio **cost**?
이 라디오는 **얼마입니까**?

costly [kɔ́stli] 형 큰 비용이 드는

창고형 할인매장 '코스트코(COSTCO)'를 아시나요? 일반 도소매점보다 훨씬 저렴한 비용의 상품을 만날 수 있는 곳이죠.

1664

allowance

[əláuəns]

명 1. 용돈 2. 허용량

I wash dishes for my **allowance**.
나는 **용돈**을 벌기 위해 설거지를 한다.

Passengers' baggage **allowance** is 20 kilos per person.
승객 수하물 **허용량**은 1인당 20 킬로그램이다.

allow [əláu] 동 허락하다, 허용하다

부모님께서 허락(allow)해주신 돈이 바로 용돈(allowance)이죠.

1665

reasonable

[rí:zənəbl]

형 1. 합리적인 2. (가격이) 적정한

Her idea sounds **reasonable**.
그녀의 아이디어는 **합리적인** 것 같다.

The store's prices are **reasonable**.
그 상점의 가격은 **적정하다**.

어떤 것을 합리적(reasonable)으로 결정하기 위해서는, 타당한 이유(reason)가 있어야겠죠?

1666 +

product

[prádʌkt]

명 생산품, 상품

Color is important in **product** design.
색상이 **제품** 디자인에 있어 중요하다.

produce [prədjú:s] 동 생산하다, 제조하다
production [prədʌ́kʃən] 명 생산, 제조

1667 +

option

[ápʃən]

명 선택할 수 있는 것, 옵션, 선택권 (= choice)

Your **options** are unlimited.
네 **선택**에는 제한이 없어.

optional [ápʃənəl] 형 선택적인

뉘앙스 option은 선택(choice) 그 자체라기보다는 어떤 상황에서 선택할 수 있는 여지를 말하는 거예요. 선택하기 전에 option을 잘 고려해야 하지요.

1668 +

discount

[dískaunt]

동 할인하다 명 할인

Wow! This is a huge **discount**!

와! 엄청난 **할인**이야!

어원 dis-(= down) + count(= 계산하다) → 줄여서 계산하다 → 할인하다

1669

lower

[lóuər]

동 낮추다, 내리다 형 더 낮은

Here are tips to **lower** the cost of college.

대학 교육 비용을 **줄이기** 위한 팁이 여기 있다.

가격, 비용, 소비를 줄이거나 물건을 내리는 것을 말해요.

1670

guarantee

[gæ̀rəntíː]

철자주의

동 1. 품질을 보증하다 2. 보장하다

We **guarantee** the quality of our products.

우리는 우리 제품의 **품질을 보증한다**.

Money doesn't **guarantee** a happy life.

돈이 행복한 생활을 **보장하지는** 않는다.

개런티(guarantee)는 배우나 연기자들이 드라마, 영화, 방송 등의 작품에 출연할 때 받는 출연료를 의미하기도 해요.

1671 +

quality

[kwɑ́ləti]

명 1. 질(質), 품질 2. 양질, 고급 3. 특성, 자질

The restaurant serves food of high **quality**.

그 레스토랑은 고**품질**의 음식을 제공한다.

We offer **quality** at a reasonable price.

우리는 비싸지 않은 가격에 **고급 가치**를 제공한다.

Honesty is a desirable **quality**.

정직은 바람직한 **자질**이다.

품질보증 마크를 본 적이 있나요? 저렇게 크게 'Q'라고 쓰여 있는 것이 바로 'Quality'의 약자랍니다.

1672 +

package

[pǽkidʒ]

명 1. 소포, 꾸러미 2. 포장용 상자, 포장물

The mailman left a **package** for you.

우체부가 당신에게 **소포**를 남겼다.

There is a **package** of meat on the table.

고기 한 **상자**가 테이블 위에 있다.

1673 + +

deliver

[dilívər]

동 1. 배달하다 2. (연설·강연을) 하다

Can you **deliver** this box to my house?

이 상자를 집으로 **보내주실** 수 있나요?

She will **deliver** the speech tomorrow.

그녀는 내일 **연설을 할** 것이다.

delivery [dilívəri] 명 배달

우편이나 상품 배달뿐 아니라, 우리가 잘 시켜 먹는 피자나 자장면 배달도 전부 delivery예요.

1674 + +

exchange

[ikstʃéindʒ]

동 **1. 교환하다 2. 환전하다**

명 **1. 교환, 주고받기 2. 환전**

Please **exchange** this purchase for me.
이 구입품을 **교환해** 주세요.

Did you **exchange** any money before your trip? 당신은 여행 전에 **환전을** 했습니까?

change(바꾸다)에 ex-를 붙여 '서로 바꾸다, 교환하다'의 뜻이 됐다고 기억해 보세요.

1675

refund

명사 [rífʌnd]
동사 [ri:fʌ́nd]

명 **환불** 동 **환불하다**

This toy is broken. I want a **refund**.
장난감이 망가졌어요. **환불**받고 싶어요.

The manager **refunded** my money.
매니저가 내 돈을 **환불해 주었다**.

어원 re-(= back) + fund(= pour) → 받은 것을 다시 쏟아내다 → 환불하다

Apply, Check & Exercise

Answer Key p.313

A 영어는 우리말로, 우리말은 영어로 쓰세요.

1	sell	______	2	spend	______
3	pay	______	4	worth	______
5	own	______	6	customer	______
7	cost	______	8	product	______
9	option	______	10	discount	______
11	quality	______	12	package	______
13	exchange	______	14	구입하다, 사다	______
15	(요금을) 청구하다	______	16	~할 여유가 있다	______
17	값을 매길 수 없는	______	18	소비자	______
19	의뢰인, 고객	______	20	용돈, 허용량	______
21	(가격이) 적정한	______	22	낮추다, 내리다	______
23	품질을 보증하다	______	24	배달하다	______
25	환불	______			

B 다음 빈칸에 알맞은 단어를 쓰세요.

1 afford : affordable = ~할 여유가 있다 : ____________

2 worthless : priceless = 쓸모없는 : ____________

3 customer : client = 손님, 고객 : ____________

4 cost : ____________ = 비용 : 큰 비용이 드는

5 product : ____________ = 생산품 : 생산하다

6 option : optional = 선택권 : ____________

7 deliver : ____________ = 배달하다 : 배달

8 sell : purchase = 판매하다 : ____________

9 pay : charge = 지불하다 : ____________

10 exchange : refund = 교환하다 : ____________

C 다음 중 단어의 영영 풀이가 잘못된 것을 있는 대로 고르세요.

① allowance: a small amount of money that is given to children

② quality: how good or bad something is

③ spend: use money to pay for something

④ consumer: a person who sells goods and services

⑤ reasonable: too expensive

D 배운 단어를 이용하여 빈칸에 알맞은 말을 넣으세요.

1 그 상점은 10% 할인을 제공하고 있다. → The shop is offering a 10% ____________.

2 당신의 소포가 오늘 아침에 도착했다. → A ____________ arrived for you this morning.

3 우리는 가격을 낮추어야 할 거 같다. → I think we should ____________ the price.

4 자신의 장비를 가져오셔야 해요. → You should bring your ____________ equipment.

5 그 가구는 가치가 거의 없다. → The furniture was of little ____________.

6 우리 제품에 아주 만족하실 거라고 보장합니다.
→ I ____________ you'll love our products.

Unit 28 경제와 금융

경제 용어

암기 Tip

1676 +
supply
[səplái]
supplied-supplied

동 **공급하다** 명 **공급** (↔ demand 수요)

They **supply** the engines to a foreign company.
그들은 한 외국 회사에 엔진을 **공급한다**.

Our rice **supply** is running low.
우리의 쌀 **공급**이 부족해져 간다.

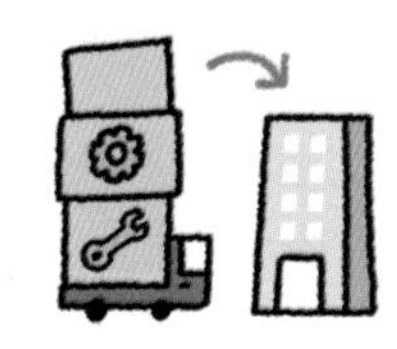

1677 +
demand
[dimǽnd]

명 **1. 요구 2. 수요** 동 **요구하다**

The store tried to meet the customer's **demands.** 그 상점은 고객의 **요구**를 들어주려고 했다.

Our new product is in great **demand.**
우리 신제품은 **수요**가 많다.

The angry customer **demanded** a refund.
화가 난 고객이 환불을 **요구했다**.

우리말로는 '수요와 공급'이 더 자연스럽지만 영어로 표현할 때는 supply and demand가 더 자연스러워요.

1678 +
decline
[dikláin]

동 **감소하다** (= decrease) 명 **감소** (↔ rise 상승)

CD sales **decline** every year.
CD 매출이 매년 **감소한다**.

Book sales have been on the **decline**.
도서 판매량이 **감소해** 왔다.

어휘 decline과 decrease는 어떤 수치가 줄어든다는 의미에서는 거의 차이 없이 쓰이는 단어예요. de-에는 기본적으로 down의 의미가 있어요.

1679
stable
[stéibl]

형 **안정적인, 안정된** (↔ unstable 불안정한)

The company's growth is **stable**.
그 기업의 성장률이 **안정적**이다.

'sta'에서 'stand'를 떠올려 보세요. 움직이지 않고 서 있는 모습으로, 확고하고 안정된 모습이죠.

1680
steady
[stédi]

형 **1. 꾸준한 2. 안정된, 고정적인**

The company is enjoying **steady** growth.
그 회사는 **꾸준한** 성장을 누리고 있다.

Johnny now has a **steady** job.
조니는 현재 **안정적인** 직업이 있다.

스테디셀러(steady seller)라는 말을 들어보았나요? 유행을 타지 않고 오랜 기간에 걸쳐 꾸준히, 끊임없이 잘 팔리는 물건들을 지칭하는 말입니다.

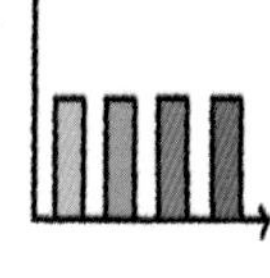

1681
estimate
명사 [éstimət]
동사 [éstimèit]

명 **추정(치), 평가, 견적**
동 **추정하다, 평가하다, 견적하다**

These figures are only a rough **estimate**.
이 수치들은 대략적인 **추정치**일 뿐이다.

Can you **estimate** the mountain's height?
저 산의 높이를 **추정해 볼** 수 있어?

가격이나 가치 등을 어림잡아 평가하는 것을 말해요.

1682 +
export
동사 [ikspɔ́ːrt]
명사 [ékspɔːrt]

동 **수출하다** (↔ import 수입하다)
명 **수출품**

Colombia **exports** lots of coffee.
콜롬비아는 커피를 많이 **수출한다**.

Venezuela's top **export** is oil.
베네수엘라의 주요 **수출품**은 석유이다.

어원 짐꾼을 porter(포터)라고 하듯이, port는 '운반하다'라는 의미가 있어요. 그것이 각각 im-(안으로), ex-(밖으로)와 합쳐져서 된 말이지요. 수입하다(import)는 사서 안으로 들어오는 것이고, 수출하다(export)는 밖으로 내다 파는 것을 뜻해요.

1683
output
[áutpùt]

명 **생산량, 산출량**

The company's oil **output** last year was low. 그 기업의 지난해 석유 **생산량**은 저조했다.

밖(out)으로 내놓는(put) 것이므로 '생산량, 산출량'이 되죠.

1684
possess
[pəzés]

동 **소유하다, 가지다** (= have 가지다)

Argentina **possesses** lots of gold.
아르헨티나는 막대한 금을 **보유하고 있다**.

possession [pəzéʃən] 명 소유, 소유물

뉘앙스 have는 '가지다'라는 뜻의 가장 일반적인 단어예요. possess는 '주로 소중한 것이나 특이한 것을 소유하다'라는 의미로 누군가의 소유라는 느낌이 강조되는 격식체 표현이랍니다.

1685 +
potential
[pəténʃəl]

형 **가능성이 있는, 잠재적인**
명 **가능성, 잠재력**

The project has **potential** risks.
그 프로젝트는 **잠재적인** 위험성이 있다.

The young man has lots of **potential**.
그 젊은이는 **가능성**이 많다.

'포텐(potential) 터진다', '포텐이 있다'라는 말을 들어본 적 있나요? 가능성과 잠재력이 있다는 말로 쓰이지만 올바른 표현은 아니에요.

1686 +
target
[táːrgit]

명 **1. 목표, 대상 2. 표적, 과녁**

We raised enough money to reach our **target**. 우리는 **목표**에 도달할 만큼 충분한 금액을 마련했다.

1687
burden
[bə́ːrdən]

명 **부담, (무거운) 짐**

Paying for college is a big **burden**.
대학 학자금을 대는 것은 큰 **부담**이다.

혼자 들기엔 버(bur)거운 짐이 든(den) 가방을 떠올려봐요.

1688
fake
[feik]

형 **가짜의, 모조의**

The painting turned out to be **fake**.
그 그림은 **가짜로** 밝혀졌다.

진품이 아닌 가품을 fake goods라고 해요. 또 '스포츠 경기에서 '페이크(fake)를 쓴다'라는 말은 상대 선수를 속이기 위해 하는 가짜 움직임이죠.

돈, 자금

암기 Tip

1689 +
finance
[fáinæns]

명 **1. 재정, 금융 2. 자금**

Finance means working with money.
금융이란 돈으로 하는 일을 뜻한다.

The store closed due to a lack of **finances**.
그 가게는 **자금** 부족으로 문을 닫았다.

financial[finǽnʃəl] 형 재정의, 금융의

파이낸스(finance)라는 명칭을 사용하는 금융 관련 회사나 건물이 많아요. 파이낸스 센터는 주로 금융 회사들이 모여있는 곳이죠.

1690 +
fund
[fʌnd]

명 **기금, 자금**

The schools are supported with government **funds**.
그 학교들은 정부 **기금**을 지원받는다.

'기금'이란 어떤 목적이나 사업, 행사에 쓰이는 기본적인 자금을 말해요.

1691 +
budget
[bʌ́dʒit]

명 **예산, 예산안**

The **budget** has money for building a new library. 그 **예산**은 새로운 도서관을 짓는 돈을 포함한다.

1692 +
fortune
[fɔ́:rtʃən]

명 **1. 운, 행운** (↔ misfortune 불운) **2. 재산, 부**

It brought good **fortune** into my life.
그것이 내 인생에 **행운**을 불러왔다.

The company's CEO made a **fortune**.
그 회사의 CEO는 많은 **재산**을 모았다.

fortunate[fɔ́:rtʃənət] 형 행운의, 운 좋은 (= lucky 운 좋은)

fortune cookies를 아나요? 이 쿠키를 반으로 쪼개면 운세나 격언이 적힌 기다란 종이가 나와요. 사람에게는 여러 운이 있는데 그중 하나가 재산이겠지요?

1693 +
property
[prápərti]

명 **재산, 소유물**

The house is Jimmy's **property**.
그 집은 지미의 **재산**이다.

주로 부동산 형태의 재산을 뜻하는 경우가 많아요.

1694 +
income
[ínkʌm]

명 **소득, 수입** (↔ expense 돈, 비용)

The man receives his **income** weekly.
그는 **소득**을 주급으로 받는다.

안(in)으로 들어오는(come) 것이죠. 집 안으로 들어오는 것이므로 개인의 '소득'이 되네요.

1695 +
rent
[rent]

명 **집세, 방세**
동 **1. 세를 얻다, 빌리다 2. 세를 놓다, 임대하다**

The **rent** in a big city is expensive.
대도시의 **집세**는 비싸다.

We **rented** a car when we went to Jeju.
제주도에 갔을 때 우리는 차를 한 대 **빌렸다**.

They **rented** their cottage to friends.
그들은 별장을 친구들에게 **임대해 주었다**.

'△△ 렌터카'라는 말을 들어보았나요? rent a car를 렌터카로 부르는 것입니다.

은행, 기타 금융

암기 Tip

1696 +
account
[əkáunt]

명 **1. 계좌 2.** (정보 서비스) **계정**
동 **설명하다**

He opened a new **account** at the bank.
그는 은행에서 신규 **계좌**를 개설했다.

I use two separate e-mail **accounts**.
나는 두 개의 별도 이메일 **계정**을 사용한다.

I can't **account** for where I was.
나는 내가 어디에 있었는지 **설명할** 수가 없다.

은행이나 인터넷 사이트 등과 거래를 하려고 만드는 개인 고유의 번호나 주소를 말해요.

1697 +
credit
[krédit]

명 **신용, 신뢰** 동 **믿다, 신용하다**

The **credit** limit on my card is two million won. 내 카드의 **신용** 한도는 200만 원이다.

We found his statement hard to **credit**.
우리는 그의 진술이 **믿기** 어렵다는 것을 알게 되었다.

신용카드 = credit card

1698 +
invest
[invést]

동 (수익을 위해) **투자하다**

Learn how to **invest** your money wisely.
돈을 현명하게 **투자하는** 법을 배워라.

investment[invéstmənt] 명 투자, 투자액, 투자물

1699 +

loss

[lɔ(:)s]

명 **1. 손실, 분실 2.** (금전적) **손해**

The U.S. stock market suffered its largest **loss** in 3 months.
미 주식 시장이 3개월 만에 가장 큰 **손실**을 보았다.

The company's **losses** were higher than expected.
그 회사의 **손해액**은 예측했던 것보다 많았다.

lose [lu:z] 동 잃다, 상실하다
lost [lɔ(:)st] 형 분실한

loss는 단순히 물건을 분실한 것부터 사람의 죽음, 인명 손실, 시합에서의 패배까지 모두 쓸 수 있어요.

1700

outcome

[áutkʌ̀m]

명 **결과** (= result 결과)

What was the **outcome** of the discussion?
논의 **결과**가 무엇이었나요?

밖(out)으로 나온(come) 것으로 '결과, 성과'라는 뜻이죠. outcome은 주로 회의, 선거 등 끝까지 결과를 알 수 없을 때 쓰여요.

Apply, Check & Exercise

Answer Key p.314

A 영어는 우리말로, 우리말은 영어로 쓰세요.

1	demand	______	2	stable	______
3	export	______	4	output	______
5	target	______	6	fake	______
7	fund	______	8	credit	______
9	income	______	10	rent	______
11	invest	______	12	loss	______
13	outcome	______	14	공급	______
15	감소하다	______	16	꾸준한, 안정된	______
17	추정치	______	18	소유하다	______
19	잠재적인, 잠재력	______	20	부담, 짐	______
21	재정, 자금	______	22	예산	______
23	행운, 재산	______	24	계좌	______
25	소유물, 재산	______			

B 다음 빈칸에 알맞은 단어를 쓰세요.

1 supply : ____________ = 공급 : 수요

2 stable : ____________ = 안정적인 : 불안정한

3 export : ____________ = 수출 : 수입

4 possess : ____________ = 소유하다 : 소유, 소유물

5 finance : financial = 재정, 금융 : ____________

6 expense : ____________ = 비용: 소득, 수입

7 fund : budget = 기금 : ____________

8 invest : ____________ = 투자하다 : 투자

9 lose : ____________ = 잃다 : 손실, 손해

10 fortune : fortunate = 운, 행운 : ____________

C 다음 중 단어의 영영 풀이가 잘못된 것을 있는 대로 고르세요.

① decline: become larger in amount

② steady: held firmly in one place or position

③ fake: not true or real

④ output: the amount of something that is used by a person

⑤ potential: capable of becoming real

D 배운 단어를 이용하여 빈칸에 알맞은 말을 넣으세요.

1 그 회사는 10% 성장 목표를 달성했다.

→ The company met its ____________ of 10% growth.

2 그녀는 집에서 무거운 경제적 부담을 지고 있다.

→ She has heavy financial ____________ at home.

3 비용을 추정하기가 어렵다. → It's difficult to ____________ the cost.

4 그 도서관은 공공 소유물(재산)이다. → The library is public ____________.

Unit 29 과학과 기술

과학 기술 및 관련 용어

암기 Tip

1701
scientific
[sàiəntífik]

형 과학의, 과학적인

Scientific knowledge is important in today's world.
과학적 지식은 오늘날 세계에서 중요하다.

science[sáiəns] 명 과학

1702 + +
technology
[teknálədʒi]

명 과학 기술

Technology makes our lives faster.
과학 기술이 우리 생활을 더 빠르게 한다.

technological[tèknəládʒikəl] 형 과학 기술의

어원 techn(o)-(= skill) + -logy(= 학문) → 기술에 대한 학문 → 과학 기술

1703 +
technique
[tekní:k]

명 기술, 기법, 테크닉

The team developed a new **technique**.
그 팀이 신**기술**을 개발했다.

technical[téknikəl] 형 기술적인
technician[tekníʃən] 명 기술자

techno-에는 '기술'이라는 뜻이 있어요. 테크노밸리, 테크노파크, 테크노마크 등 모두 '기술'과 관련된 장소죠.

1704
artificial
[à:rtəfíʃəl]

형 인공적인, 인조의 (↔ natural 자연스러운)

The city park has an **artificial** lake.
그 도시 공원에는 **인공** 호수가 있다.

인공지능 AI는 Artificial Intelligence의 약어예요.

1705 +
electric
[iléktrik]

형 전기의, 전기를 이용하는

The **electric** heater glowed red.
전기 히터가 빨갛게 빛났다.

electricity[ilektrísəti] 명 전기, 전력

일렉(트릭) 기타라는 말을 들어보았나요? electric guitar를 줄인 말로 전기를 연결해 연주하는 기타를 말해요.

1706 + +

digital

[dídʒətl]

형 디지털의, 디지털 방식을 쓰는

They used **digital** technology in their new project.
그들은 새 프로젝트에서 **디지털** 기술을 사용했다.

digital의 digit는 사람의 손가락을 의미한답니다. 손가락으로 숫자를 셀 때, 하나하나를 딱 떨어지게 셀 수 있죠. 다시 말해, 디지털은 어떤 값을 딱 떨어지게 표시하는 것으로, 디지털시계는 바늘이 없이 숫자로만 표시가 돼죠.

1707

access

[ǽkses]

명 접근, 출입 동 접근하다

This building has **access** to the Internet.
이 건물은 인터넷 **접속**이 가능하다.

The system makes it easier to **access** the money in your account.
그 시스템은 계좌의 돈에 좀 더 쉽게 **접근할** 수 있게 해준다.

accessible[əksésəbl] 형 접근 가능한

컴퓨터를 하다 보면 '액세스(access)할 수 없습니다'라는 창이 뜰 때가 있죠? 말 그대로 파일이나 프로그램에 접근, 접속할 수 없다는 뜻이에요.

1708 + +

energy

[énərdʒi]

명 에너지, 활기, 기운

Our bodies change food into **energy**.
우리 몸은 음식물을 **에너지**로 바꾼다.

energetic[ènərdʒétik] 형 활동적인

'레드불', '핫식스'와 같은 에너지드링크는 피곤할 때 힘(energy)과 영양 보급을 목적으로 판매되는 음료지만, 카페인 함량이 매우 높으므로 가급적 마시지 않는 게 건강에 좋아요.

1709 +

function

[fʌ́ŋkʃən]

명 기능, 작용
동 1. 기능을 하다 2. (기계가) 작동하다

What **functions** do these programs serve?
이 프로그램들은 무슨 **기능**을 제공하나요?

My flashlight does not **function** well.
내 손전등이 제대로 **작동하지** 않는다.

과학 기술 발전

암기 Tip

1710 +

develop

[divéləp]

동 1. 성장시키다, 발전시키다 2. 개발하다

The country has **developed** its economy around tourism.
그 나라는 관광과 관련된 경제를 **발전시켜** 왔다.

The company **developed** a robotic car.
그 회사가 로봇 자동차를 **개발했다**.

development[divéləpmənt] 명 1. 성장, 발달 2. 개발

1711 +

progress

명사 [prɑ́gres]
동사 [prəgrés]

명 1. 진행, 전진 2. 진보, 향상, 발달
동 1. 진행하다, 전진하다 2. 발달하다

They watched the ship's slow **progress**.
그들은 배가 천천히 **전진**하는 것을 바라보았다.

Science and industry make **progress**.
과학과 산업은 **진보**한다.

The storm **progressed** into a hurricane.
그 폭풍이 허리케인으로 **발달하였다**.

어원 pro-는 '앞에'라는 의미가 있어요. 앞으로 나아간다는 뜻의 단어겠죠?

1712 +

advance

[ədvǽns]

명 1. 전진 2. 진보 동 전진시키다

They continued their **advance** on the capital city. 그들은 수도를 향한 **전진**을 계속했다.

The **advance** of technology is good and bad. 기술의 **진보**에는 장단점이 있다.

China has **advanced** remarkably.
중국은 놀랄 만큼 **진보해** 왔다.

advanced [ədvǽnst] 형 진보한

어원 스페인어로 '앞으로'를 뜻하는 avante는 자동차 이름으로도 쓰이고 있죠. 이 avante는 역시 같은 뜻의 라틴어 abante에서 나온 말이고 advance도 여기서 유래하여 '앞으로 가다'란 뜻이 되었어요.

1713 ++

improve

[imprú:v]

동 개선하다, 나아지다, 향상시키다

Modern technologies have **improved** our lives. 현대 기술이 우리 삶을 **개선시켜** 왔다.

improvement [imprú:vmənt] 명 개선, 향상

1714 +

invent

[invént]

동 발명하다

Edison **invented** the light bulb.
에디슨은 전구를 **발명했다**.

invention [invénʃən] 명 발명품

뉘앙스 invent(발명하다)는 이전에는 없었던 것을 고안하거나 만들어 내는 것을 뜻해요. discover(발견하다)는 이전에 몰랐던 것을 알아낸 것이고요.

1715 +

adapt

[ədǽpt]

동 1. 맞추다, 조정하다 2. 적응하다

The camera has been **adapted** for underwater use. 그 카메라는 수중용으로 **조정되었다**.

You have to learn to **adapt** to change.
변화에 **적응하는** 법을 배워야 한다.

변화시켜서 새로운 상황 등에 맞추는 것을 의미해요.

1716

combine

[kəmbáin]

동 1. 결합하다 (= mix 섞다) 2. 겸하다, 겸비하다

They decided to **combine** both methods.
그들은 두 가지 방식을 **결합하기로** 결정했다.

It is difficult to **combine** a career and family. 직장과 가정 생활을 **겸하는** 것은 어렵다.

combination [kɑ̀mbənéiʃən] 명 결합, 조합

'콤비네이션(combination) 피자'를 먹어본 적이 있나요? 이것저것 많은 재료가 결합된(combined) 피자랍니다.

1717

replace

[ripléis]

동 1. 대신하다, 대체하다 2. 바꾸다, 교체하다

Cars **replaced** horses and wagons.
자동차가 말과 마차를 **대체했다**.

They recently **replaced** the old system.
그들은 최근에 그 오래된 시스템을 **교체했다**.

똑같은 장소에 같은 것을 다시(re-) 놓는(place) 것도 replace이고, 다른 물건으로 교체해서 놓는 것도 replace입니다.

1718

transform

[trænsfɔ́ːrm]

동 변형시키다, 탈바꿈시키다

Caterpillars **transform** into butterflies.
애벌레는 나비로 **탈바꿈한다**.

영화 <트랜스포머(Transformer)>에 등장하는 로봇은 자유자재로 승용차나 대형 트럭, 헬리콥터로 변신할 수 있죠.

1719 ++

impossible

[impɑ́səbl]

형 불가능한 (↔ possible 가능한)

Change is hard, but not **impossible**.
변화란 힘들지만, **불가능한** 것은 아니다.

톰 크루즈가 나오는 '미션 임파서블(Mission: Impossible)'은 주인공이 불가능한 미션을 척척 수행해 내는 아주 긴박감 넘치는 영화예요.

발전의 결과

암기 Tip

1720 ++

effect

[ifékt]

명 영향, 효과, 결과 (↔ cause 원인)

The **effect** of TV violence is unclear.
텔레비전에 나오는 폭력에 대한 **영향**은 분명하지 않다.

effective [iféktiv] 형 효과적인

어원 ef-(= out) + -fec(t)(=make) → 만들어진 것이 밖으로 드러나는 것 → 효과, 결과

1721 ++

result

[rizʌ́lt]

명 결과, 결실 동 결과로서 생기다

A different approach might produce some interesting **results**.
다른 접근법이 흥미로운 **결과**를 낳을 수도 있다.

뉘앙스 드라마의 결말이 어떻게 되었는지를 이야기할 때는 result 대신 ending 등의 단어를 사용합니다. '결과'란 어떤 특정한 원인 때문에 일어난 일을 말하는 것이거든요.

1722 +

ease

[iːz]

명 1. 쉬움 2. 편안함, 안정

동 1. 편해지다 2. (고통 등을) 덜다

The program is known for its **ease** of use.
그 프로그램은 **쉽게** 사용할 수 있다고 알려져 있다.

James has lived a life of **ease**.
제임스는 **편안한** 삶을 살아왔다.

The nurse will give you something to **ease** the pain. 간호사가 통증을 **완화시킬** 만한 것을 줄 것입니다.

easy [íːzi] 형 쉬운

시험이 **쉬우면** 마음도 **편안해**지지요.

1723
widespread
[wáidsprèd]

형 **광범위한, 널리 퍼진**

Whether the technology will gain **widespread** use is uncertain.
그 기술이 **광범위하게** 사용될 것인지는 불확실하다.

넓게(wide) 퍼지는(spread) 것이니까 광범위(widespread)한 거죠.

1724 +
accurate
[ǽkjərət]

형 **정확한, 정밀한** (= correct 정확한)

The numbers on the graph are **accurate**.
그 그래프의 숫자는 **정확하다**.

뉘앙스 accurate은 수치를 측정하거나, 목표물을 맞출 때의 정확성을 의미하지만, correct는 정답/오답, 사실/거짓 등에 대한 정확함을 나타낼 때 쓴답니다.

1725 +
specific
[spisífik]

형 **1. 특정한** (↔ general 일반적인) **2. 구체적인**

You can choose a **specific** date.
특정한 날짜를 고르실 수 있습니다.

The public expects more **specific** answers from him.
대중은 그로부터 좀 더 **구체적인** 대답을 기대하고 있다.

special(특별한)과 모양이 비슷하죠? specific은 '특별히 정한'이란 뜻이랍니다.

Apply, Check & Exercise

Answer Key p.314

A 영어는 우리말로, 우리말은 영어로 쓰세요.

1	electric	______	2	digital	______
3	energy	______	4	function	______
5	develop	______	6	advance	______
7	invent	______	8	combine	______
9	replace	______	10	effect	______
11	ease	______	12	result	______
13	artificial	______	14	과학적인	______
15	과학 기술	______	16	테크닉, 기법	______
17	접근, 출입	______	18	진행, 진보	______
19	개선하다	______	20	조정하다, 적응하다	______
21	변형시키다	______	22	불가능한	______
23	광범위한	______	24	정확한	______
25	특정한	______			

B 다음 빈칸에 알맞은 단어를 쓰세요.

1 science : scientific = 과학 : ________

2 technique : ________ = 기술 : 기술적인

3 natural : ________ = 자연적인 : 인공적인

4 electric : ________ = 전기의 : 전기, 전력

5 access : accessible = 접근 : ________

6 develop : ________ = 발전시키다 : 성장, 발달

7 progress : advance = 진행, 진보 : ________

8 effect : ________ = 효과 : 결과

9 easy : ________ = 쉬운 : 쉬움, 편안함

10 specific : general = 특정한 : ________

C 다음 중 단어의 영영 풀이가 잘못된 것을 있는 대로 고르세요.

① technology: the use of science in industry

② impossible: able to be done or to happen

③ energy: ability to be active

④ function: the special activity for which a thing is used

⑤ improve: make something worse

D 배운 단어를 이용하여 빈칸에 알맞은 말을 넣으세요.

1 그들은 가스가 덜 드는 차를 발명하려고 노력하고 있다.

→ They are trying to ________ cars that need less gas.

2 그들이 새 학교에 적응하는 데는 시간이 좀 걸린다.

→ It takes them a while to ________ to the new school.

3 그것들을 함께 큰 그릇에 섞으세요.

→ Please ________ them together in a large bowl.

4 디지털 이미지를 컴퓨터에 전송하세요.

→ Transfer ________ images to your computer.

Unit 30 자연과 환경

자연

암기 Tip

1726 +
cliff
[klif]

명 **절벽, 낭떠러지**

Do not take photos next to the **cliff**. It's dangerous.
절벽 근처에서 사진을 찍지 마세요. 위험합니다.

영화제목으로도 쓰인 Cliffhanger(클리프행어)는 직역하면 '절벽에 매달린 사람'이지만 '손에 땀을 쥐게 하는 상황'을 뜻하는 말이랍니다.

1727 ++
coast
[koust]

명 **해안, 연안, 바닷가**

The king sent ships to explore the **coast** of Africa. 왕은 아프리카 **해안**을 탐험하기 위해 배를 보냈다.

뉘앙스 beach는 모래와 자갈로 덮인 해변을 뜻해요. coast는 바다 옆에 있는 육지인 해안을 말해서 조금 차이가 있어요.

1728 ++
pole
[poul]

명 **1.** (지구의) **극 2. 기둥, 막대기**

Penguins live near the South **Pole**.
펭귄은 남**극** 근처에 산다.

A squirrel climbed up the **pole**.
다람쥐가 **기둥**을 타고 올라갔다.

polar [póulər] 형 북[남]극의, 극지의

코카콜라 광고에 자주 등장하는 북극곰이 polar bear지요. 환경오염으로 멸종 위기에 처해 있는 대표적인 동물이랍니다.

1729 +
shore
[ʃɔːr]

명 (바다·호수·강의) **기슭, 물가**

The fish is found near the **shores** of Australia.
그 물고기는 호주의 **기슭** 근처에서 발견된다.

'기슭'은 바다나 강 따위의 물과 닿아 있는 땅을 말해요.

1730 +
tropical
[trápikəl]

형 **열대의, 열대 지방의**

Tropical countries are hot and wet.
열대 국가들은 덥고 습하다.

'트로피카나(tropicana)'라는 음료가 있죠? 열대 지방의 과일처럼, 과즙의 달콤함과 톡 쏘는 탄산의 청량감을 동시에 즐길 수 있어요.

1731
bush
[buʃ]

명 **관목, 덤불**

Some birds made their nest in that **bush**.
새 몇 마리가 저 **덤불**에 둥지를 틀었다.

가지는 많지만 키는 나무보다 작은 식물을 뜻해요.

1732 + +
flow
[flou]

명 **흐름** 동 **흐르다**

The **flow** of cars stopped.
차들의 **행렬**이 멈췄다.

The river **flows** beside the trees.
수목 옆으로 강물이 **흐른다**.

1733 +
shade
[ʃeid]

명 **1. 그늘, 그늘진 곳 2. 빛 가리개,** (전등의) **갓**

It's too hot. Let's find some **shade**.
너무 더워. **그늘**을 찾아보자.

I bought a sun **shade** for the car window.
나는 차창용 햇**빛 가리개**를 샀다.

물체가 햇빛을 가려서 어두운 부분을 그늘(shade)이라고 하고, 햇빛이 물체를 비추어 반대편에 생긴 어두운 것을 그림자(shadow)라고 한답니다. 비슷하면서도 다르죠?

1734 +
reflect
[riflékt]

동 **반사하다, 비추다**

Black things don't **reflect** light.
검은색 물체는 빛을 **반사하지** 않는다.

The movie **reflects** our changing lives.
그 영화는 변화해 가는 우리의 삶을 **반영한다**.

reflection [riflékʃən] 명 1. (거울에 비친) 상 2. 반사

어원 re-(= back) + -flect(= bend), 다시 굽는 것이므로 빛을 '반사하다'라는 의미가 돼요.

자원

암기 Tip

1735 +
resource
[ríːsɔːrs]

명 **자원**

The sun is a good energy **resource**.
태양은 훌륭한 에너지**원**이다.

땅속에 묻혀 있는 석유나 광석뿐만 아니라 사람의 능력도 자원이 될 수 있어요.

1736 +
source
[sɔːrs]

명 **1. 원천, 근원 2. 출처**

We need to find new **sources** of energy.
새로운 에너지**원**을 찾아야 한다.

List all your **sources** at the end of your paper. 논문 끝에 **출처**를 모두 나열하세요.

source는 사물의 원천, 연구나 집필을 위한 자료, 뉴스의 정보원, 문제의 근원 등을 모두 말해요.

1737 +

coal

[koul]

명 석탄

Now **coal** exports are smaller.

현재는 **석탄** 수출이 감소하고 있다.

1738 +

fuel

[fjú(:)əl]

명 연료

The car is low on **fuel**.

차에 **연료**가 부족하다.

요즘은 연료 효율이 좋은 저연비의 자동차가 인기가 많아요. 이러한 차를 fuel-efficient car라고 합니다.

1739 +

electricity

[ilektrísəti]

명 1. 전기 2. 전력

Suddenly, the **electricity** went out.

갑자기 **전기**가 나갔다.

Solar energy is used to produce **electricity**.

태양 에너지는 **전력**을 생산하기 위해 사용된다.

1740 +

oxygen

[áksidʒən]

명 산소

Humans need **oxygen** to survive.

인간이 생존하려면 **산소**가 필요하다.

과학 참고서 <오투>는 Oxygen(산소)의 원소 기호 O_2를 소리 내 읽은 거죠.

1741 +

lack

[læk]

명 부족, 결핍

The world has a **lack** of chocolate now.

세계는 지금 초콜릿 **부족** 상태이다.

1742 ++

disappear

[dìsəpíər]

동 사라지다 (↔ appear 나타나다)

Frogs have been **disappearing** worldwide.

전 세계적으로 개구리가 **사라져** 가고 있다.

어원 dis-(= not) + appear(= 나타나다) → disappear(사라지다)

1743 +

clay
[klei]

명 **점토, 찰흙**

Janis made a frog out of **clay** in art class.
재니스는 미술 시간에 **점토**로 개구리를 만들었다.

'클레이 공예'는 점토를 사용해서 다양한 조형물을 만드는 점토공예의 한 분야로 사람들에게 취미로 인기가 많죠.

환경 보호

암기 Tip

1744

ecosystem
[íːkousistəm]

명 **생태계**

The island has a very complex **ecosystem**.
그 섬은 매우 복잡한 **생태계**를 갖고 있다.

지구에서 생물이 살아가는 세계를 말해요. 생물들은 서로에게 영향을 주고받고, 주위 환경과도 영향을 주고받으며 살아가죠.

1745 +

surround
[səráund]

동 **둘러싸다, 에워싸다**

The town is **surrounded** by rivers.
그 마을은 강으로 **둘러싸여** 있다.

surrounding [səráundiŋ] 형 인근의, 주위의

surrounding에 -s가 붙으면 '환경'이라는 뜻이 돼요. surroundings는 어떤 곳이나 사람을 둘러싸고 있는 물리적인 환경을 말해요.

1746 +

atmosphere
[ǽtməsfìər]

명 **1.** (지구의) **대기 2. 분위기**

Our **atmosphere** consists of 21% oxygen.
우리 지구의 **대기**는 21%가 산소로 이루어져 있다.

I like restaurants with quiet **atmospheres**.
나는 조용한 **분위기**의 레스토랑을 선호한다.

어원 atmo-(= air) + spher(e)(= globe)가 합쳐진 단어로, 지구를 둘러싸고 있는 공기이므로, 지구의 '대기'가 되네요.

1747 +

preserve
[prizə́ːrv]

동 **1. 지키다, 보호하다 2. 보존하다, 간직하다**

These laws help **preserve** our natural resources. 이 법들은 천연 자원을 **보호하는** 것을 돕는다.

We need to **preserve** the traditions of our ancestors. 우리는 조상들의 전통을 **보존해야** 한다.

어원 pre-에는 '미리, 앞서(= before)'라는 의미가 있어요. 미리 지키는 것(serve)이므로 '보호하다'는 뜻이랍니다.

1748 + +

garbage
[gáːrbidʒ]

명 **쓰레기**

Don't forget to take out the **garbage**.
쓰레기를 내다 버리는 거 잊지 마.

매우 더러운 쓰레기, 특히 음식물 쓰레기를 뜻하는 단어입니다.

1749 +

earthquake
[ɔ́:rθkwèik]

명 지진

The **earthquake** destroyed the building.
지진으로 그 건물이 파괴됐다.

지진은 지구의 땅(= earth)이 흔들리는 것(= quake)이죠. quake에는 땅이나 건물이 흔들린다는 의미가 있어요.

1750 + +

reuse
[ri:jú:z]

동 재사용하다

Reuse as many things as you can.
가능한 한 많은 물건들을 **재사용해라**.

다시(= re) 사용하는(= use) 것이죠.

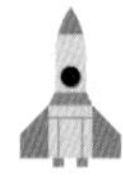

Apply, Check & Exercise

Answer Key p.314

A 영어는 우리말로, 우리말은 영어로 쓰세요.

1	coast	______	2	pole	______
3	bush	______	4	flow	______
5	shade	______	6	source	______
7	coal	______	8	electricity	______
9	lack	______	10	clay	______
11	garbage	______	12	earthquake	______
13	reuse	______	14	절벽	______
15	기슭, 물가	______	16	열대의	______
17	반사하다	______	18	자원	______
19	연료	______	20	산소	______
21	사라지다	______	22	생태계	______
23	둘러싸다	______	24	대기, 분위기	______
25	보호하다, 지키다	______			

B 다음 빈칸에 알맞은 단어를 쓰세요.

1 coast : shore = 해안 : ______
2 polar : tropical = 극지의 : ______
3 source : resource = 원천, 출처 : ______
4 appear : disappear = 나타나다 : ______
5 fuel : ______ = 연료 : 석탄
6 reflect : ______ = 반사하다 : 반사
7 surround : surrounding = 둘러싸다 : ______
8 oxygen : atmosphere = 산소 : ______
9 reuse : preserve = 재사용하다 : ______

C 다음 중 단어의 영영 풀이가 잘못된 것을 있는 대로 고르세요.

① earthquake: shaking of a part of the earth's surface
② garbage: things that are useful or wanted
③ ecosystem: everything that exists in a particular environment
④ lack: the state of having enough of something
⑤ electricity: a form of energy that is carried through wires

D 배운 단어를 이용하여 빈칸에 알맞은 말을 넣으세요.

1 그 나무는 절벽 끝에 서 있었다.
→ The tree was standing at the edge of the ______.

2 그들은 점토 가면을 쓴 채로 보존되었다. → They were preserved in ______ masks.

3 그들은 울타리 근처의 관목 아래에 누웠다.
→ They lay under a ______ near the fence.

4 그 식물은 그늘이 많이 필요하다. → The plant needs a lot of ______.

5 공기가 건물을 통과하여 자유롭게 흐르지 못한다.
→ Air cannot ______ freely through the building.

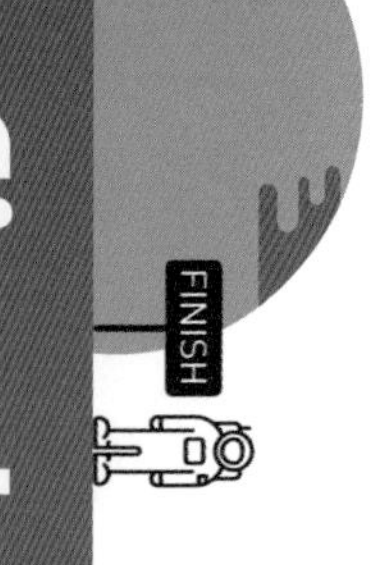

Final Check

UNIT 26-30

UNIT 26~UNIT 30에서 배운 125단어의 의미를 복습해 볼까요?
뜻이 떠오르지 않거나 시간이 오래 걸리는 것들은
에 따로 체크해서 즉시즉시 떠오를 때까지 반복해서 복습해주세요.

No.	Word	No.	Word
1735	resource	1708	energy
1705	electric	1732	flow
1721	result	1686	target
1734	reflect	1663	cost
1641	purpose	1628	agency
1652	purchase	1659	own
1711	progress	1733	shade
1688	fake	1640	aim
1702	technology	1664	allowance
1680	steady	1742	disappear
1728	pole	1696	account
1730	tropical	1645	arrange
1719	impossible	1745	surround
1627	firm	1676	supply
1716	combine	1717	replace
1661	customer	1741	lack
1712	advance	1629	department
1635	request	1670	guarantee
1694	income	1654	spend
1665	reasonable	1632	inform
1736	source	1626	found
1715	adapt	1738	fuel
1648	overall	1695	rent
1672	package	1713	improve
1703	technique	1636	salary

1750 reuse
1740 oxygen
1689 finance
1691 budget
1687 burden
1683 output
1642 task
1643 strategy
1660 consumer
1678 decline
1657 worth
1682 export
1679 stable
1651 sell
1699 loss
1726 cliff
1684 possess
1701 scientific
1729 shore
1690 fund
1671 quality
1747 preserve
1673 deliver
1637 contract
1655 pay
1720 effect
1662 client
1748 garbage
1649 practical
1707 access
1737 coal
1650 retire
1746 atmosphere
1739 electricity
1675 refund
1692 fortune
1646 sort
1709 function
1724 accurate
1697 credit
1725 specific
1639 obtain
1674 exchange
1631 hire
1693 property
1704 artificial
1653 charge
1718 transform
1644 propose
1710 develop
1749 earthquake
1681 estimate
1685 potential
1743 clay
1630 employ
1666 product
1714 invent
1667 option
1647 colleague
1700 outcome
1638 represent
1677 demand
1727 coast
1668 discount
1744 ecosystem
1722 ease
1669 lower
1634 attach
1731 bush
1656 afford
1723 widespread
1633 apply
1658 priceless
1698 invest
1706 digital

Culture & Holidays

Picture Dictionary

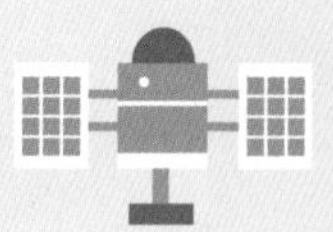

Unit 33

dye

Unit 33

polish

Unit 34

decorate

Unit 35

fireplace

Unit 35

fountain

Unit 35

harbor

Unit 31 대중문화

대중

암기 Tip

1751 ++
public
[pʌ́blik]

형 **1. 대중의 2. 대중을 위한, 공공의** (↔ private 사적인)

명 **대중, 일반 사람들**

Politicians are not interested in **public** health. 정치인들은 **대중** 건강에 관심을 갖지 않는다.

There are two **public** libraries in our town.
우리 동네에는 **공공** 도서관이 두 곳 있다.

'대중'이란 곧 일반 사람들을 뜻하지요. '공중목욕탕(public bath), 공립학교(public school), 공공장소(public place), 대중교통(public transportation)'에는 모두 public을 써요.

1752
audience
[ɔ́:diəns]

명 **청중, 관객**

The show drew huge **audiences**.
그 공연은 많은 **관객**을 불러 모았다.

어원 audi-는 audio(음성의)에서 알 수 있듯이 듣는 것과 관계있는 단어예요. 주로 보기만 하는 스포츠 경기나 행사에 모인 사람들을 가리킬 때는 좀 어색해요.

1753 ++
crowd
[kraud]

명 **사람들, 군중** 동 **붐비다**

The **crowd** went crazy when the singer appeared. 그 가수가 나타나자 **사람들**이 열광했다.

crowded[kráudid] 형 붐비는

길거리나 대중 교통, 스포츠 경기장 등에 함께 모인 사람들을 주로 가리켜요.

1754 +
folk
[fouk]
철자주의

명 **사람들** (= people) 형 **민속의, 전통적인**

Most **folk** around here are pretty friendly.
이 지역의 대부분의 **사람들**은 상당히 친절하다.

We visited a **folk** museum yesterday.
우리는 어제 **민속** 박물관을 방문했다.

뉘앙스 일반 사람들을 뜻하는 말로서, 주로 격식을 차리지 않고 말할 때 많이 쓴답니다.

1755 ++
collection
[kəlékʃən]

명 **소장품, 수집품**

Alice has a large CD **collection**.
앨리스는 많은 CD를 **소장품**으로 갖고 있다.

collect[kəlékt] 동 모으다

아이돌 대중문화에서 굿즈 콜렉션(goods collection) 열풍은 빼놓을 수 없을 정도인데, 요새는 아이돌을 넘어 출판, 영화, 전시 등 문화 전반으로 확산하는 추세예요.

1756 + +

loud

[laud]

형 **큰 소리의, 시끄러운**

Loud music can hurt your ears.
큰 소리로 음악을 들으면 귀가 손상될 수 있다.

우리가 웃음을 "ㅋㅋ"로 나타내는 것처럼, 영어에도 이런 표현이 있답니다. laugh out loud(큰 소리로 웃다)가 바로 그것인데, 앞글자만 따서 lol이라고 해요.

1757 +

clap

[klæp]

clapped-clapped-clapping

동 **박수를 치다** 명 **박수**

Everyone **clapped** loudly when the musical was over.
모든 사람들이 뮤지컬이 끝났을 때 크게 **박수를 쳤다**.

1758

impact

[ímpækt]

명 **영향, 충격** (= effect 영향)

TV has a great **impact** on our lives.
TV는 우리 생활에 큰 **영향**을 끼친다.

어법 have[make] an impact on '~에 영향을 주다'란 형태로 잘 쓰여요.

인물 관련

암기 Tip

1759

producer

[prədjúːsər]

명 **1. 생산자 2. 프로듀서, 제작자**

Chile is a big banana **producer**.
칠레는 주요 바나나 **생산국**이다.

That television **producer** made these two shows. 저 TV **프로듀서**가 이 두 프로그램을 만들었다.

produce [prədjúːs] 동 1. 생산하다 2. 제작하다

연극, 영화, 방송에서 프로그램을 기획하고 제작하는 사람을 프로듀서(producer)라고 하죠. 줄여서 PD라고 해요.

1760 +

celebrity

[səlébrəti]

명 **유명 인사** (= star)

He is a national **celebrity**.
그는 전국적인 **유명 인사**이다.

celebrity를 줄여 '셀럽'이라고도 하죠. 대중들로부터 주목을 받고, 엄청난 인기와 영향을 끼치는 유명 인사를 의미해요.

1761 + +

interview

[íntərvjùː]

명 **면접, 인터뷰** 동 **인터뷰하다**

The **interview** has 20 questions.
면접에 스무 개의 질문이 나온다.

He **interviewed** people on the street.
그가 거리에서 사람들을 **인터뷰했다**.

어원 TV를 보면 연예인들이 인터뷰한 내용이 많이 방송되죠? 서로(inter-)를 보면서(view) 질문과 대답을 하는 것을 뜻한답니다.

1762 + +

talent

[tǽlənt]

명 (타고난) **재능** (= ability), **재능 있는 사람**

He has a **talent** for language learning.
그는 언어 학습에 **재능**이 있다.

The team has a lot of **talent**.
그 팀에는 **인재**가 많다.

TV 연기자를 가리켜 '탤런트'라고 하지요. 연기자들 중에는 재능이 뛰어난 사람들이 많으니 이렇게 불리게 된 것이지만, 영어에는 그런 의미가 없고 대신 TV star라고 해요.

1763

script

[skript]

명 **대본, 각본**

Jack is writing his **script** day and night.
잭은 밤낮으로 **대본**을 쓰고 있다.

어원 원래는 '손으로 쓴 (것)'이라는 의미에서 나온 것이에요. '글씨'를 의미하기도 한답니다.

1764 +

perform

[pərfɔ́ːrm]

동 **1. 수행[실행]하다 2. 연기[연주, 공연]하다**

The computer **performed** the job.
컴퓨터가 그 업무를 **수행했다**.

Angela **performed** the role of the queen.
안젤라는 왕비 역할을 **연기했다**.

performance [pərfɔ́ːrməns] 명 1. 실행, 수행 2. 공연, 연기

뉘앙스 perform은 특히 까다롭고 복잡한 일을 수행할 때 사용돼요. 학교에서 수행평가도 performance test라고 할 수 있어요. 우리말 뜻이 여러 개인 것 같지만 어느 일을 하느냐에 따라 달라지는 것뿐이에요.

1765 + +

fantastic

[fæntǽstik]

형 **환상적인, 기막히게 좋은**

His performance was really **fantastic**.
그의 공연은 정말 **환상적**이었다.

fantasy [fǽntəsi] 명 상상, 공상

<해리포터>, <반지의 제왕>과 같은 판타지(fantasy) 영화에서는 신비롭고 환상적인(fantastic) 세계를 만날 수 있지요.

1766 + +

seat

[siːt]

명 **좌석, 자리**

Can I get floor **seats**?
플로어 **좌석**을 구할 수 있나요?

1767 + +

stage

[steidʒ]

명 **1. 단계 2. 무대**

We move through different life **stages**.
우리는 다양한 삶의 **단계**를 거친다.

The actors warmed up on **stage**.
배우들이 **무대** 위에서 몸을 풀었다.

1768
critic
[krítik]

명 **비평가, 평론가**

A **critic** wrote a review about the show.
한 **비평가**가 그 쇼에 대해 논평을 썼다.

critical[krítikəl] 형 비판적인

1769 +
comment
[káment]

명 **언급, 논평**
동 **논평하다, 견해를 밝히다**

I read the critics' **comments** on the new movie. 나는 새 영화에 대한 비평가들의 **논평**을 읽었다.

He was asked to **comment** on the matter.
그는 그 문제에 대해 **논평해주기를** 요청받았다.

"노 코멘트(no comment)!"는 언급하고 싶지 않은 질문을 받았을 때 대답을 회피하며 쓰는 말이지요.

매체, 출판

암기 Tip

1770 ++
media
[mí:diə]

명 **미디어, 대중 매체**

The event received a lot of attention from the **media**.
그 행사는 **대중 매체**로부터 많은 관심을 받았다.

media는 본래 중간에 자리하여 한쪽에서 다른 쪽으로 전달하는 역할을 하는 것을 말해요. 일반적으로 언론과 관련된 정보 전달 매체를 의미하지요.

1771
broadcast
[brɔ́:dkæ̀st]
broadcast-broadcast

동 **방송하다** 명 **방송**

The show will be **broadcast** at 9:00.
그 쇼는 9시에 **방송될** 것이다.

어원 KBS, MBC, SBS, EBS 등 방송국 이름의 'B'는 Broadcasting을 의미해요. broad(넓은) + cast(던지다)로서, 방송이란 곧 TV 등을 통해 널리 듣고 볼 수 있도록 하는 일이지요.

1772 +
entertain
[èntərtéin]

동 **즐겁게 하다**

The clown **entertained** the children.
광대가 아이들을 **즐겁게 해주었다**.

entertainment[èntərtéinmənt] 명 오락, 여흥

연예인과 같이 대중을 즐겁게 해주는 직업을 가진 사람을 엔터테이너(entertainer)라고 하죠.

1773
channel
[tʃǽnəl]

명 (TV·라디오의) **채널**

Please stop switching **channels**!
제발 **채널** 좀 그만 바꿔!

1774 +

advertise

[ǽdvərtàiz]

동 광고하다

A sign in Times Square **advertises** Coca-Cola.

타임 스퀘어의 간판은 코카 콜라를 **광고한다.**

advertisement [ӕdvərtáizmənt] 명 광고 (줄여서 ad)

어원 ad-(= to) + vert(= turn) + -ise로 이루어진 단어로, '관심을 ~에게로 향하게 하다'의 뜻이에요. 광고는 사람들의 관심을 자신들의 상품 쪽으로 향하게 하는 것이지요.

1775 +

publish

[pʌ́bliʃ]

동 출판하다, 발행하다

The newspaper is **published** daily.

그 신문은 매일 **발행된다.**

집필된 책, 잡지, 신문 등을 사람들이 읽을 수 있게 인쇄하고 판매하는 것을 publish라고 합니다.

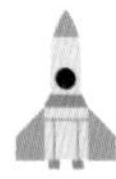

Apply, Check & Exercise

Answer Key p.315

A 영어는 우리말로, 우리말은 영어로 쓰세요.

1	script	______	2	broadcast	______
3	comment	______	4	crowd	______
5	fantastic	______	6	loud	______
7	media	______	8	critic	______
9	impact	______	10	public	______
11	seat	______	12	stage	______
13	talent	______	14	광고하다	______
15	채널	______	16	즐겁게 하다	______
17	유명 인사	______	18	인터뷰	______
19	박수를 치다	______	20	수집품	______
21	수행하다, 연기하다	______	22	사람들, 민속의	______
23	출판하다	______	24	생산자	______
25	청중	______			

B 다음 빈칸에 알맞은 단어를 쓰세요.

1 advertise : ______________ = 광고하다 : 방송하다

2 entertain : ______________ = 즐겁게 하다 : 오락

3 produce : publish = 생산하다 : ______________

4 collection : collect = 소장품 : ______________

5 critic : critical = 비평가 : ______________

6 perform : ______________ = 수행하다 : 수행, 공연

7 public : ______________ = 공적인 : 사적인

8 channel : ______________ = 채널 : 대중 매체

9 audience : ______________ = 청중, 관중 : 군중, 인파

10 seat : ______________ = 좌석 : 무대

C 다음 중 단어의 영영 풀이가 잘못된 것을 있는 대로 고르세요.

① advertise: make the public aware of something

② script: the events that form the main story

③ celebrity: a famous, dead person

④ talent: an ability to do something well

⑤ comment: an opinion that you express about something

D 배운 단어를 이용하여 빈칸에 알맞은 말을 넣으세요.

1 대부분의 민간 지혜처럼 그것은 사실이다. → Like most ______________ wisdom it is true.

2 너는 정말 환상적이야! → You look ______________!

3 그 노래는 처음 나왔을 때 아주 큰 영향을 미쳤다.
→ The song had a huge ______________ when it first came out.

4 그는 아주 시끄러운 목소리로 떠들고 있었다.
→ He was talking in a very ______________ voice.

5 청중들은 콘서트가 끝나자 박수를 쳤다.
→ The audience ______________ after the concert.

6 나는 어제 그 회사에 면접을 보러 갔다.
→ I went for an ______________ at the company yesterday.

Unit 32 문학

발음 익히기

셀프 스터디

리스닝 훈련

암기 Tip

1776 +
literature
[lítərətʃər]
철자주의

명 문학

What are the trends in today's popular **literature**?
오늘날 대중 **문학**의 추세는 무엇인가요?

literary [lítərèri] 형 문학의

1777 +
author
[ɔ́:θər]

명 **저자, 작가** (= writer)

How many books did the **author** write?
그 **작가**는 몇 권의 책을 집필했나요?

글을 직접 쓴 사람을 일컫는 말이에요.

1778
edit
[édit]

동 **편집하다, 교정하다**

Edit the article one more time.
기사를 한 번 더 **교정 보세요**.

edition [idíʃən] 명 (서적의 출간 횟수를 나타내는) 판

리미티드 에디션은 '한정판'을 뜻하는 것이죠.

장르 관련

암기 Tip

1779 +
fiction
[fíkʃən]

명 **1. 소설 2. 허구, 지어낸 이야기**

How true should historical **fiction** be?
역사 **소설**은 얼마나 진실해야 하나요?

Kids often fail to tell fact from **fiction**.
아이들은 종종 사실과 **허구**를 구별하지 못한다.

fiction은 허구이고, 대표적인 것이 소설이에요. 반대로, 논픽션(nonfiction)은 사실이고 대표적인 것이 다큐멘터리지요.

1780 +
novel
[návəl]

명 (장편) **소설**

Reading a **novel** is like watching a play.
소설을 읽는 것은 연극을 보는 것과 비슷하다.

뉘앙스 주로 장편 소설을 말하는 것이며, 단편 소설은 그냥 story라고 하는 경우가 많답니다.

1781 + +

mystery

[místəri]

명 **1. 수수께끼, 미스터리 2. 추리소설**

His success is something of a **mystery**.
그의 성공은 좀 **불가사의**한 일이다.

This book is a **mystery**. I don't know what will happen!
이 책은 **추리소설**이야. 앞으로 어떤 일이 일어날지 몰라!

mysterious [mistíəriəs] 형 신비한, 불가사의한

미스터리는 수수께끼나 신비스러운 것을 뜻하는데, 문학에 쓰이면 탐정 소설이나 범죄 소설 같은 추리소설을 뜻해요.

1782 +

myth

[miθ]

명 **신화, 근거 없는 믿음**

Do you know the **myth** about the golden apple? 황금 사과에 대한 **신화**를 알고 있니?

신이나 영웅의 업적, 민족의 역사나 설화 등을 주된 내용으로 하고 있어요.

1783 +

legend

[lédʒənd]

명 **전설**

According to **legend**, the castle was washed into the sea.
전설에 의하면, 그 성은 바닷속으로 씻겨 내려갔다.

옛날부터 전해 내려오는 설화를 전설이라고 하죠. 또한, '레전드(legend)'는 전설적인 인물을 말하기도 해요.

1784

fairy

[fέəri]

명 (이야기 속의) **요정**

A beautiful **fairy** danced near him.
아름다운 **요정**이 그의 주위에서 춤을 추었다.

1785 +

tale

[teil]

명 **이야기**

It looked like a castle in a fairy **tale**.
그것은 동화 속의 성 같았다.

어린이를 위한 이야기인 동화를 fairy tale이라고 해요. 요정(fairy)들이 나오는 이야기(tale)인 거죠.

1786

imaginary

[imǽdʒənèri]

형 **상상의, 가상의** (↔ real 진짜의, 실제의)

Many young children have **imaginary** friends. 많은 어린아이에게는 **가상의** 친구들이 있다.

imagine [imǽdʒin] 동 상상하다

imaginable [imǽdʒənəbl] 형 상상할 수 있는

imaginative [imǽdʒənətiv] 형 상상력이 뛰어난

<인사이드 아웃>의 주인공 '라일리'에게는 상상 속 친구 '빙봉'이 있죠? 여러분도 어렸을 적 상상 속 친구가 있었나요?

1787
romantic
[roumǽntik]

형 **로맨틱한, 연애[애정]의**

Ian was so **romantic** when he was young.
이안은 젊었을 때 무척 **로맨틱**했다.

1788 + +
poem
[póuəm]

명 (한 편의) **시**

I wrote a **poem** about spring.
나는 봄에 관한 **시**를 한 편 썼다.

poet [póuit] 명 시인
poetry [póuitri] 명 시, 운문

한 편의 시를 poem이라고 하는데, 시들이 한 편 한 편 모여서 이루는 하나의 '형식'으로서의 시, 즉 운문은 poetry라고 한답니다.

1789
biography
[baiágrəfi]

명 **전기, 일대기**

Henry is reading a **biography** of Steve Jobs. 헨리는 스티브 잡스의 **전기**를 읽고 있다.

전기는 특정한 인물의 전 생애를 기록해 둔 것이고, 자기 스스로 자신의 이야기를 기록한 것은 자서전(autobiography)이라고 해요. bio-는 life를 뜻해요.

1790
tragedy
[trǽdʒədi]

명 **비극** (↔ comedy 희극)

Shakespeare's **tragedies** are famous.
셰익스피어의 **비극** 작품들은 유명하다.

tragic [trǽdʒik] 형 비극적인

셰익스피어 4대 비극(tragedy)인 '햄릿', '오셀로', '리어왕', '맥베스'는 죽기 전에 꼭 읽어 봐야 할 명작들이죠.

1791
dramatic
[drəmǽtik]

형 **1. 극적인 2. 연극의**

They won a **dramatic** match against their rival. 그들이 라이벌과의 경기에서 **극적인** 승리를 거두었다.

They are members of the **dramatic** society. 그들은 그 **극**회의 단원들이다.

우리가 즐겨 보는 드라마(drama)에는 등장인물들이 벌이는 여러 형태의 dramatic(극적인)한 갈등 요소가 등장하고, 그 갈등을 해소하는 과정을 다루고 있어요.

1792 +
article
[á:rtikl]

명 **1. 기사, 논설 2. 물품, 물건**

Larry wrote the newspaper **article**.
래리는 신문 **기사**를 썼다.

She only took a few **articles** of clothing with her. 그녀는 옷가지 몇 벌만 가져왔다.

구성

암기 Tip

1793 +
phrase
[freiz]

명 **구, 어구**

Underline the key words or **phrases**.
핵심 단어나 **구**에 밑줄을 쳐라.

'구'는 두 개 이상의 단어가 모여 문장의 일부분이 돼요. 예를 들어 in the morning(아침에), give up(포기하다) 같은 구가 있어요.

1794 ++
sentence
[séntəns]

명 **문장** 동 (형을) **선고하다**

Answer the questions in complete **sentences**. 질문에 완전한 **문장**으로 답하세요.

The judge **sentenced** him to a year in prison. 판사는 그에게 징역 1년형을 **선고했다**.

어원 ▸ sentence는 sense(느끼다)에서 온 단어로 '느끼는 것을 말하는 것'을 의미해요. 즉, 느끼는 것을 말로 표현한 '문장'이 될 수 있고, 재판에서 판사가 생각해서 내린 느낀 것(= 결론)을 '선고하는' 것이 될 수 있죠.

1795 +
theme
[θiːm]
발음주의

명 **주제, 테마**

Love is a common **theme** of novels.
사랑은 소설의 흔한 **주제**이다.

EBS 시사 교양 프로그램 <세계테마기행>은 역사, 문화, 유적지 등의 테마(theme)를 바탕으로 살아있는 여행 체험기를 생생히 전해주는 프로그램이죠.

1796 +
text
[tekst]

명 **1. 본문 2. 글, 문자**
동 (휴대전화로) **문자를 보내다**

There should not be too much **text** in children's books.
어린이 책에는 **본문**이 많지 않아야 한다.

I typed 10 pages of **text**.
나는 10 페이지의 **글**을 입력했다.

Terry **texted** Adam his address.
테리는 애덤에게 그의 주소를 **문자로 보냈다**.

1797
context
[kάntekst]

명 **문맥, 맥락**

You need to look at **context** to understand the sentence.
너는 그 문장을 이해하기 위해 **문맥**을 살펴 볼 필요가 있다.

문맥은 쉽게 말해서 앞뒤 내용을 말해요.

1798 +
content
명사 [kɑ́:ntent]
형용사 [kəntént]

명 **1. 내용 2.** (상자 등의) **내용물**
형 **만족하는**

This book covers a lot of **content**.
이 책은 많은 **내용**을 다루고 있다.

She poured the **contents** of the box onto the floor. 그녀는 상자의 **내용물**을 바닥에 부었다.

Jane seems **content** with her life.
제인은 자신의 삶에 **만족해하는** 것 같다.

우리말로 '콘텐츠'라고도 많이 사용되지요. 인터넷이나 컴퓨터 등을 통해 제공되는 각종 정보나 소재, 내용을 뜻해요.

1799
chapter
[tʃǽptər]

명 **장, 챕터**

There are 17 **chapters** in this book.
이 책에는 17개의 **장(챕터)**이 있다.

챕터는 책에 있는 많은 양의 이야기를 일정한 부분으로 나누어 둔 것이에요.

1800 +
summary
[sʌ́məri]

명 **요약, 개요**

This is a short **summary** of *Romeo and Juliet*. 이것은 〈로미오와 줄리엣〉에 대한 짧은 **개요**이다.

어원 summary는 sum(총계, 금액)에서 온 말이에요.

Apply, Check & Exercise

Answer Key p.315

A 영어는 우리말로, 우리말은 영어로 쓰세요.

1 chapter	______	2 content	______
3 fiction	______	4 romantic	______
5 novel	______	6 phrase	______
7 poem	______	8 summary	______
9 myth	______	10 sentence	______
11 tale	______	12 text	______
13 dramatic	______	14 기사, 물품	______
15 저자	______	16 문맥	______
17 주제, 테마	______	18 편집하다	______
19 전설	______	20 문학	______

21 수수께끼, 추리소설 ______________

22 전기, 일대기 ______________

23 (이야기 속의) 요정 ______________

24 상상의, 가상의 ______________

25 비극 ______________

B 다음 빈칸에 알맞은 단어를 쓰세요.

1 novel : ______________ = 소설 : 허구, 소설

2 poem : poet = (한 편의) 시 : ______________

3 imaginary : ______________ = 가상의 : 실제의

4 tragedy : tragic = 비극 : ______________

5 text : context = 본문, 원고 : ______________

6 legend : ______________ = 전설 : 신화

7 sentence : ______________ = 문장 : 구

8 romantic : dramatic = 낭만적인 : ______________

9 mystery : mysterious = 신비 : ______________

10 summary : ______________ = 개요 : 주제

C 다음 중 단어의 영영 풀이가 잘못된 것을 있는 대로 고르세요.

① article: a piece of writing in a newspaper or magazine

② author: a person who has written something

③ chapter: one of the main sections of a book

④ tale: a story about real events

⑤ biography: the story of an imaginary person's life

D 배운 단어를 이용하여 빈칸에 알맞은 말을 넣으세요.

1 그녀는 미국 문학을 공부하고 있다. → She is studying American ______________.

2 그 잡지는 학생들에 의해 편집되고 발간된다.
→ The magazine is ______________ and published by students.

3 그 책의 내용에 대한 개요를 쓰세요. → Write a summary of the book's ______________.

Unit 33 패션

발음 익히기

셀프 스터디

리스닝 훈련

옷 만들기

암기 Tip

1801 + +
costume
[kástuːm]

명 의상, 복장

The boys came down in their Halloween **costumes**.
소년들은 핼러윈 **복장**을 입고 내려왔다.

핼러윈(Halloween)이 되면 어린이들은 해적, 공주, 마녀 등의 다양한 코스튬(costumes)을 갖춰 입고 사탕이나 과자를 얻으러 다니죠.

1802
fabric
[fǽbrik]

명 직물, 천 (= cloth)

I want to buy some cotton **fabric** to make a skirt.
스커트를 만들 면**직물**을 좀 사고 싶어요.

fabric은 짜임이 튼튼한 직물을 가리켜요. 옷이나 커튼, 이불 천에 주로 쓰인답니다.

1803 +
wool
[wul]

명 양모, 양털

Wool is made from animals' fur.
양털은 동물의 털로 만들어진다.

1804 +
leather
[léðər]

명 가죽

He wore a black **leather** jacket.
그는 검정색 **가죽** 재킷을 입었다.

오토바이를 탄 터프가이는 항상 가죽 재킷(leather jacket)을 입고 선글라스를 쓰고 있죠.

1805 + +
pattern
[pǽtərn]

명 패턴, 무늬

Eva chose a skirt with a **pattern**.
에바는 **패턴**이 있는 스커트를 골랐다.

스마트폰의 보안 기능 중 패턴 방식이 있죠. 사용자가 9개의 점을 이용해서 원하는 무늬를 만들어 암호를 설정하고 해제할 수 있어요.

1806 +

stripe

[straip]

명 **줄무늬**

He put on a suit with blue **stripes**.

그는 파란색 **줄무늬**가 있는 정장을 입었다.

줄무늬가 있는 셔츠를 striped shirt라고 해요.

1807

dye

[dai]

철자주의

dyed-dyed-dyeing

동 **염색하다** 명 **염료, 물감**

He **dyed** the shirt many colors.

그는 셔츠를 여러 색으로 **염색했다**.

dye(염색하다)와 die(죽다)는 발음이 같으므로 주의해야 해요.

1808

stitch

[stitʃ]

동 **바느질하다, 꿰매다**

명 (한) **바늘,** (한) **땀**

Susan is **stitching** a tablecloth.

수잔은 테이블보를 **바느질하고** 있다.

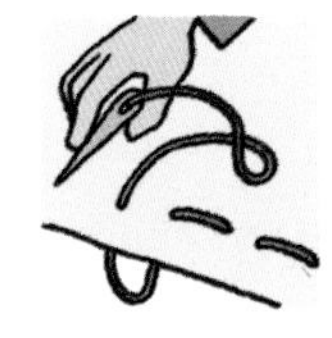

1809 +

sew

[sou]

발음주의

sewed-sewn[sewed]-sewing

동 **바느질하다, 꿰매다**

Grandma is **sewing** a shirt with a sewing machine.

할머니가 재봉틀로 셔츠를 **꿰매고** 계신다.

재봉틀을 영어로 하면 sewing machine이에요. '바느질하는 기계'라는 뜻이지요.

1810

thread

[θred]

명 **실**

She's sewing a sweater with purple **thread**.

그녀가 보라색 **실**로 스웨터를 만들고 있다.

'바늘 가는 데 실 간다'라는 속담을 들어본 적 있나요? 서로 떨어질 수 없는 아주 가까운 사이를 일컫는 속담이죠. 영어로는 'To go together like needle and thread.'예요.

옷 종류와 부분

암기 Tip

1811

cardigan

[kɑ́:rdigən]

명 **카디건**

Take a **cardigan** to put on.

걸칠 **카디건**을 가져가.

1812 + +

suit

[su:t]

명 정장

동 1. 알맞다, 적합하다 2. 어울리다

You look good in a **suit**!

당신은 **정장**이 잘 어울리시네요!

A jumper doesn't **suit** hot weather.

더운 날씨에 점퍼는 **적합하지** 않다.

suitable[sjú:təbl] 형 적합한, 알맞은

동사 suit은 옷의 스타일이나 색깔 등이 어울리는 것이고, fit은 옷의 치수나 모양이 적당하고 몸에 딱 맞는 것을 뜻합니다.

1813 +

collar

[kálər]

철자주의

명 칼라, 옷깃

He is wearing a blue shirt with a white **collar**. 그는 흰 **옷깃**이 달린 파란 셔츠를 입고 있다.

1814 + +

sleeve

[sli:v]

명 소매

He was wearing a shirt with long **sleeves**.

그는 **소매**가 긴 셔츠를 입고 있었다.

어원 소매(sleeve)가 없는(-less) 민소매를 sleeveless라고 해요.

1815

knot

[nat]

발음주의

명 매듭 동 매듭을 묶다

She tied a **knot** in her ballet shoes.

그녀가 발레화의 **매듭**을 묶었다.

옷 차려입기

암기 Tip

1816 +

fashionable

[fǽʃənəbl]

형 유행하는, 유행에 따른

Nick's sunglasses are **fashionable**.

닉의 선글라스가 멋진데.

fashion[fǽʃən] 명 패션, 유행

1817 +

trend

[trend]

명 경향, 추세

The magazine is well known for leading fashion **trends**.

그 잡지는 패션 **경향**을 이끄는 것으로 유명하다.

트렌드 세터(trend setter)는 유행을 민감하게 캐치하고, 다음 시대의 유행을 리드하는 사람을 가리켜요.

1818
formal
[fɔ́ːrməl]

형 **공식적인, 형식적인** (↔ informal 격식을 차리지 않는, 비공식의)

Please let me know how to dress for a **formal** dinner.
공식적인 만찬에 맞게 옷을 입는 법을 알려주세요.

form[fɔːrm] 명 형태, 모양 동 형성하다

입학식이나 졸업식 등의 행사에서는 격식을 차린(formal) 의상을 입어야 하죠. 격식을 차린 옷인 정장을 formal dress라고 해요.

1819 +
luxury
[lʌ́kʃəri]

명 **1. 사치, 호화로움 2. 사치품**

The baseball player lives a life of **luxury**.
그 농구 선수는 **사치**스러운 생활을 한다.

The car is a **luxury** that I can't afford.
그 차는 내가 살 형편이 안 되는 **사치품**이다.

'럭셔리 홈, 럭셔리 브랜드, 럭셔리 호텔'과 같이 값비싸지만 아주 편안하고 즐거움을 주는 것을 말해요.

1820 +
jewelry
[dʒúːəlri]
철자주의

명 **보석류, 장신구류**

The thief stole my **jewelry**.
도둑이 내 **보석**을 훔쳐갔다.

jewel이 '하나의 보석'을 뜻한다면, jewelry는 '보석류', 즉 각종 보석을 뭉뚱그려 표현하는 것이랍니다.

1821 +
imitate
[ímitèit]

동 **모방하다, 흉내 내다**

She **imitates** the movie star's style.
그녀는 그 영화배우의 스타일을 **흉내 낸다**.

이미테이션(imitation) 상품은 명품을 최대한 비슷하게 흉내 낸(imitate) 모방품을 말해요.

1822
mend
[mend]

동 **수선하다, 고치다**

Dad helped Johnny **mend** the bike.
아빠는 조니가 자전거를 **고치는** 것을 도와주었다.

뉘앙스 fix(고치다)는 일반적으로 가장 널리 쓰이는 단어예요. mend(고치다)는 특히 옷에 구멍이 난 걸 수선하거나, 길이나 울타리를 고친다는 표현으로 자주 쓰여요.

1823
polish
[páliʃ]

동 **1. 닦다, 광을 내다 2. 다듬다**
명 **1. 광택제 2. 광택, 닦기**

Danny is **polishing** his father's shoes.
대니가 아빠의 구두를 **닦고** 있다.

Your essay is good, but you need to **polish** it a little bit.
네 에세이는 훌륭하지만 약간 **다듬을** 필요가 있다.

손톱에 바르면 반짝반짝하며 광이 나는 매니큐어의 올바른 영어 표현은 nail polish랍니다.

1824 ++

fit

[fit]

fit[fitted]-fit[fitted]

동 **1.** (모양·크기가) **맞다 2.** (옷이) **잘 어울리다**

형 **건강한, 알맞은, 어울리는**

The dress doesn't **fit** me well.

그 원피스는 나에게 잘 안 **맞는다**.

Jogging helps you stay **fit**.

조깅은 **건강을** 유지하는 데 도움을 준다.

의류 판매점에서 옷을 입어보는 곳을 'fitting room(피팅룸)'이라고 해요. 옷이 '잘 맞는지 입어 보는 방(탈의실)'이라는 뜻이지요.

1825 +

tag

[tæg]

명 **꼬리표, 가격표**

According to the **tag**, we should wash the cap in warm water.

꼬리표에 따르면 그 모자는 미지근한 물로 씻어야 한다.

옷에 붙어 있는 가격표를 price tag라고 해요.

Apply, Check & Exercise

Answer Key p.315

A 영어는 우리말로, 우리말은 영어로 쓰세요.

1	imitate	______	2	mend	______
3	fit	______	4	formal	______
5	knot	______	6	pattern	______
7	polish	______	8	stitch	______
9	sew	______	10	tag	______
11	trend	______	12	wool	______
13	stripe	______	14	소매	______
15	카디건	______	16	옷깃	______
17	복장	______	18	염색하다	______
19	천, 직물	______	20	유행하는	______
21	보석류	______	22	가죽	______
23	사치	______	24	정장	______
25	실	______			

B 다음 빈칸에 알맞은 단어를 쓰세요.

1 formal : informal = 공식적인 : ________________
2 stitch : ________________ = 바느질하다, 한 땀 : 바느질하다
3 suit : ________________ = 정장, 적합하다 : 적합한
4 leather : ________________ = 가죽 : 천, 직물
5 pattern : ________________ = 무늬 : 줄무늬
6 fashion : fashionable = 유행 : ________________
7 collar : sleeve = 옷깃 : ________________
8 thread : ________________ = 실 : 매듭
9 polish : ________________ = 닦다, 손질하다 : 수선하다

C 다음 중 단어의 영영 풀이가 잘못된 것을 있는 대로 고르세요.

① cardigan: a sweater that opens like a jacket
② imitate: make or do something in a different way
③ luxury: something that is cheap and not necessary
④ wool: sheep's hair
⑤ fit: be the right size and shape for someone

D 배운 단어를 이용하여 빈칸에 알맞은 말을 넣으세요.

1 그녀의 보석은 한창 유행하고 있는 것들이다. → Her ________________ is very fashionable.
2 그들은 모두 로마인 복장을 하고 있었다. → They were all in Roman ________________.
3 가격표를 떼어내는 것을 잊지 말아라. → Don't forget to remove the ________________.
4 이 분야의 현재 추세는 시간제 고용을 하는 쪽이다.
→ The current ________________ in this area is towards part-time employment.
5 그녀는 머리를 빨갛게 염색했다. → She ________________ her hair red.

Unit 34 특별한 날

발음 익히기

셀프 스터디

리스닝 훈련

기념과 축하

암기 Tip

1826
anniversary
[ӕnəvə́ːrsəri]

명 기념일

Today is my parents' wedding **anniversary**. 오늘은 부모님의 결혼**기념일**이다.

어원 ann(i)-는 '1년'을 가리켜요. 매년 돌아오는 것(vers)이므로 해마다 있는 '기념일'을 뜻한답니다.

1827 + +
celebrate
[séləbrèit]

동 기념하다, 축하하다

We're **celebrating** New Year's Eve.
우리는 새해 전야를 **기념하고** 있다.

celebration [sèləbréiʃən] 명 기념, 축하

1828 + +
congratulate
[kəngrǽtʃəlèit]
철자주의

동 축하하다

I **congratulate** you on winning the contest. 그 대회에서 우승한 것을 **축하합니다.**

Let me **congratulate** you on your graduation. 졸업을 **축하합니다.**

congratulation [kəngrӕtʃəléiʃən] 명 축하

뉘앙스 celebrate는 기념일이나 우승, 승리와 같이 일이나 결과를 축하하는 단어랍니다. congratulate는 사람을 축하하는 걸 말해요.

1829 + +
holiday
[hɑ́lədèi]

명 1. 공휴일, 휴일 2. 휴가

Will there be a public **holiday** in July?
7월에 **공휴일**이 있나요?

Jace is on **holiday** until next week.
제이스는 다음 주까지 **휴가**이다.

1830
occasion
[əkéiʒən]
철자주의

명 1. (특정한) 때, 경우 2. 행사, 의식

This is the first **occasion** that the club has accepted new members.
이번이 그 동아리가 신입 회원을 처음으로 받은 **경우**이다.

Alex celebrated the **occasion** with his family.
알렉스는 그 **행사**를 자신의 가족과 함께 축하했다.

occasional [əkéiʒənəl] 형 가끔의

뉘앙스 occasion은 time보다는 좀 더 특수한 경우나 때를 말해요.

1831 +

ceremony

[sérəmòuni]

명 **의식, 식**

The soccer players had a goal **ceremony**.
축구 선수들은 골 **세리머니**를 했다.

My aunt had her wedding **ceremony** in a garden. 이모는 자신의 결혼**식**을 정원에서 했다.

골 세레머니의 바른 영어 표현은 goal celebration이랍니다.

1832 + +

national

[nǽʃənəl]

형 **국가의, 국가적인**

Children's Day is a **national** holiday.
어린이날은 국경일이다.

nation [néiʃən] 명 1. 국가 2. 국민

어원 'native(출생지의)'라는 단어에서 알 수 있듯이, nat-에는 born(태어난)이라는 뜻이 있어요. nation은 태어난 곳인 '국가'와 태어난 사람인 '국민'이라는 뜻이 돼요.

1833

annual

[ǽnjuəl]

형 **매년의**

Holloween is an **annual** holiday.
핼러윈은 **연례** 휴일이다.

annually [ǽnjuəli] 부 일년에 한 번

annual은 event와 함께 연례행사(annual event)로 많이 쓰이는데요, 생일, 기념일 등이 이에 해당하죠. 여러분이 가장 기다리는 연례행사는 무엇인가요?

1834

memorable

[mémərəbl]

형 **기억할 만한, 인상적인**

What was the most **memorable** moment in your life?
살면서 당신이 가장 **기억할 만한** 순간은 무엇인가요?

memory [méməri] 명 기억, 추억

기억(= memory)할 수 있을(= able) 만한 걸 의미해요.

1835

recall

[rikɔ́:l]

동 **1. 기억해 내다 2. 회수[리콜]하다**

Grandma **recalled** last year's fun trip.
할머니께서 작년의 즐거웠던 여행을 **상기하셨다**.

The company **recalled** the cars with serious problems.
그 회사는 심각한 문제가 있는 자동차들을 **회수했다**.

뉘앙스 remember는 기억해 내려고 애쓰지 않아도 기억하고 있는 것을 의미해요. recall은 일부러 노력을 해서 기억해 내는 것을 의미한답니다.

축제

암기 Tip

1836

carnival

[kɑ́:rnəvəl]

명 **축제, 카니발** (= festival 축제)

The **carnival** is scheduled to start on February 5th.
그 **축제**는 2월 5일에 시작하기로 계획되어 있다.

매년 브라질 리우데자네이루에서 열리는 카니발(carnival)은 나흘 동안 밤낮을 가리지 않고, 화려한 옷을 입은 댄서들의 춤과 각종 행진이 펼쳐지는 지구촌 최대의 축제랍니다.

1837 +

parade

[pəréid]

명 **행진, 퍼레이드**

The **parade** passed right before me.
퍼레이드가 내 바로 앞을 지나갔다.

1838

festive

[féstiv]

형 **축제의, 축하하는**

She made **festive** cookies for him.
그녀는 그를 위해 **축제** 쿠키를 만들었다.

festival [féstəvəl] 명 축제

1839 +

firework

[fáiərwə̀:rk]

명 **폭죽, 불꽃놀이**

Look! There are **fireworks** outside.
봐! 밖에 **불꽃놀이**를 한다.

1840 +

pop

[pɑp]

명 **1. 펑**(하고 터지는 소리) **2. 팝**(뮤직)
동 **1. 펑 소리가 나다, 터지다 2. 불쑥 나타나다**

I heard a loud **pop** when the lights went out. 나는 전등이 나갈 때 시끄러운 **펑 소리**를 들었다.

She wants to be a **pop** singer.
그녀는 **팝** 가수가 되기를 원한다.

When you open the box, a doll **pops** out.
그 상자를 열면 인형이 **불쑥 나온다.**

팝콘(popcorn)을 만들 때 옥수수 낱알(corn)을 가열하면 펑 소리가 나면서 터지죠(pop)?

1841 +

chant

[tʃænt]

동 **1. 구호를 (거듭) 외치다 2. 노래를 부르다**
명 **1. 구호 2. 노래**

The baseball fans **chanted** the next player's name.
야구 팬들이 다음 선수의 이름을 **연이어 외쳤다.**

The **chant** continued after the game.
그 **노래**는 경기 후에도 계속되었다.

영어 수업 중 '챈트(chant)'를 이용하여 공부한 적 있나요? 챈트는 단어나 짧은 문장을 리듬에 맞춰 반복적으로 외치는 것을 말해요.

파티하기

암기 Tip

1842 +

decorate

[dékərèit]

동 장식하다, 꾸미다

We **decorated** the Christmas tree with stars. 우리는 크리스마스 트리를 별로 **장식했다**.

decoration [dèkəréiʃən] 명 장식, 장식품

무언가를 꾸미고 장식하기 위한 용도의 제품은 '데코(deco-)'라는 말이 붙죠. 예를 들어, '데코 스티커, 데코타일, 데코펜' 등이 있죠.

1843 +

host

[houst]

동 주최하다 명 1. 주인, 주최자 2. (TV·라디오 프로그램의) 진행자, 사회자

Busan **hosts** a film festival.
부산은 영화제를 **주최한다**.

Leno is the **host** of the talk show.
르노는 그 토크쇼의 **사회자**이다.

TV 프로그램을 보면 사회자인 host와 초대받은 guest(게스트)가 나오죠.

1844 + +

organize

[ɔ́:rgənàiz]

동 조직하다, 계획하다

They **organized** the annual event.
그들이 그 연례행사를 **조직했다**.

organization [ɔ̀:rgənizéiʃən] 명 조직, 단체

악기 오르간(organ)은 건반이 정해진 위치에서 역할을 할 때 제 기능을 수행할 수 있죠. 마찬가지로 organize도 어떤 단체에서 구성원이 제 역할을 할 수 있도록 조직하고 체계화하는 것을 말해요.

1845 +

invitation

[ìnvitéiʃən]

명 초대, 초청

Thanks for your **invitation**.
초대해주셔서 감사합니다.

invite [inváit] 동 초대하다

1846 + +

receive

[risí:v]

철자주의

동 받다 (= accept 받아들이다)

All the children **received** a small gift.
모든 아이들이 작은 선물을 **받았다**.

어원 receive의 ceive는 'take(가져오다)'를 의미해요. 배구에서는 넘어오는 공을 다시(= re-) 가져오는(= take) 것을 '리시브(receive)'라고 하죠.

1847 +

response

[rispɑ́ns]

명 대답, 응답, 회신 (= answer 대답, 회신)

His **response** shocked all the listeners.
그의 **대답**은 모든 청중을 충격에 빠뜨렸다.

respond [rispɑ́nd] 동 반응하다, 응답하다

어원 re-(= back) + spon(= promise) + -se → (무언가에게서) 돌아오는 약속 → 대답, 회신, 응답

1848

amuse

[əmjú:z]

동 즐겁게 하다, 재미있게 하다

Her funny face **amused** him.
그녀의 재미난 표정이 그를 **즐겁게 했다**.

amusement [əmjú:zmənt] 명 재미, 즐거움

놀 거리와 즐거움이 가득한 놀이 공원을 amusement park라고 해요.

1849 + +

pleasure

[pléʒər]

명 **기쁨, 즐거움**

Her singing gave **pleasure** to people all over the world.

그녀의 노래는 전 세계 사람들에게 **기쁨**을 주었다.

pleasant[plézənt] 형 즐거운, 기분 좋은

1850 +

merry

[méri]

형 **즐거운, 명랑한**

I hope you have a **merry** time.

즐거운 시간 보내시기 바랍니다.

크리스마스가 되면 친구에게 'Merry Christmas'라고 적은 카드를 보내죠. 즐거운 성탄절을 보내라는 뜻이랍니다.

Apply, Check & Exercise

Answer Key p.315

A 영어는 우리말로, 우리말은 영어로 쓰세요.

1 amuse ______________ 2 holiday ______________

3 national ______________ 4 ceremony ______________

5 congratulate ______________ 6 decorate ______________

7 firework ______________ 8 host ______________

9 merry ______________ 10 invitation ______________

11 chant ______________ 12 pop ______________

13 recall ______________ 14 기념일 ______________

15 매년의 ______________ 16 기념하다, 축하하다 ______________

17 축제의, 축하하는 ______________ 18 카니발 ______________

19 조직하다 ______________ 20 기쁨, 즐거움 ______________

21 (특정한) 때, 경우 ______________ 22 퍼레이드 ______________

23 응답, 대답 ______________ 24 받다 ______________

25 기억할 만한 ______________

B 다음 빈칸에 알맞은 단어를 쓰세요.

1 amuse : amusement = 즐겁게 하다 : ________________

2 nation : ________________ = 국가 : 국가의

3 festival : festive = 축제 : ________________

4 pleasure : pleasant = 기쁨 : ________________

5 occasion : occasional = (특정한) 때, 경우 : ________________

6 invite : ________________ = 초대하다 : 초대, 초청

7 response : ________________ = 대답 : 응답하다

8 memory : memorable = 기억 : ________________

9 celebrate : ________________ = 기념하다 : 기념, 축하

10 organize : ________________ = 조직하다 : 조직

11 annual : anniversary = 매년의 : ________________

12 pop : firework = 펑(하고 터지는 소리) : ________________

C 다음 중 단어의 영영 풀이가 잘못된 것을 있는 대로 고르세요.

① chant: say a word or phrase once

② parade: a celebration that includes many people moving down a street

③ recall: remember something from the past

④ ceremony: an informal act or event that is a part of a social occasion

⑤ host: be the host for a social event

D 배운 단어를 이용하여 빈칸에 알맞은 말을 넣으세요.

1 나는 그녀로부터 어제 편지를 받았다. → I ________________ a letter from her yesterday.

2 탐은 자신의 방을 일련의 런던 사진들로 장식했다.
→ Tom ________________ his room with a series of photos of London.

3 수잔은 명랑한 눈과 환한 웃음을 지닌 사랑스런 소녀이다.
→ Susan is a lovely girl with ________________ eyes and a wide smile.

4 시장은 내일 휴일이어서 문을 닫는다.
→ The market is closed tomorrow because it's a ________________.

Unit 35 장소

발음 익히기

셀프 스터디

리스닝 훈련

암기 Tip

1851 ++
location
[loukéiʃən]

명 위치, 장소

We can find our exact **location** with GPS.
우리는 GPS로 정확한 **위치**를 찾아낼 수 있다.

locate [lóukeit] 동 위치하다, ~에 있다

뉘앙스 특히 그 장소가 알려지지 않았거나 특정한 주소가 없는 장소나 위치를 말해요.
We are moving to a new location. (우리는 새로운 곳으로 이사할 예정이야.)

1852 +
site
[sait]

명 1. 터, 부지 2. 장소

He visited the **site** of his future house.
그는 자신의 미래 집**터**를 방문했다.

The camping **site** is open.
그 캠핑 **장소**는 개방되어 있다.

뉘앙스 site는 건물이나 도시가 있거나, 곧 들어설 장소를 말해요. 즉, 어떤 건물의 터나 부지를 가리켜요.

1853 +
zone
[zoun]

명 지역, 구역

Drivers must drive carefully in school **zones**.
운전자들은 어린이 보호 **구역**에서 조심히 운전해야 한다.

식당이나 카페에서 '노키즈존(No Kids Zone)'을 본 적 있나요? 어린아이를 받지 않는 구역이랍니다. 안전사고 예방 및 다른 손님이 받는 피해를 줄이기 위해서라고 해요.

1854 +
region
[ríːdʒən]

명 지역, 지방 (= area 지역)

Gavin comes from the western **region**.
개빈은 서부 **지역** 출신이다.

regional [ríːdʒənəl] 형 지방의, 특정한 지역의

뉘앙스 보통 정확한 경계가 없는 주(州)나 나라 등의 넓은 지역을 뜻해요.

1855
landmark
[lǽndmàːrk]

명 주요 지형지물, 명소

Big Ben is a London **landmark**.
빅 벤은 런던의 **명소**이다.

어떤 지역(= land)을 대표하거나 구별하게 하는 표시(= mark)는 그 지역의 '명소'가 되겠죠. 서울의 랜드마크는 N서울타워나 경복궁이 될 수 있겠네요.

건물 내외

암기 Tip

1856 +
facility
[fəsíləti]

명 **시설, 설비**

He invested money in the new **facilities** in Hanoi.
그는 하노이에 있는 신규 **설비**에 돈을 투자했다.

뉘앙스 사람들의 편의를 위해 갖추어진 건물이나 장치를 의미해요. 도로나 신호등, 건물 내의 전기, 전화 등이 모두 해당되지요.

1857
downstairs
[dàunstέərz]

부 **아래층에, 아래층으로** (↔ upstairs 위층에)
명 **아래층**

The laundry room is **downstairs**.
세탁실은 **아래층에** 있다.

어원 down(아래로) + stairs(계단) → downstairs(아래층으로)

1858
nearby
[nìərbái]

형 **근처의, 인근의** **부** **근처에, 인근에**

The **nearby** store sells oysters.
근처 상점에서 굴을 판다.

Sue and Kimmy live **nearby**.
수와 키미는 **인근에** 산다.

near [niər] **형** 가까운, 가까이

1859 +
entrance
[éntrəns]

명 **입구, 출입문** (↔ exit 출구)

The **entrance** to her house is made of glass. 그녀의 집으로 들어가는 **입구**는 유리로 되어 있다.

enter [éntər] **동** 들어가다

1860
fireplace
[fáiərplèis]

명 **벽난로**

She read by the warm **fireplace**.
그녀는 따뜻한 **벽난로** 옆에서 책을 읽었다.

벽 속에 설치한 벽난로는 난방을 위해 불(fire)을 피우는 곳(place)이죠.

1861 +
fountain
[fáuntən]

명 **분수**

The park has a beautiful **fountain**.
공원에 아름다운 **분수**가 있다.

만년필을 fountain pen이라고 해요. 예전에는 만년필 펜의 잉크가 마치 분수처럼 끊임없이 솟아나는 필기구로 여겨졌던 거죠.

1862
lawn
[lɔːn]

명 **잔디밭**

Let's have a picnic on the **lawn** by the tower. 탑 옆에 있는 **잔디밭**으로 소풍을 가자.

큰 지역

암기 Tip

1863 +
urban
[ə́ːrbən]

형 **도시의** (↔ rural)

Most **urban** areas are close to a park.
도시 지역의 대부분은 공원 가까이에 있다.

1864 +
rural
[rúrəl]

형 **지방의, 시골의** (↔ urban)

Politicians must pay attention to **rural** issues. 정치인은 **지방의** 쟁점에 관심을 가져야 한다.

뉘앙스 주민 대부분이 농업에 종사하는 지역이나, 마을이나 농가가 모여 있는 마을을 말해요.

1865 +
countryside
[kʌ́ntrisàid]

명 **시골 지역, 지방**

My family had a great time in the **countryside**.
우리 가족은 **시골**에서 즐거운 시간을 보냈다.

뉘앙스 country(시골)와 side(지역, 방면)이 합쳐진 단어로, 특히 시골 지역의 아름다움이나 평화로움에 대해 말할 때 쓰여요.

1866 +
neighborhood
[néibərhùd]
철자주의

명 **1. 근처, 인근 2. 이웃 사람들**

There's little crime in this **neighborhood**.
이 **인근**에는 범죄가 거의 없다.

The noise woke the **neighborhood**.
그 소음 때문에 **이웃 사람들**이 깼다.

어원 '-hood'는 '관계'를 의미해요. 이웃을 뜻하는 neighbor에 -hood가 더해진 단어예요. 이웃 관계에 있는, 즉 '근처, 인근'이라는 뜻이 되네요.

1867 +
hometown
[hóumtaun]

명 **고향**

Sylvia returned to her **hometown** in Houston.
실비아는 휴스턴에 있는 그녀의 **고향**으로 돌아갔다.

집(= home)이 있는 마을(= town)은 고향이죠.

특정 장소

암기 Tip

1868 +

harbor

[hɑ́ːrbər]

명 항구 (= port)

The ship sailed out of the **harbor**.

배가 **항구**를 떠났다.

port는 배가 드나들어 짐과 사람을 싣고 내릴 수 있는 항구를 가리켜요. harbor는 port보다는 작고, 배를 파도와 바람으로부터 안전하게 지켜주는 항구를 말해요.

1869 +

kindergarten

[kíndərgɑ̀ːrtən]

명 유치원

She wants to be a **kindergarten** teacher.

그녀는 **유치원** 선생님이 되기를 원한다.

어원 kindergarten은 각각 children과 garden을 의미하는 독일어 kinder, garten에서 유래되었어요.

1870

pharmacy

[fɑ́ːrməsi]

명 약국

I got some medicine at the **pharmacy**.

나는 **약국**에서 약을 샀다.

약국은 drugstore가 아니라 pharmacy랍니다. drugstore는 약품뿐만 아니라 화장품 같은 다른 상품들도 취급하는 곳이에요.

1871

platform

[plǽtfɔːrm]

명 1. 플랫폼, 승강장 2. 강단, 연단

Wait at **platform** seven.

7번 **플랫폼**에서 기다려라.

He stepped up onto the **platform**.

그는 **연단**에 올라갔다.

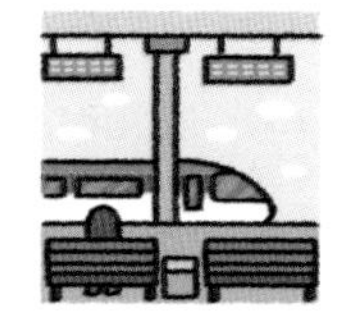

1872 +

stadium

[stéidiəm]

명 경기장, 운동장

Everyone in the **stadium** was cheering.

경기장의 모든 이들이 환호하고 있었다.

어원 원래 고대 그리스의 거리 단위인 스타디온(stadion=약 185m)을 뜻하는 말이었어요. 그러다 그 거리만큼의 경주를 의미하게 되었고 나중에는 그 경주를 하는 경기장을 일컫게 되었답니다.

1873 +

tomb

[tuːm]

철자주의, 발음주의

명 무덤

The Taj Mahal is a huge **tomb**.

타지마할은 거대한 **무덤**이다.

grave는 시체가 묻힌 깊은 구덩이를 뜻하고, tomb는 땅 위의 묘비까지 포함하는 단어예요.

1874 +

waterfall

[wɔ́ːtərfɔ̀ːl]

명 폭포

Angel Falls is the world's highest **waterfall.**

앙헬(엔젤) 폭포는 세계에서 가장 높은 **폭포**이다.

폭포(waterfall)는 절벽에서 물(= water)이 곧장 바닥으로 떨어지죠(= fall).

1875

windmill

[wíndmìl]

명 풍차

All of a sudden the **windmill** began to turn. 갑자기 **풍차**가 돌기 시작했다.

windmill은 바람을 에너지로 바꾸는 기계죠. mill은 '방앗간'이라는 뜻인데, 옛날에는 바람에 의해 돌아가는 풍차의 힘으로 곡식을 빻고 물을 끌어 올리는 데 사용했기 때문이에요.

Apply, Check & Exercise

Answer Key p.316

A 영어는 우리말로, 우리말은 영어로 쓰세요.

1	countryside	______	2	fireplace	______
3	hometown	______	4	landmark	______
5	location	______	6	platform	______
7	region	______	8	site	______
9	stadium	______	10	nearby	______
11	waterfall	______	12	windmill	______
13	zone	______	14	아래층에	______
15	입구	______	16	시설, 설비	______
17	분수	______	18	항구	______
19	유치원	______	20	잔디밭	______
21	근처, 이웃 사람들	______	22	약국	______
23	지방의, 시골의	______	24	무덤	______
25	도시의	______			

B 다음 빈칸에 알맞은 단어를 쓰세요.

1 region : regional = 지역 : ______
2 rural : urban = 시골의 : ______
3 location : ______ = 위치, 장소 : 터, 부지
4 downstairs : ______ = 아래층에 : 위층에
5 entrance : ______ = 입구 : 출구
6 fountain : ______ = 분수 : 폭포
7 neighborhood : ______ = 근처, 인근 : 근처의
8 lawn : stadium = 잔디밭, 잔디 구장 : ______

C 다음 중 단어의 영영 풀이가 잘못된 것을 있는 대로 고르세요.

① countryside: land that is near from big towns and cities
② facility: a place or building used for a particular activity
③ fireplace: a place in a room where a fire can be built
④ landmark: a structure on land that is difficult to see and recognize
⑤ hometown: the city or town where you were born or grew up

D 배운 단어를 이용하여 빈칸에 알맞은 말을 넣으세요.

1 스미스 부인은 내 유치원 선생님이셨다. → Mrs. Smith was my ______ teacher.
2 배들은 밤에 항구로 항해하여 들어왔다.
→ The ships sailed into the ______ at night.
3 그 이야기에 따르면, 무덤 안에는 두 천사가 있었다.
→ According to the story, there were two angels in the ______.
4 상점 뒤쪽에 약국이 있다. → There's a ______ in the back of the store.
5 사실 그 풍차는 너무 많은 전력을 제공했다.
→ In fact, the ______ provided too much power.
6 그들은 위험 구역을 떠나라고 요청받았다.
→ They were told to leave the danger ______.

Final Check

UNIT 31-35

UNIT 31~UNIT 35에서 배운 125단어의 의미를 복습해 볼까요?
뜻이 떠오르지 않거나 시간이 오래 걸리는 것들은
에 따로 체크해서 즉시즉시 떠오를 때까지 반복해서 복습해주세요.

1858 nearby
1827 celebrate
1872 stadium
1786 imaginary
1865 countryside
1866 neighborhood
1867 hometown
1818 formal
1843 host
1842 decorate
1830 occasion
1794 sentence
1770 media
1822 mend
1790 tragedy
1847 response
1814 sleeve
1800 summary
1875 windmill
1863 urban
1836 carnival
1787 romantic
1835 recall
1805 pattern
1820 jewelry

1803 wool
1860 fireplace
1809 sew
1789 biography
1838 festive
1808 stitch
1783 legend
1795 theme
1755 collection
1870 pharmacy
1778 edit
1757 clap
1751 public
1816 fashionable
1766 seat
1798 content
1859 entrance
1779 fiction
1850 merry
1772 entertain
1829 holiday
1828 congratulate
1781 mystery
1864 rural
1869 kindergarten

1777 ○○○ author
1812 ○○○ suit
1854 ○○○ region
1813 ○○○ collar
1868 ○○○ harbor
1761 ○○○ interview
1811 ○○○ cardigan
1833 ○○○ annual
1826 ○○○ anniversary
1785 ○○○ tale
1774 ○○○ advertise
1797 ○○○ context
1821 ○○○ imitate
1791 ○○○ dramatic
1771 ○○○ broadcast
1760 ○○○ celebrity
1846 ○○○ receive
1825 ○○○ tag
1874 ○○○ waterfall
1841 ○○○ chant
1776 ○○○ literature
1768 ○○○ critic
1775 ○○○ publish
1857 ○○○ downstairs
1871 ○○○ platform

1824 ○○○ fit
1804 ○○○ leather
1782 ○○○ myth
1784 ○○○ fairy
1837 ○○○ parade
1801 ○○○ costume
1862 ○○○ lawn
1769 ○○○ comment
1852 ○○○ site
1856 ○○○ facility
1752 ○○○ audience
1861 ○○○ fountain
1792 ○○○ article
1807 ○○○ dye
1831 ○○○ ceremony
1765 ○○○ fantastic
1764 ○○○ perform
1758 ○○○ impact
1844 ○○○ organize
1845 ○○○ invitation
1762 ○○○ talent
1763 ○○○ script
1788 ○○○ poem
1853 ○○○ zone
1780 ○○○ novel

1802 ○○○ fabric
1840 ○○○ pop
1756 ○○○ loud
1817 ○○○ trend
1873 ○○○ tomb
1834 ○○○ memorable
1839 ○○○ firework
1753 ○○○ crowd
1806 ○○○ stripe
1767 ○○○ stage
1819 ○○○ luxury
1815 ○○○ knot
1793 ○○○ phrase
1849 ○○○ pleasure
1855 ○○○ landmark
1832 ○○○ national
1851 ○○○ location
1823 ○○○ polish
1799 ○○○ chapter
1848 ○○○ amuse
1810 ○○○ thread
1759 ○○○ producer
1754 ○○○ folk
1773 ○○○ channel
1796 ○○○ text

Part 8

Things & Conditions

Unit 36 수와 양	수량 많고 적음 부분과 전체 평균
Unit 37 사물 묘사	동·반의어 관계 기타
Unit 38 빈도와 정도	빈도, 추정 정도, 단계, 한계
Unit 39 시간과 순서	특정 기간, 시간 순서
Unit 40 의미를 더 명확히 해주는 어휘	대조, 반대 원인, 결과

Picture Dictionary

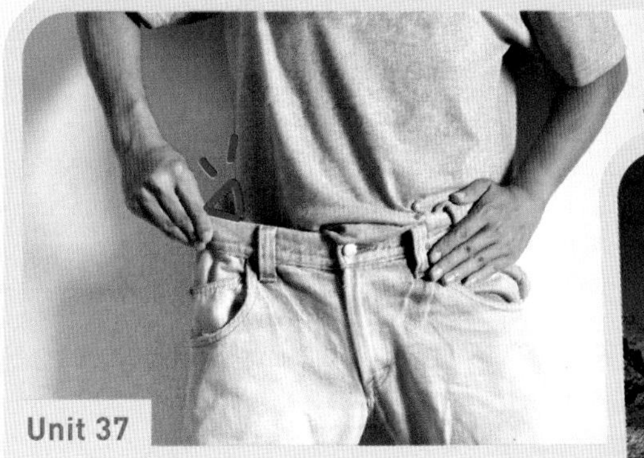

loose

rough

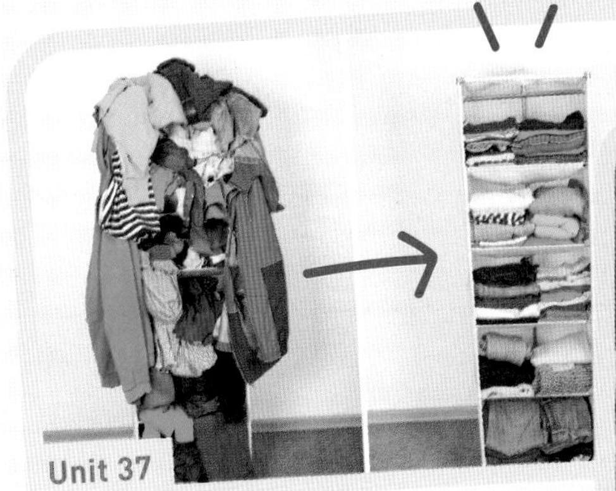

neat

limit

series

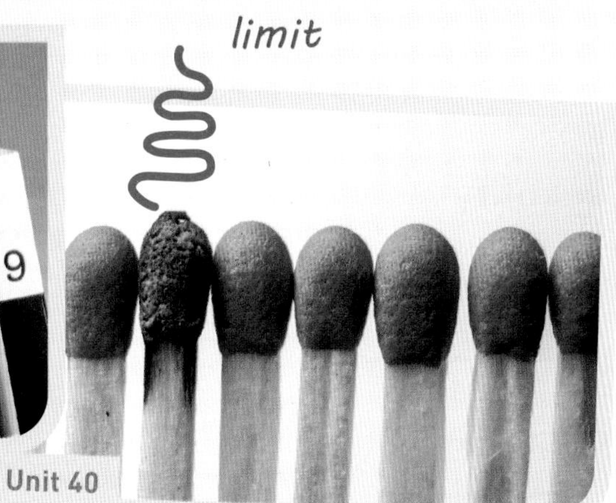

except

Unit 36 수와 양

발음 익히기

셀프 스터디

리스닝 훈련

수량

암기 Tip

1876 +
figure
[fígjər]

명 1. 수치, 숫자 2. 인물 3. 형태

The updated **figures** are available now.
최신 **수치**를 지금 이용할 수 있다.

She was a key **figure** in the group.
그녀는 그 그룹에서 핵심 **인물**이었다.

Draw a six-sided **figure.**
6개의 면을 가진 **형태**를 그려 보아라.

흔히 '피규어'라 불리는 작은 플라스틱 인형을 아시나요? 만화나 영화 캐릭터를 그대로 재현하여 작게 축소한 것이랍니다.

1877
plural
[plú(:)ərəl]

형 복수의 (↔ singular 단수의)

The **plural** form of "mouse" is "mice."
mouse의 **복수**형은 mice이다.

복수 명사를 plural noun이라고 해요. 영영사전에는 줄여서 pl.이라고도 나타냅니다. 단수 명사는 singular noun, sing.이에요.

1878 + +
volume
[válju:m]

명 1. 음량 2. 양, 분량

Can you turn the **volume** down?
음량 좀 줄여 주시겠어요?

The post office handles a high **volume** of letters. 우체국은 엄청난 **양**의 편지를 취급한다.

흔히 '소리의 크기'를 나타내지만, 미용실에서 '볼륨'을 넣어달라고 하면, 머리가 풍성해 보이게 해달라는 뜻이에요.

1879 +
quantity
[kwántəti]

명 양, 수량 (↔ quality 질)

Kate has a large **quantity** of balloons.
케이트는 많은 **양**의 풍선을 갖고 있다.

뉘앙스 quantity는 quality의 상대적인 개념으로 amount(양)보다 조금 딱딱한 용어라고 할 수 있어요.

1880
calculate
[kǽlkjəlèit]

동 계산하다

Sally **calculated** her final grade.
샐리는 그녀의 기말고사 점수를 **계산했다.**

calculation [kæ̀lkjəléiʃən] 명 계산

복잡한 계산을 할 때 사용하는 계산기를 영어로 calculator라고 합니다. '계산하는 기계'라는 것이겠죠?

1881 +

random

[rǽndəm]

형 임의의, 무작위의

Dice show **random** numbers.
주사위는 **무작위로** 수를 제시한다.

복권 추첨 혹은 사다리 타기와 같이 규칙이 없고 그때그때마다 정해지는 방식을 말해요.

많고 적음

암기 Tip

1882 +

plenty

[plénti]

명 많음, 풍부함 형 많은, 풍부한

We have **plenty** of food for the feast.
우리는 잔치를 위해 음식을 **많이** 준비해 둔다.

어법 plenty of는 lots of, a lot of와 같은 의미로 사용된답니다. 셀 수 없는 명사뿐 아니라, 셀 수 있는 명사에도 사용할 수 있어요.

1883

sufficient

[səfíʃənt]
철자주의

형 충분한 (= enough)

The truck doesn't have **sufficient** gas.
트럭에 기름이 **충분하지** 않다.

뉘앙스 sufficient는 enough보다 더 격식을 갖춘 말이죠.

1884 +

maximum

[mǽksəməm]

형 최고의, 최대의 (↔ minimum 최저의, 최소의)
명 최고, 최대

The **maximum** height for a fence is 2 meters. 울타리의 **최고** 높이는 2미터이다.

1885 + +

least

[li:st]

명 최소 형 가장 적은

It is the **least** I could do.
그것이 내가 할 수 있었던 **최소한의 것**이다.

어법 at least는 '적어도, 최소한'이라는 뜻으로 자주 쓰이는 표현이에요.

1886 + +

less

[les]

형 더 적은, 덜한 (↔ more 더 많은)

I would be so happy if we got **less** homework. 숙제가 **줄면** 정말 행복하겠어.

어법 less는 셀 수 없는 명사와 함께 쓰이고, 같은 뜻인 fewer는 셀 수 있는 복수명사와 써야 합니다. 예) less water, fewer words

1887 +

none

[nʌn]

대 **아무것도[아무도, 조금도] ~않다**

None of it is finished yet.
아직 **아무것도** 끝나지 **않았다**.

"(It's) None of your business." (그건 당신 일이 아니에요. 당신이 상관할 일이 아니에요.)라는 표현이 종종 쓰인답니다.

1888 +

dozen

[dʌ́zən]

명 **12개**

We'll need a **dozen** hot dogs for the party.
파티를 위해 **12개**의 핫도그가 필요할 거야.

예전에는 연필 12자루를 연필 '한 다스'라고 했는데 그건 dozen의 일본식 발음으로 잘못된 표현이랍니다. '12자루'라고 말해야 해요.

1889 +

several

[sévərəl]
철자주의

형 **몇몇의**

My family has traveled to **several** countries. 우리 가족은 **여러** 나라로 여행을 다녔다.

several은 두 개, 세 개보다는 많지만 그렇다고 아주 많지는 않은 숫자를 말합니다. 10을 기준으로 한다면, 5~6개를 말하는 거예요.

1890 + +

single

[síŋgl]

명 **한 개, 하나, 독신**
형 **1. 하나의, 한 개의 2. 한 사람의**

The party is for **singles** only.
그 파티는 오직 **독신들**을 위한 것이다.

Dave gave his girlfriend a **single** rose.
데이브가 여자 친구에게 장미 **한** 송이를 주었다.

I stayed in a **single** room.
나는 **1인**실에 머물렀다.

침대 사이즈 중 싱글(single) 사이즈는 가장 작은 1인용 사이즈이지요.

1891 + +

quarter

[kwɔ́ːrtər]

명 **1. 4분의 1 2. 15분 3. 4분기** (1년을 넷으로 나눈 기간 중 하나)

I cut the orange into **quarters**.
나는 오렌지를 **4등분**했다.

It's a **quarter** of seven. 7시 **15분** 전이다.

The company's profits rose in the third **quarter**. 그 회사의 수익은 3**분기**에 늘어났다.

quarter of an hour는 15분(60분의 ¼)이고, 농구 경기 시간을 4등분한 것 중 하나를 '한 쿼터(quarter)'라고 해요.

15min

부분과 전체

암기 Tip

1892 +

section

[sékʃən]

명 **부분, 부문**

Our seats for the concert are in **section** A.
우리의 콘서트 좌석은 A **구역**에 있다.

'섹션TV연예통신'을 보신 적이 있나요? 한 주간 핫이슈가 된 연예계 부문들을 심층 보도한다는 의미로 이해해 보세요.

1893 +

percent

[pərsént]

명 **백분율, 퍼센트**

Twenty **percent** of the class failed the test.
그 학급의 20**%**의 학생들이 시험에 떨어졌다.

어원 센티미터가 100분의 1미터이듯이, cent는 centi-(100, 백)에서 온 말이에요.

1894 +

rate

[reit]

명 **1. 비율 2. 속도 3. 요금**
동 **평가하다**

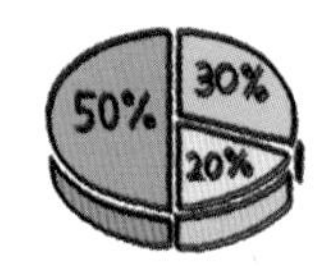

The crime **rate** is low near the school.
학교 주변의 범죄**율**은 낮다.

What's the current exchange **rate**?
현재 환**율**이 얼마예요?

Mike's **rate** of eating is too fast.
마이크는 먹는 **속도**가 너무 빠르다.

1895 ++

total

[tóutəl]

형 **총, 전체의**

What is the **total** amount of the bill?
계산서 **총**액이 얼마인가요?

totally [tóutəli] 부 완전히, 전부

부분들의 계산을 총합할 때 흔히 잘 쓰는 표현이지요.

1896 ++

whole

[houl]

형 **1. 전체의, 모든 2. 통째로 된**
명 **전체**

The **whole** world watches the Olympics.
전 세계가 올림픽을 지켜본다.

We cooked a **whole** chicken.
우리는 닭을 **통째로** 요리했다.

1897 +

entire

[intáiər]

형 **전체의, 완전한** (= whole 전체의)

The **entire** city became silent then.
그때 **온** 도시가 잠잠해졌다.

빠진 부분이 전혀 없는 '전체'임을 강조하는 표현이에요.

평균

암기 Tip

1898 +

average

[ǽvəridʒ]

형 **평균의** 명 **평균**

The **average** grade of my final exams was a B. 기말 고사의 내 **평균** 성적은 B이다.

볼링 게임의 점수는 0점에서 300점까지 가능한데, 한 경기당 평균적으로 얻는 점수를 애버리지(average)라고 하지요.

1899 ++

balance

[bǽləns]

명 1. 균형, 평형 2. 잔고, 잔액

동 균형을 잡다

The two sides have to be the same for **balance.** **균형**을 위해서는 양면이 같아야 한다.

Mom checked her bank **balance.**
엄마가 은행 **잔고**를 확인하셨다.

요새 유행하는 '워라밸'이라는 준말은 "Work and Life Balance"의 준말로, 일과 삶의 균형을 조화롭게 유지하는 것을 말해요.

1900 +

equal

[íːkwəl]

형 1. 같은, 동일한 2. 평등한

The teacher gave us **equal** slices of pizza.
선생님이 우리에게 **똑같은** 피자 조각을 똑같이 나눠주셨다.

The rules were not **equal** to everyone.
그 규칙은 누구에게나 **평등하지** 않았다.

뉘앙스 same은 사람, 사물, 장소 등이 같은 것을 의미하지만, equal은 양이나 정도가 같은 것을 의미합니다.

Apply, Check & Exercise

Answer Key p.316

A 영어는 우리말로, 우리말은 영어로 쓰세요.

1	volume	______	2	plenty	______
3	maximum	______	4	less	______
5	least	______	6	none	______
7	several	______	8	single	______
9	section	______	10	percent	______
11	rate	______	12	total	______
13	entire	______	14	수치, 인물	______
15	복수의	______	16	수량	______
17	계산하다	______	18	무작위의	______
19	충분한	______	20	12개	______
21	4분의 1	______	22	통째로 된	______
23	평균의	______	24	균형	______
25	같은, 평등한	______			

B 다음 빈칸에 알맞은 단어를 쓰세요.

1 plural : singular = 복수의 : ________________
2 quantity : quality = 수량 : ________________
3 calculate : ________________ = 계산하다 : 계산
4 minimum : ________________ = 최소의 : 최대의
5 more : ________________ = 더 많은 : 더 적은
6 single : ________________ = 하나의 : 몇몇의
7 total : totally = 전체의 : ________________
8 whole : ________________ = 전체의, 통째로 된 : 전체의, 완전한
9 plenty : sufficient = 많은 : ________________
10 percent : ________________ = 백분율 : 비율

C 다음 중 단어의 영영 풀이가 잘못된 것을 있는 대로 고르세요.

① dozen: a group of 10 people or things
② section: one of the parts that form something
③ quarter: one of two equal parts of something
④ random: chosen with a particular plan or pattern
⑤ equal: the same in number

D 배운 단어를 이용하여 빈칸에 알맞은 말을 넣으세요.

1 어떤 새도 노래하고 있지 않았다. → ________________ of the birds were singing.
2 올해 판매 수치는 훌륭했다. → This year's sales ________________ were excellent.
3 라디오 음량이 너무 크다. → The ________________ of the radio is too loud.
4 평균적으로 여성이 남성보다 오래 산다.
→ On ________________, women live longer than men.
5 그녀는 부엌에서 최소한의 시간만 보내려고 노력한다.
→ She tries to spend the ________________ time in the kitchen.
6 그녀는 충분한 은행 잔고가 있다. → She has a healthy bank ________________.

Unit 37 사물 묘사

발음 익히기

셀프 스터디

리스닝 훈련

암기 Tip

1901 +
feature
[fíːtʃər]

명 1. 특징, 특색 2. 얼굴 생김새, 이목구비 3. 특집 (기사)

동 (잡지 등에) 특집으로 싣다

Spots are a leopard's main **feature**.
반점은 표범의 주요 **특징**이다.

Her eyes are her best **feature**.
그녀는 **얼굴 생김새**에서 눈이 가장 멋지다.

This month's **feature** is on soccer.
이번 달 **특집 기사**는 축구에 관한 것이다.

요즘 노래에 피처링(featuring)을 많이 하죠? 다른 가수의 연주나 노래를 도와주는 것인데, 그것이 그 노래의 특징이 될 수도 있겠네요.

1902
depth
[depθ]

명 깊이

The pool's **depth** is 4 meters.
그 수영장의 **깊이**는 4미터이다.

deep[diːp] 형 깊은

deep(깊은)에서 depth라는 말이 나왔어요.

1903
length
[leŋkθ]

명 1. 길이 2. 기간

He is measuring the **length** of a desk.
그가 책상의 **길이**를 재는 중이다.

long(긴)에서 length라는 말이 나왔어요.

1904 +
typical
[típikəl]

형 전형적인, 대표적인

The song is **typical** of *the Beatles*.
그 노래는 **전형적인** 비틀즈 노래야.

단어 스펠링을 잘 살펴보면, '유형, 전형'을 뜻하는 type에서 온 말임을 알 수 있어요.

1905 +
particular
[pərtíkjələr]

형 1. 특정한 2. 특별한

Is there one **particular** brand you prefer?
선호하는 **특정한** 브랜드가 있나요?

Bob is looking for a **particular** song.
밥은 **특별한** 노래를 찾는 중이다.

part(부분)에서 나온 말로서 '전체'에 대비되는 의미예요.

1906
pile
[pail]

동 **쌓다, 포개다** 명 **더미, 무더기**

The boy **piled** rocks for his sandcastle.
소년이 모래성을 지으려고 조약돌을 **쌓았다**.

The **pile** of trash smells bad.
쓰레기 **더미**에서 악취가 난다.

1907
bundle
[bʌ́ndl]

명 **꾸러미, 묶음**

We packed **bundles** of clothes into boxes for moving.
우리는 이사를 위해 상자에 옷 **꾸러미**를 챙겼다.

어떤 상품을 판매할 때 다른 제품을 끼워 하나의 꾸러미(패키지)로 파는 것을 말하기도 해요. 또한, 컴퓨터를 살 때 함께 끼워 파는 소프트웨어를 '번들' 제품이라고 해요.

동·반의어 관계

암기 Tip

1908 +
broad
[brɔːd]

형 **넓은** (↔ narrow 좁은)

The ocean is **broad** and deep.
바다는 **넓고** 깊다.

뉘앙스 wide는 특히 폭이 넓다는 의미이고, broad는 사방이 다 넓을 때 많이 써요.

1909
tight
[tait]

형 **1.** (옷 등이) **꼭 끼는** **2. 단단한** (↔ loose 느슨한)
부 **단단히, 꽉**

Your pants are too **tight**!
네 바지가 너무 꽉 **낀다**!

Hold on **tight** to the rope!
밧줄을 **꽉** 잡아!

옷이 몸에 **꽉 끼면** 몸이 **단단히** 조이게 되지요.

1910
loose
[luːs]
철자주의

형 **느슨한, 헐거운**

One of Jane's front teeth is **loose**.
제인의 앞니 하나가 **흔들거린다**.

lose(~을 잃다)와 비슷한 철자이니 헷갈리지 않도록 주의해야 해요.

1911 +
smooth
[smuːð]

형 (표면이) **매끄러운** (↔ rough 거친)

Taylor has really **smooth** skin.
테일러의 피부는 정말 **매끄럽다**.

1912 +
rough
[rʌf]

형 1. 매끈하지 않은, 거친 2. 대강의, 대충의

Slow down on the **rough** road.
울퉁불퉁한 도로에서는 속도를 낮추세요.

Give me a **rough** idea of your plan.
네 계획에 대한 **대강의** 아이디어를 줘.

tough(터프한, 거친, 어려운)란 단어와 형태와 의미가 비슷하답니다.

1913 + +
surface
[sə́ːrfis]

명 겉, 표면

The moon's **surface** is covered with rocks and dust.
달의 **표면**은 바위와 먼지로 덮여 있다.

어원 sur-(= above) + face(= 얼굴)이니까 '얼굴의 윗면', 곧 '겉, 표면'이 되네요.

1914 + +
thick
[θik]

형 두꺼운, 굵은 (↔ thin 얇은, 가는)

Kyle wears **thick** glasses.
카일은 **두꺼운** 안경을 쓴다.

1915 +
neat
[niːt]

형 단정한, 정돈된 (↔ messy 지저분한, 엉망인)

Craig looks **neat** in his new suit.
새 양복을 입은 크레이그는 **단정해** 보인다.

우리가 니트라고 부르는 옷 종류 knitwear는 knit(뜨다, 짜다)에서 온 말이랍니다. neat과는 별개의 단어예요.

1916 +
complex
[kɑ́mpleks]

형 복잡한 (= complicated 복잡한)
명 복합 건물, 단지

The **complex** math problem was too hard.
그 **복잡한** 수학 문제는 정말 어려웠다.

Let's play at the sports **complex**.
종합 운동장으로 경기하러 가자.

점포나 사무실, 호텔 등 여러 가지 용도로 복잡하게 구성된 복합 건물을 complex라고 하고, 야외와 실내 스포츠를 모두 할 수 있는 종합 운동장을 sports complex라고 해요.

1917 +
brief
[briːf]

형 1. 간결한 2. 잠깐의 (= short 짧은, 얼마 안 되는)

She gave a **brief** summary of the problem.
그녀는 그 문제에 대해 **간결한** 요약을 해주었다.

The meeting will be **brief**.
그 미팅은 **잠깐 동안** 할 것이다.

요점을 간결하게 보고하고 설명하는 모임을 '브리핑(briefing)'한다고 하죠.

1918 +
fancy
[fǽnsi]

형 **1. 고급의, 일류의 2. 화려한, 장식이 많은**
명 **공상** (= fantasy)

James took me to a **fancy** restaurant.
제임스는 나를 **고급** 레스토랑에 데려갔다.

The website has a lot of **fancy** graphics.
그 웹사이트는 **화려한** 그래픽이 많다.

팬시 문구도 실용성보다는 장식을 위주로 한 예쁜 문구류라는 뜻으로 잘 쓰이죠. 식당 같은 곳이 필요 이상으로 고급이거나 값비쌀 때도 매우 잘 쓰여요.

1919 +
rapid
[rǽpid]

형 **빠른, 신속한** (= quick 빠른)

Her **rapid** speech is difficult to understand.
그녀의 **빠른** 연설은 이해하기가 어렵다.

속도가 빠르거나 빠른 시간 내에 이뤄질 때 잘 쓰여요.

기타

암기 Tip

1920
faint
[feint]

형 **1. 희미한, 어렴풋한 2. 현기증이 나는**
동 **기절하다**

We saw **faint** stars in the night sky.
우리는 밤하늘의 **희미한** 별들을 보았다.

She felt **faint** from hunger.
그녀는 굶어서 **현기증을** 느꼈다.

The child always **faints** at the sight of blood. 그 아이는 항상 피를 보면 **기절한다**.

현기증이 나니까 모든 것이 **희미하게** 보이고, 이내 **기절해** 버릴 수도 있다는 식으로 연결지어 암기해보세요.

1921
enormous
[inɔ́ːrməs]

형 **거대한, 막대한** (= large 큰, grand 웅장한, 장대한)

The **enormous** elephant is looking at a mouse. **거대한** 코끼리가 쥐를 바라보고 있다.

1922 +
mild
[maild]

형 **온화한, 순한**

It's a **mild** coffee, excellent for finishing off a meal. 그건 **순한** 커피여서 식사를 마치기에 아주 좋다.

순하고 부드러운 커피를 mild coffee라고 해요. 진한 커피는 strong coffee랍니다.

1923 +
pure
[pjuər]

형 **1. 순수한 2. 깨끗한, 맑은 3. 완전한**

Our burgers are made of 100% **pure** beef.
우리 버거는 100% **순수** 소고기로만 만듭니다.

The air was sweet and **pure**.
공기는 향기롭고 **깨끗했다**.

The look on her face was **pure** joy.
그녀의 표정은 **더할 나위 없는** 기쁨을 나타냈다.

의미 때문에 퓨어 에센스, 퓨어 크림식으로 주로 화장품의 이름에 잘 쓰여요.

1924 +

separate

형용사 [sépərət]
동사 [sépərèit]
철자주의

형 **분리된, 별개의** 동 **분리하다, 나누다**

They are two **separate** countries.
그들은 두 개의 **별개의** 국가이다.

The neck **separates** the head from the body. 목이 머리와 몸을 **나눈다**.

separate는 철자가 헷갈리기 쉬운 단어예요. p 다음에는 e가 아닌 a가 온다는 것을 꼭 기억하세요. 저 빨간 사과를 반으로 나눈 칼은 새파랗대(separate)!

1925 + +

tough

[tʌf]

형 **1. 힘든, 어려운 2. 강인한, 굳센**

Good friends help you get through **tough** times. 좋은 친구는 **힘든** 시기를 헤쳐 나가는 데 도움을 준다.

I know he is only a kid, but he is **tough**.
그가 아이라는 걸 알지만 그는 **강인하다**.

우리가 자주 쓰는 '터프가이'의 터프도 tough입니다. '남자다운, 강인한 사람'을 표현할 때 쓰이는 말이죠?

Apply, Check & Exercise

Answer Key p.316

A 영어는 우리말로, 우리말은 영어로 쓰세요.

1	typical	______	2	bundle	______
3	broad	______	4	tight	______
5	smooth	______	6	surface	______
7	thick	______	8	neat	______
9	complex	______	10	fancy	______
11	mild	______	12	pure	______
13	rapid	______	14	특징, 얼굴 생김새	______
15	깊이	______	16	길이	______
17	특정한	______	18	쌓다, 포개다	______
19	느슨한, 헐거운	______	20	거친, 대강의	______
21	간결한, 잠깐의	______	22	거대한, 막대한	______
23	분리된, 분리하다	______	24	힘든, 강인한	______
25	희미한, 현기증이 나는	______			

B 다음 빈칸에 알맞은 단어를 쓰세요.

1 depth : length = 깊이 : ________
2 broad : ________ = 넓은 : 좁은
3 rough : ________ = 거친 : 매끄러운
4 thick : ________ = 두꺼운 : 얇은
5 neat : ________ = 단정한 : 지저분한
6 brief : ________ = 간결한 : 짧은
7 enormous : ________ = 거대한 : 웅장한, 장대한
8 rapid : ________ = 신속한, 빠른 : 빠른
9 fancy : ________ = 공상 : 공상
10 particular : ________ = 특정한 : 전형적인

C 다음 중 단어의 영영 풀이가 잘못된 것을 있는 대로 고르세요.

① feature: an interesting or important quality
② pile: things that are put one on top of another
③ bundle: a group of things that are tied or wrapped
④ surface: an inside part of something
⑤ complex: easy to understand or explain

D 배운 단어를 이용하여 빈칸에 알맞은 말을 넣으세요.

1 그녀는 희미한 소음을 들었다. → She heard a ________ noise.
2 존은 온화한 청년이다. → John is a ________ young man.
3 그 반지는 순금으로 만들어졌다. → The ring was made of ________ gold.
4 남성과 여성용의 분리된 방들이 있다.
→ There are ________ rooms for men and women.
5 당신은 그 일을 충분히 감당할 만큼 강인한가요?
→ Are you ________ enough for the job?

Unit 38 빈도와 정도

빈도, 추정

암기 Tip

1926
barely
[bέərli]

부 1. 간신히, 겨우 2. 거의 ~않다

She **barely** arrived in time.
그녀는 **간신히** 늦지 않게 도착했다.

I **barely** ever eat walnuts.
나는 호두를 **거의** 먹지 **않는다.**

어법 barely는 이미 부정적인 뜻을 가지고 있어서, not과 같은 부정어와 함께 쓰지 않아요.

1927 +
frequently
[fríːkwəntli]

부 자주, 빈번히

He changes jobs **frequently.**
그는 **자주** 직장을 바꾼다.

frequent [fríːkwənt] 형 잦은, 빈번한

일정 횟수를 구매하면 무료 서비스를 주는 상점에서 횟수 확인을 위해 도장을 찍어주는 카드 있죠? 그걸 프리퀀트(frequent) 카드라고 해요. 자주 방문해서 구매하도록 유도하는 것이지요.

1928 +
hardly
[háːrdli]

부 거의 ~ 않는

I could **hardly** believe my eyes.
나는 내 눈을 **거의** 믿을 수 **없었다.**

형용사 hard(어려운, 힘든)에 -ly가 붙어서 부사인 '어렵게, 힘들게'의 의미인 것 같지만, 전혀 다른 뜻이므로 헷갈리지 않도록 주의해야 해요.

1929
mostly
[móustli]

부 주로, 일반적으로

I drink sugar-free colas, **mostly.**
나는 **주로** 무설탕 콜라를 마신다.

1930 ++
once
[wʌns]

부 1. 한 번 2. (과거) 언젠가

Tim goes to the gym **once** a week.
팀은 일주일에 **한 번** 헬스장에 간다.

Their music was **once** very popular.
그들의 음악은 **언젠가** 매우 인기가 있었다.

You Only Live Once. (인생은 한 번뿐이야.) 앞글자를 줄여 욜로(YOLO)라고 하죠. 인생은 한 번뿐이므로 현재의 삶에 충실하고 즐기며 살자는 의미로 쓰여요.

1931
rarely
[rέərli]

부 **드물게, 좀처럼 ~하지 않는**

She **rarely** talks about her past.
그녀는 자신의 과거에 대해 **좀처럼** 이야기**하지 않는다.**

rare [rɛər] 형 1. 드문, 희귀한 2. (음식이) 덜 구워진

보기 드문 진귀한 아이템을 말하는 '레어템'은 원래 '레어 아이템(rare item)'에서 온 것이에요.

1932
scarcely
[skέərsli]

부 **거의 ~ 않는**

I can **scarcely** believe it.
나는 그것을 **거의** 믿을 **수가 없다.**

scarce [skɛərs] 형 부족한, 드문

뉘앙스 rare는 자주 있는 일이 아니라서 드물고 희귀한 것이고, scarce는 양이 많이 존재하지 않아서 드물고 부족한 것을 의미해요.

1933
seldom
[séldəm]

부 **좀처럼 ~ 않는** (= rarely 드물게, 좀처럼 ~않는)

Susan had **seldom** seen him so angry.
수잔은 그가 그렇게 화내는 것을 **좀처럼** 보지 **못했다.**

1934 ++
usually
[jú:ʒuəli]

부 **보통, 대개**

We **usually** use emoticons to express feelings.
우리는 **보통** 감정을 표현하기 위해 이모티콘을 사용한다.

usual [jú:ʒuəl] 형 평상시의, 보통의 (↔ unusual 특이한, 흔치 않은)

100% 그런 것은 아니라도, 거의 습관적이라 할 수 있을 정도의 빈도를 말해요. 만약 주말이든 방학이든 하루도 빠짐없이 6시 반에 일어난다면 always(항상, 언제나)를 써요.

1935 +
per
[pər]

전 **~당, ~마다**

We visit Grandma three times **per** month.
우리는 한 달에 세 번 할머니 댁을 방문한다.

1936 +
probably
[prábəbli]

부 **아마** (= perhaps 아마)

I'll **probably** regret not buying the ticket.
나는 **아마** 그 티켓을 구입하지 않은 것을 후회할 것이다.

뉘앙스 possibly와 perhaps, maybe 등 가능성, 추측을 나타내는 단어들이 있는데, probably는 그중에서 가장 가능성이 큰, 십중팔구의 의미가 있습니다.

정도, 단계, 한계

암기 Tip

1937
extremely
[ikstríːmli]

부 **극도로, 극히**

It is **extremely** hot in here.
여기는 **극히** 뜨겁다.

묘기 자전거, 번지점프와 같이 극한에 도전하는 운동을 익스트림(extreme) 스포츠라고 해요.

1938
excess
[iksés]

명 **초과, 과잉**

She often eats to **excess**.
그녀는 자주 **과**식한다.

excessive [iksésiv] 형 지나친, 과도한
exceed [iksíːd] 동 넘다, 초과하다

1939 +
gradually
[grǽdʒuəli]

부 **서서히**

The car moved **gradually** forward.
그 차는 **서서히** 앞으로 움직였다.

gradual [grǽdʒuəl] 형 점진적인, 단계적인

1940
incredible
[inkrédəbl]

형 **1. 놀라운, 엄청난**
2. 믿기 어려운 (↔ credible 믿을 수 있는)

She decided to cover the **incredible** costs. 그녀가 **막대한** 비용을 감당하기로 결심했다.

The movie tells an **incredible** story.
그 영화는 **믿기 어려운** 이야기를 하고 있다.

<인크레더블(The Incredibles)>이라는 애니메이션 영화는 놀라운 힘을 가진 슈퍼히어로들의 이야기죠.

1941 ++
quite
[kwait]
철자주의, 발음주의

부 **꽤, 상당히, 완전히**

The concert hall was not **quite** full last night. 그 콘서트홀은 어젯밤에 **완전히** 다 차지 않았다.

quite와 quiet(조용한)은 비슷하게 생겨서 헷갈려요. quiet을 E.T.를 만나서 너무 놀란 나머지 아무 소리를 내지 못해서 조용하다고 외워보는 건 어떨까요?

1942
fairly
[fέərli]
철자주의

부 **상당히, 꽤**

The house has a **fairly** large garden.
그 집은 **상당히** 큰 정원이 있다.

fairly(꽤)와 fairy(요정의)는 비슷하게 생겼지만 뜻은 전혀 달라요. 부사에는 -ly가 붙는다는 걸 알면, 덜 헷갈리겠죠?

1943 +

rather

[rǽðər]

부 상당히, 약간

It's a **rather** difficult question.
그건 **상당히** 어려운 질문이다.

뉘앙스 rather는 보통 비판, 실망을 나타낼 때 자주 쓰여요. quite(꽤)보다는 좀 더 약한 표현이죠.

1944

highly

[háili]

부 1. 크게, 대단히 2. 높이, 많이

Mr. Burns **highly** recommended that movie. 번스 씨가 그 영화를 **강력히** 추천했다.

She is a **highly** educated woman.
그녀는 교육을 **많이** 받은 여성이다.

1945

slight

[slait]

형 약간의, 조금의

There is a **slight** chance of rain.
비가 올 가능성이 **약간** 있다.

slightly [sláitli] 부 약간, 조금

light(가벼운, 많지 않은) 앞에 s-를 붙인 모습이네요. 서로 비슷한 의미(약간의, 조금의)를 가졌답니다.

1946

minor

[máinər]

형 작은, 사소한, 중요하지 않은 (↔ major 주요한)

A **minor** group opposes the plan.
한 **소수** 집단이 그 계획을 반대한다.

The spelling error is a **minor** problem.
철자 오류는 **사소한** 문제이다.

minority [minɔ́(:)rəti] 명 소수

미국 프로야구리그 중에는 메이저리그가 있고 마이너리그가 있는데요, 마이너리그가 더 하위의 개념이에요.

1947 +

decrease

[dikríːs]

동 줄다, 감소하다 (↔ increase 증가하다)
명 감소

Their sales have **decreased** a lot.
그들의 판매량이 크게 **하락해** 왔다.

There has been a steady **decrease** in violent crime in New York.
뉴욕에서 강력 범죄가 꾸준히 **감소해** 왔다.

어원 de(= 반대의) + crea(se)(= 자라다) → 반대로 자라는 것 → 줄어들다, 감소하다

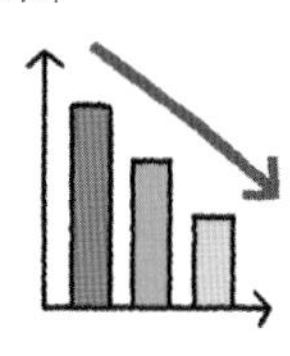

1948 + +

limit

[límit]

명 제한, 한계 동 제한하다, 한정하다

The speed **limit** on this road is 25 MPH.
이 도로의 **제한** 속도는 시속 25마일이다.

Travelers need to set **limits** on their budgets. 여행자들은 예산에 **한계**를 정해 둬야 한다.

누군가에게, 무언가에 한계를 만드는 것이 제한하다겠죠? 자신에게 한계를 짓지 않도록 하세요. 사람의 능력은 무한대니까요.

1949

merely

[míərli]

부 **단지, 그저** (= only 단지, simply 그저)

This is **merely** a minor delay.

이건 **그저** 사소하게 지연되는 거예요.

뉘앙스 merely는 중요하지 않거나, 별거 아닌 '그저'라는 의미를 함축하고 있어요.

1950 +

indeed

[indíːd]

부 **정말로, 확실히**

Indeed, he is a great singer.

정말로 그는 위대한 가수이다.

문장 전체 또는 어구를 강조하기 위해서 쓰인답니다.

Apply, Check & Exercise

Answer Key p.317

A 영어는 우리말로, 우리말은 영어로 쓰세요.

1 barely ________

2 mostly ________

3 hardly ________

4 scarcely ________

5 seldom ________

6 per ________

7 excess ________

8 quite ________

9 fairly ________

10 rather ________

11 minor ________

12 limit ________

13 indeed ________

14 자주, 빈번히 ________

15 드물게 ________

16 한 번, 언젠가 ________

17 보통, 대개 ________

18 아마 ________

19 극도로 ________

20 서서히 ________

21 놀라운, 믿기 어려운 ________

22 크게, 높이 ________

23 감소하다 ________

24 단지, 그저 ________

25 약간의, 조금의 ________

B 다음 빈칸에 알맞은 단어를 쓰세요.

1 frequently : ________ = 자주 : 간신히, 겨우
2 rarely : ________ = 드물게 : 주로, 일반적으로
3 hardly : scarcely = 거의 ~ 않는 : ________
4 probably : perhaps = 아마 : ________
5 excess : ________ = 초과 : 초과하다
6 gradually : gradual = 서서히 : ________
7 incredible : credible = 믿기 어려운 : ________
8 fairly : ________ = 상당히 : 꽤, 상당히, 완전히
9 highly : slightly = 대단히, 많이 : ________
10 minor : major = 사소한 : ________
11 decrease : ________ = 감소하다 : 증가하다

C 다음 중 단어의 영영 풀이가 잘못된 것을 있는 대로 고르세요.

① limit: a point beyond which it is not possible to go
② seldom: in most cases
③ rather: to some degree or extent
④ per: for each
⑤ extremely: very small in degree

D 배운 단어를 이용하여 빈칸에 알맞은 말을 넣으세요.

1 나는 그를 한 번 만났을 뿐이다. → I have only met him ________.
2 그 여행은 보통 네 시간이 걸린다. → The trip ________ takes four hours.
3 마이크는 단지 좋은 친구 사이일 뿐이다. → Mike is ________ a good friend.
4 그 문제는 정말로 심각하다. → The problem is a serious one ________.

Unit 39 시간과 순서

발음 익히기

셀프 스터디

리스닝 훈련

특정 기간, 시간

암기 Tip

1951 ++
period
[píəriəd]

명 기간, 시대

Students hate exam **periods**.
학생들은 시험 **기간**을 싫어한다.

period에는 '마침표, 종지부'라는 뜻도 있습니다. 한 기간, 시기의 끝이라는 뜻으로 이해해도 되겠죠?

1952 +
current
[kə́:rənt]

형 현재의, 지금의
명 (물이나 공기 등의) 흐름

The **current** issue of the magazine came out today. 그 잡지의 **최신**호가 오늘 출간됐다.

Here the **current** is very strong.
이곳은 **물살**이 매우 세다.

흘러간 물은 돌아오지 않는 것처럼, **지금** 일어나는 일과 **현재** 역시 절대 되돌아오지 않아요.

1953 +
modern
[mádərn]

형 현대의, 오늘날의

Religion has no place in the **modern** world. **현대** 세계에서는 종교가 설 자리가 없다.

'모던하다'라는 말을 종종 들을 수 있는데요, 현대 감각에 맞게 '세련되었다'라는 뜻이지요.

1954 +
nowadays
[náuədèiz]
철자주의

부 요즘에는

Fashion is very important **nowadays**.
요즘에는 패션이 아주 중요하다.

now(지금)의 days(날들)이니까 '요즘에는, 오늘날'이라는 뜻이 되네요. now와 days의 사이에 a를 빠트리지 않도록 주의해요!

1955 ++
anymore
[ènimɔ́:r]

부 더 이상은, 이제는

I don't play computer games **anymore**.
나는 **더 이상** 컴퓨터 게임을 하지 않는다.

어법 anymore는 주로 부정문에서 쓰여요.

1956 +
recent
[ríːsənt]

형 최근의

Recent economic trends caused the company to close.
최근의 경제 동향이 그 기업을 문 닫게 했다.

recently [ríːsəntli] 부 최근에, 요즈음 (= lately 최근에)

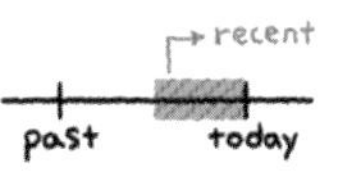

1957 +
lately
[léitli]

부 최근에, 요즈음 (= recently 최근에)

I've been really busy **lately**.
나는 **최근에** 정말 바빴다.

어법 late(늦은, 늦게)에는 '최근의'라는 뜻도 있어요. 이 말에 -ly가 붙어 부사가 된 것이랍니다.

1958 ++
past
[pæst]

명 과거 형 과거의, 지나간

Don't look back! There's nothing in the **past**. 뒤돌아보지 마! **과거**에는 아무것도 없어.

1959 +
anytime
[énitàim]

부 언제든지, 언제나

You can print photos **anytime** with this printer. 이 프린터로 **언제든지** 사진을 출력할 수 있습니다.

'애니타임(anytime)'은 언제든 상쾌한 시간을 가질 수 있는 사탕이지요.

1960 ++
someday
[sʌ́mdèi]

부 언젠가, 머지않아, 훗날

Someday, I'll go to Machu Picchu.
언젠가 나는 마추 픽추에 갈 것이다.

〈Someday...〉
I'll be a scientist. 
I'll have a puppy. 
I'll travel the world. 

1961 ++
century
[séntʃəri]

명 1세기, 100년

How did we live a **century** ago?
100년 전에 사람들은 어떻게 살았을까?

어원 centimeter는 '100분의 1미터'를 의미하는 것에서 볼 수 있듯이, cent-나 centi-는 '100' 또는 '100분의 1'이라는 의미가 포함된 단어를 만들어요.

1962 + +

daily
[déili]

형 **매일의** 부 **매일, 날마다**

Mike reads the **daily** newspaper.
마이크는 **일간** 신문을 읽는다.

daily와 dairy(유제품의)는 비슷하게 생겨서 헷갈릴 수 있으니, 주의해서 암기하세요. day(일, 날)에 -ly가 붙으면서 y가 i로 변화된 것으로 이해해 보세요.

1963

decade
[dékeid]

명 **10년**

They have been a top company in the area for three **decades**.
그들은 30년 간 그 업계에서 최고의 기업이었다.

100년은 '세기'라고 하는데, 10년을 지칭하는 우리말 단위는 없어요. 하지만 영어에는 decade란 말이 있죠.

1964 +

midnight
[mídnàit]

명 **자정(밤12시), 한밤중**

The restaurant is open from 5 p.m. to **midnight**.
그 레스토랑은 오후 5시부터 **자정**까지 연다.

어원 middle(중간의)이란 단어에서 알 수 있듯이 mid-는 '중간'이란 의미가 있어요. 이것과 night(밤)이 합쳐져서 된 말이에요.

1965

meanwhile
[mí:nwàil]

부 **그 동안에, 그 사이에**

You can set the table. **Meanwhile**, I'll start making dinner.
네가 식탁을 차리면, **그 동안에** 나는 저녁을 준비할게.

어원 mean은 '중간의'라는 의미를 가진 median에서 온 단어예요. 따라서 '(다른 일이 일어나고 있는) 그 동안에'라는 뜻이 됩니다.

순서

암기 Tip

1966 +

series
[sí(:)əri:z]

명 **1. 일련, 연속 2. 연재물, 시리즈**

A **series** of tests starts on Tuesday.
일련의 테스트가 화요일에 시작된다.

The last book in the **series** comes out today. **시리즈**의 마지막 권이 오늘 발행된다.

<반지의 제왕>이나 <해리포터>는 여러 권으로 이루어진 시리즈물이죠. 이처럼 책이나 영화, 드라마 시리즈는 같은 종류의 연속물을 가리킵니다.

1967

former
[fɔ́:rmər]

형 **1. 예전의, 과거의 2. 앞서 말한**

This game is a fight between two **former** world champions.
이 경기는 두 명의 **예전** 세계 챔피언끼리의 대결이다.

Jack and Bill are twins, but the **former** is taller. 잭과 빌은 쌍둥이인데, **전자가**(잭이) 더 크다.

1968 +
following
[fálouiŋ]

형 다음에 나오는, 다음의

What are your plans for the **following** year? 내년 계획이 뭐예요?

follow는 '따라오다'라는 뜻이죠. following은 '따라오는 것'이므로, '다음의'라는 뜻이 되네요.

1969
initial
[iníʃəl]

형 처음의 (= first 첫 번째의), 초기의
명 (이름의) 첫 글자

Her **initial** reaction was to say no.
그녀의 **첫** 반응은 거절이었다.

She put her **initials** on the contract.
그녀는 자신 이름의 **첫 글자들**을 계약서에 적었다.

책이나 가방 같은 개인 소장품에 '이니셜'을 그려 넣어 본 적이 있나요? 그때 '이니셜'은 이름의 첫 글자를 의미하죠.

1970
previous
[príːviəs]

형 이전의, 앞선

I had met Ronan there the **previous** day.
나는 **전**날 그곳에서 로넌을 만났다.

어원 prepare(준비하다)와 같이 pre-는 '앞의'를 의미해요.

1971 +
primary
[práiməri]

형 1. 초기의, 첫째의 2. 주된, 주요한

I entered **primary** school in 2008.
나는 2008년에 **초등**학교에 입학했다.

Children are our **primary** concern.
아이들이 우리의 **주된** 관심사이다.

primitive [prímətiv] 형 원시(시대)의

초등학교는 elementary school 외에도 primary school이라고도 해요.

1972
prime
[praim]

형 1. 가장 중요한, 주된 2. 최고의, 최상의
명 전성

The wine industry is of **prime** importance to the city. 와인 산업이 그 도시에 **가장 중요하다**.

Here's her collection's **prime** piece.
여기 그녀의 작품집의 **주요** 작품이 있습니다.

England's **prime** was in the 1800s.
영국의 **전성기**는 1800년대였다.

가장 TV 시청률이 높은 시간대는 '프라임 타임(prime time)'이라고 하지요. 영화 <트랜스포머>에서는 '옵티머스 프라임'이 리더이고요. '최고'를 지칭하는 말이니까 좋은 뜻으로 쓰이지요.

1973 + +
suddenly
[sʌ́dnli]

부 갑자기

Suddenly the lights went out.
갑자기 불이 나갔다.

sudden [sʌ́dn] 형 갑작스러운

'서든어택(Sudden Attack)'이라는 게임이 있죠? 갑작스러운 공격이란 뜻에서 나온 이름이랍니다.

1974 + +

until

[əntíl]

전 ~까지

I stayed **until** midnight.
나는 자정**까지** 머물렀다.

어법 'You should leave by 12.'라고 하면 12시나 그 전에 떠나면 돼요. 'You should wait until 12.'는 12시까지 쭉 기다려야 해요. by는 행동을 한번 하는 것이고, until은 행동을 쭉 계속하는 것이에요. until이 by보다 단어 길이가 기니까, 쭉 이어진다고 생각하면 쉬워요.

1975 +

within

[wiðín]

전 1. (기간) ~이내에 2. (공간) ~안에

They will finish the bridge **within** two years. 그들은 2년 **이내에** 다리를 완공할 것이다.

If the cells are **within** the nervous system, they are called neurons.
세포들이 신경계 **안에** 있으면, 뉴런이라고 부른다.

Apply, Check & Exercise

Answer Key p.317

A 영어는 우리말로, 우리말은 영어로 쓰세요.

1	current	______	2	modern	______
3	anymore	______	4	recent	______
5	lately	______	6	past	______
7	anytime	______	8	someday	______
9	daily	______	10	midnight	______
11	series	______	12	prime	______
13	until	______	14	기간, 시대	______
15	요즘에는	______	16	1세기	______
17	10년	______	18	그 동안에	______
19	예전의, 앞서 말한	______	20	갑자기	______
21	~안에, ~이내에	______	22	다음에 나오는	______
23	처음의, 첫 글자	______	24	이전의, 앞선	______
25	초기의, 주된	______			

B 다음 빈칸에 알맞은 단어를 쓰세요.

1	late : lately	=	늦은 : ________
2	recent : recently	=	최근의 : ________
3	past : ________	=	과거의, 과거 : 현대의, 오늘날의
4	someday : ________	=	언젠가 : 언제든지
5	following : previous	=	다음의 : ________
6	primary : primitive	=	초기의, 주된 : ________
7	suddenly : sudden	=	갑자기 : ________
8	until : ________	=	~까지 : ~이내에, ~안에
9	century : decade	=	1세기 : ________

C 다음 중 단어의 영영 풀이가 잘못된 것을 있는 대로 고르세요.

① period: a length of time during which an action takes place
② current: happening or existing now
③ nowadays: in the past time
④ daily: happening every other day
⑤ series: a number of things that happen one after the other

D 배운 단어를 이용하여 빈칸에 알맞은 말을 넣으세요.

1 그녀는 공부하면서 4년을 보냈다. 그 동안에 상점에서 일을 계속했다.
→ She spent four years studying. ________, she continued to work at the store.

2 시계가 자정을 알렸다. → The clock struck ________.

3 나는 이제 더 이상 그들을 보지 않는다. → I never see them ________.

4 그는 전직 경찰관이다. → He is a ________ police officer.

5 초기의 판매 수치는 아주 좋았다. → ________ sales figures have been very good.

6 흡연이 그 병의 주된 요인이다. → Smoking is the ________ cause of the disease.

Unit 40 의미를 더 명확히 해주는 어휘

대조, 반대

암기 Tip

1976
despite
[dispáit]

전 **~에도 불구하고** (= in spite of ~에도 불구하고)

He ran the race **despite** an injury.
그는 부상**에도 불구하고** 완주했다.

in spite of는 말할 때 주로 쓰이고 despite은 영어 신문 등에서 더 자주 볼 수 있는 말이에요.

1977 ++
still
[stil]

부 **1. 아직 2. 그럼에도 불구하고**
3. ((비교급 강조)) **훨씬**
형 **가만히 있는, 정지한**

He **still** lives there. 그는 **아직** 거기에 산다.

The weather was bad. **Still**, we had a great time. 날씨는 나빴다. **그럼에도 불구하고** 우리는 대단히 즐거운 시간을 보냈다.

He grew trees so that the place would be **still** more beautiful.
그는 그곳이 **훨씬** 더 아름답게 되도록 나무를 키웠다.

She was looking at the **still** waters of the lake. 그녀는 호수의 **가만히 있는** 물을 보고 있었다.

가만히 있으라고 **했는데도 아직**도 몸을 움직이고 있구나!

1978
nevertheless
[nèvərðəlés]

부 **그럼에도 불구하고**

What he said was true. It was, **nevertheless**, a little unkind.
그가 말한 것은 사실이었다. **그럼에도 불구하고**, 좀 불친절했다.

'앞서 말한 사실에 상관없이'의 의미랍니다.

1979
otherwise
[ʌ́ðərwàiz]

부 **1. 그렇지 않으면 2. 그 외에는**

Something must be wrong. **Otherwise**, she would have called.
뭔가 잘못된 게 틀림없어. **그렇지 않으면**, 그녀는 전화했을 텐데.

I don't like the ending, but **otherwise** it is a good movie.
결말은 좋아하지 않지만, **그 외에는** 좋은 영화이다.

어원 예전에는 wise(현명한)가 '방법'이라는 뜻으로도 쓰였답니다. other(다른) + -wise(방법) → 다른 방법으로는 → otherwise(그 외에는)

1980 +
(al)though
[(ɔ:l)ðóu]

접 (비록) ~이긴 하지만 부 그러나, 그래도

Although the car is old, it still runs well.
비록 차가 낡았**지만**, 아직 잘 달린다.

어젯밤 충분한 숙면을 취하지 못했어도(though), 그래도(though) 시험을 잘 칠 수 있을거야. '~도'가 though와 발음과 뜻이 같네요.

1981
unless
[ənlés]

접 만약 ~이 아니면, ~하지 않는 한

He will go to jail **unless** he admits the truth.
그가 사실을 인정**하지 않는다면** 그는 감옥에 가게 될 것이다.

뉘앙스 unless는 장차 충분히 발생할 수 있는 일에 대해 말할 때 써요. 그렇지 않은 일에는 if… not을 써야 해요.

1982
whereas
[*h*wɛərǽz]

접 반면에, 그러나

She likes meat, **whereas** her sister likes fish. 여동생은 생선을 좋아하는 **반면에** 그녀는 고기를 좋아한다.

대조되는 두 가지를 말할 때 쓰인답니다.

원인, 결과

암기 Tip

1983 + +
therefore
[ðέərfɔ̀:*r*]

부 그러므로

The cell phone is thin and **therefore** very convenient. 그 휴대전화는 얇아서 아주 편리하다.

'그래서 ~'라고 말할 때 so가 가장 흔하게 쓰이죠? therefore는 so의 격식체 표현이에요. 일상적인 회화에서도 종종 쓰이고, 글을 쓸 때도 많이 사용해요.

1984
thus
[ðʌs]

부 1. 이렇게, 이와 같이 2. 따라서, 그러므로

The producers will raise prices, **thus** increasing their profits.
생산자들은 가격을 올려서 이익을 증가시킬 것이다.

No decision was made, and **thus** the situation remains unclear.
아무 결정도 내려지지 않았고, **따라서** 상황은 여전히 불투명하다.

thus far는 '이제까지는, 여태까지'라는 뜻으로 so far와 같은 의미예요.

1985 +
closely
[klóusli]

부 1. 밀접하게, 친밀하게 2. 면밀히

These two issues are **closely** linked.
이 두 이슈는 **밀접하게** 연결되어 있다.

Voters should **closely** examine all the issues. 투표자들은 모든 이슈를 **면밀히** 점검해야 한다.

close의 '가까운'이라는 의미를 유지하고 있어요. 두 번째 뜻인 '면밀히'도 '가까운' 거리에서 가능한 것이죠.

1986 + +

especially

[ispéʃəli]

부 특히, 특별히

I don't like long walks, **especially** in summer.
나는 오래 걷는 것을 좋아하지 않는데, **특히** 여름에 그렇다.

special(특별한)이라는 단어가 포함되어 있네요.

1987 +

exactly

[igzǽktli]

부 정확하게

Jordan arrived at **exactly** six o'clock.
조던은 **정확히** 6시 정각에 도착했다.

exactly는 대화할 때 맞장구치며 "맞아, 바로 그거야."라고 할 때도 쓰여요. 내가 생각하는 걸 정확하게 맞혔어. 라는 의미겠죠?

1988 +

except

[iksépt]

전 ~을 제외하고

Every flower is white **except** one.
하나만 **제외하고** 모든 꽃이 하얗다.

어원 ex-(= out) + -cept(= take) → 밖으로 빼다 → ~을 제외하고

1989 +

fortunately

[fɔ́ːrtʃənətli]

부 다행스럽게도, 운 좋게도 (↔ unfortunately 불행하게도, 유감스럽게도)

Fortunately, the plane was able to land safely. **다행스럽게도**, 그 비행기는 안전하게 착륙할 수 있었다.

1990 +

frankly

[frǽŋkli]

부 솔직히 (= honestly 솔직히)

Mr. Tyler is **frankly** boring.
타일러 선생님은 **솔직히** 지루해.

"내가 아는 **프랭크(Frank)**는 정말 **솔직한** 친구야!" 라고 외워보는 건 어떨까요?

1991

furthermore

[fə́ːrðərmɔ̀ːr]

부 뿐만 아니라, 더욱이

She always works hard. Her work, **furthermore**, has always been excellent.
그녀는 항상 열심히 일한다. **더욱이** 그녀가 해온 일은 항상 뛰어났다.

'더 멀리'의 의미인 further와 '더 많은'의 의미인 'more'이 합쳐져 있네요. '더 멀리 보자면, 더 많이 덧붙이자면' 정도의 의미가 되어 '뿐만 아니라, 더욱이'가 되었어요.

1992
moreover
[mɔːróuvər]

부 게다가, 더욱이

The rent is not expensive and, **moreover**, the view is perfect.
임대료는 비싸지 않고, **게다가** 경관이 완벽하다.

more는 '~보다 더'라는 뜻이죠. 무언가 보다 더(more) 넘치는(over) 것이니까, '더욱이'라는 뜻이 되네요.

1993
approximately
[əprɑ́ksimətli]

부 대략, 거의

The journey took **approximately** seven months. 그 여정은 **대략** 7달 걸렸다.

수학에서 흔히 말하는 근사치를 뜻해요. 딱 들어맞는 수치는 아니지만 정확한 수치에 가깝다는 의미지요.

1994 +
clearly
[klíərli]

부 뚜렷하게, 분명히

She speaks very **clearly**.
그녀는 아주 **분명하게** 말한다.

clear(분명한, 알아보기 쉬운)의 의미가 포함되어 있어요.

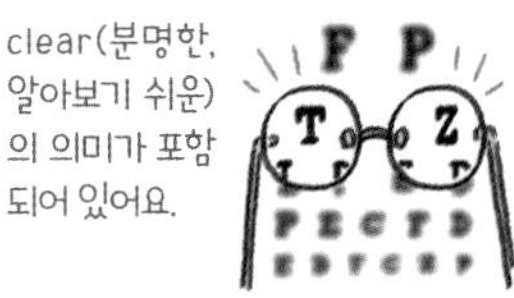

1995
necessarily
[nèsisέ(:)rəli]

부 반드시, 필연적으로

This attempt **necessarily** involves some risk. 이 시도에는 **필연적으로** 어느 정도의 위험이 따른다.

necessary는 '필요한' 외에도 '필연적인'이라는 의미가 있는데 이를 부사로 만든 것이에요. 반면, unnecessarily는 '불필요하게'의 의미이므로 necessarily와 반의어라고는 할 수 없어요.

1996
somehow
[sʌ́mhàu]

부 1. 어떻게든 2. 왠지, 웬일인지

It will all work out **somehow**.
어떻게든 모두 잘 해결될 것이다.

Somehow, I just don't think it'll work.
왠지 효과가 있을 거 같지 않다.

어려운 시험 공부를 **어떻게든** 해 낼 수 있는 **어떤(some) 방법(how)**이 있을 거야.

1997 +
terribly
[térəbli]

부 몹시, 지독하게

I'm **terribly** hungry! 배가 **몹시** 고파!

terrible은 '끔찍한, 무시무시한' 외에도 '심한, 지독한'의 의미가 있는데 이를 부사로 만든 것이에요. 주로 대화할 때 자주 쓰인답니다.

1998 ++
even
[íːvən]

부 심지어, ~조차도

형 고른, 균등한 (= flat 평평한, 고른)

My grandma doesn't **even** have a computer! 우리 할머니는 컴퓨터**조차** 없으셔!

It is important to build on **even** ground.
평평한 땅 위에 건물을 짓는 것이 중요하다.

뉘앙스 flat(평평한, 고른)은 높낮이가 고르고 납작한 걸 말해요. even은 높낮이뿐 아니라 크기, 양, 속도가 고른 걸 얘기한답니다. '고른 치아'라고 할 때는 'even teeth'가 되는 거죠.

1999 ++

yet
[jet]

부 **아직, 여전히**
접 **하지만, 그럼에도 불구하고**

It's not time to eat **yet**. **아직** 먹을 때가 아니다.

The sun was shining, **yet** it was quite cold.
해가 빛나고 있었**지만** 상당히 추웠다.

I haven't ① **yet** been to Seoul. ② **Yet** I'll visit there next month.
(나는 ① **아직** 서울에 가본 적은 없어. ② **하지만** 나는 다음 달에 그곳을 방문할 거야.)

2000 +

due
[djuː]

형 **1. ~로 인한 2. ~하기로 예정된 3.** (돈을) **지불해야 하는**

Due to the bad weather, the game was canceled. 나쁜 날씨**로 인해** 경기가 취소되었다.

The movie is **due** out this summer.
그 영화는 금년 여름에 개봉**하기로 예정되어** 있다.

The bill is **due** at the end of the month.
그 청구서는 이달 말까지 **지불해야** 한다.

어법 첫 번째 뜻으로는 be due to(~ 때문이다)의 형태로 거의 쓰인답니다.

Apply, Check & Exercise

Answer Key p.317

A 영어는 우리말로, 우리말은 영어로 쓰세요.

1 still ________ 2 nevertheless ________
3 although ________ 4 unless ________
5 therefore ________ 6 thus ________
7 closely ________ 8 especially ________
9 frankly ________ 10 furthermore ________
11 moreover ________ 12 necessarily ________
13 somehow ________ 14 ~에도 불구하고 ________
15 그렇지 않으면 ________ 16 반면에 ________
17 정확하게 ________ 18 ~을 제외하고 ________
19 다행스럽게도 ________ 20 대략, 거의 ________
21 뚜렷하게 ________ 22 몹시, 지독하게 ________
23 심지어, 고른 ________ 24 아직, 여전히 ________
25 ~하기로 예정된 ________

B 다음 빈칸에 알맞은 단어를 쓰세요.

1 despite : nevertheless = ~에도 불구하고 : ______________

2 honestly : ______________ = 솔직히 : 솔직히

3 fortunately : ______________ = 다행스럽게도 : 불행하게도

4 unless : ______________ = 만약 ~이 아니면 : 그렇지 않으면

5 therefore : ______________ = 그러므로 : 반면에, 그러나

6 exactly : ______________ = 정확하게 : 뚜렷하게, 분명히

7 furthermore : ______________ = 더욱이 : 더욱이, 게다가

8 flat : ______________ = 평평한 : 고른, 심지어

C 다음 중 단어의 영영 풀이가 잘못된 것을 있는 대로 고르세요.

① terribly: in a very pleasant way

② although: despite the fact that

③ approximately: close in amount but not precise

④ except: not including someone or something

⑤ especially: less than usually

D 배운 단어를 이용하여 빈칸에 알맞은 말을 넣으세요.

1 그 시인은 그것을 이렇게 표현했다. → The poet expressed it ______________.

2 오늘은 날씨가 여전히 춥다. → It's ______________ cold today.

3 그녀는 어떻게 해서 지갑을 찾게 되었다.
→ She ______________ managed to find her purse.

4 우리는 그들의 행동을 면밀히 연구해 왔다.
→ We have studied their behavior ______________.

Final Check

UNIT 36-40

UNIT 36~UNIT 40에서 배운 125단어의 의미를 복습해 볼까요?
뜻이 떠오르지 않거나 시간이 오래 걸리는 것들은
에 따로 체크해서 즉시즉시 떠오를 때까지 반복해서 복습해주세요.

1876 figure
1987 exactly
1925 tough
1943 rather
1991 furthermore
1920 faint
1962 daily
1948 limit
1992 moreover
1888 dozen
1998 even
1927 frequently
1995 necessarily
1983 therefore
1922 mild
1985 closely
1990 frankly
1887 none
1945 slight
1954 nowadays
1929 mostly
1981 unless
1902 depth
1971 primary
1915 neat

1912 rough
1900 equal
1879 quantity
1936 probably
1934 usually
1877 plural
1976 despite
1967 former
1949 merely
1880 calculate
1960 someday
1889 several
1914 thick
1970 previous
1910 loose
1944 highly
1956 recent
1942 fairly
1886 less
1966 series
1953 modern
1899 balance
1904 typical
1980 (al)though
1997 terribly

1894 rate
1958 past
1891 quarter
1946 minor
1988 except
1933 seldom
1890 single
1921 enormous
1935 per
2000 due
1932 scarcely
1906 pile
1999 yet
1939 gradually
1947 decrease
1974 until
1959 anytime
1930 once
1951 period
1897 entire
1969 initial
1908 broad
1878 volume
1884 maximum
1979 otherwise

1937 extremely
1996 somehow
1893 percent
1881 random
1901 feature
1973 suddenly
1911 smooth
1909 tight
1882 plenty
1961 century
1952 current
1972 prime
1883 sufficient
1965 meanwhile
1982 whereas
1963 decade
1955 anymore
1917 brief
1898 average
1964 midnight
1924 separate
1957 lately
1895 total
1950 indeed
1994 clearly

1931 rarely
1938 excess
1907 bundle
1913 surface
1885 least
1896 whole
1940 incredible
1905 particular
1918 fancy
1892 section
1903 length
1993 approximately
1916 complex
1926 barely
1986 especially
1978 nevertheless
1941 quite
1928 hardly
1984 thus
1923 pure
1968 following
1977 still
1989 fortunately
1919 rapid
1975 within

Don't be afraid of limitations
but imagine and try.

Answer Key

Part 1 + About me

UNIT 01 성격과 태도

p.24

A 1 성격, 개성 2 긍정적인, 낙관적인 3 활동적인, 적극적인 4 쾌활한, 명랑한 5 용감한, 대담한 6 상냥한, 연한 7 상냥한, 온화한 8 예의 바른, 공손한 9 현실적인 10 이상한, 홀수의 11 버릇없는, 무례한 12 어리석은, 바보 같은 13 소극적인, 수동적인 14 character 15 energetic 16 eager 17 confident 18 generous 19 sensitive 20 responsible 21 diligent 22 attractive 23 curious 24 negative 25 selfish

B 1 특징적인 2 positive 3 passive 4 bold 5 cheerful 6 후한, 관대한 7 polite 8 책임, 책무 9 curiosity 10 odd

C ④ ('어리석은, 바보 같은'을 의미하므로 deep thought는 lack of thought, lack of understanding 등이 되어야 한다.) ⑤ ('상냥한, 점잖은'을 의미하므로 a rude nature는 a kind and quiet nature가 되어야 한다.)

D 1 cheerful 2 tender 3 eager 4 diligent 5 attractive

UNIT 02 감정

p.30

A 1 기분, 분위기 2 큰 기쁨, 아주 즐겁게 하다 3 흥분시키다, 신나게 하다 4 몹시 놀라게 하다 5 고마워하는 6 자존심, 자랑스러움 7 감정을 상하게 하다, 죄를 범하다 8 ~을 겁주다, 불안감 9 비명을 지르다, 소리 지르다, 비명 10 우울하게 만들다 11 부러워하다, 부러움 12 잘못, 단점, 나무라다 13 긴장, 불안 14 pleasant 15 thrill 16 satisfy 17 hopeful 18 sincere 19 annoy 20 frighten 21 embarrass 22 regret 23 anxious 24 jealous 25 ashamed

B 1 기쁨, 즐거움 2 정말 기분 좋은, 마음에 드는 3 excited 4 놀라운 5 황홀한, 흥분되는 6 satisfaction 7 offense 8 regretful 9 불안감, 염려 10 scare 11 proud 12 질투하는, 시기하는

C ② ('고마워하는, 감사하는'을 의미하므로 regret은 thanks가 되어야 한다.) ④ ('긴장, 불안'을 의미하므로 possible을 impossible로 바꾸어 ~ impossible for you to relax가 되어야 한다.)

D 1 hopeful 2 annoyed 3 embarrass 4 depress 5 fault

UNIT 03 인생

p.36

A 1 일생, 평생 2 어린 시절 3 장례식 4 결혼식 5 임신한 6 ~을 헌신하다, 바치다 7 부딪히다, 마주치다 8 극복하다 9 벌다, ~을 획득하다 10 절정, 봉우리, 절정기의 11 명성 12 운이 좋은 13 배경 14 fate 15 youth 16 mature 17 bury 18 engaged 19 resemble 20 courage 21 experience 22 succeed 23 achieve 24 challenge 25 motto

B 1 childhood 2 funeral 3 pregnant 4 overcome 5 devotion 6 encourage 7 성공 8 업적, 성취 9 유명한 10 fate 11 경험하다, 경험

C ② ('어른스러운, 성숙한'을 의미하므로 a child는 an adult가 되어야 한다.) ③ ('절정, 정점'을 의미하므로 lowest는 highest가 되어야 한다.)

D 1 background 2 resemble 3 encounter

UNIT 04 의사소통

p.42

A 1 말하다, 언급 2 대답하다, 반응을 보이다 3 반응하다 4 주의, 관심 5 주장하다, 요구하다 6 ~을 강력히 주장하다, 고집하다

7 간청하다, 구걸하다 8 끄덕이다, 끄덕임 9 인정하다, 허가하다 10 회피하다, 방지하다 11 방해하다, 차단하다 12 경고하다, 주의를 주다 13 신뢰, 신뢰하다 14 communicate 15 interact 16 whisper 17 announce 18 emphasize 19 debate 20 persuade 21 refuse 22 ignore 23 blame 24 encourage 25 pretend

B 1 interact 2 대답, 응답 3 반응 4 emphasis 5 참석하다 6 insist 7 beggar 8 무지, 무식 9 interrupt 10 warn 11 격려하다, 권장하다 12 속삭이다, 속삭임

C ④ ('신뢰하다'를 의미하므로 not을 빼고 believe that someone is honest 형태가 되어야 한다.) ⑤ ("예"라는 대답으로 '고개를 끄덕이다'라는 의미이므로 "no"는 "yes"가 되어야 한다.)

D 1 announced 2 refused 3 admit

UNIT 05 사고와 생각

p.48

A 1 ~을 생각나게 하다 2 ~로 여기다 3 의도하다 4 차이, 대조, 대조하다 5 정의하다, 규정하다 6 기꺼이 ~하는 7 진짜의, 실제로 존재하는 8 ~에 존경하는 마음을 가지다, 감탄하다 9 욕구, 몹시 바라다 10 정신, 용기 11 괴롭히다, 귀찮게 하다 12 예측하다 13 추정하다 14 recognize 15 confirm 16 associate 17 compare 18 determine 19 conclude 20 confuse 21 appreciate 22 pursue 23 hesitate 24 concentrate 25 suppose

B 1 recognition 2 ~을 생각나게 하다 3 contrast 4 의도, 목적 5 혼란, 혼동 6 현실적인 7 추정하다 8 pursuit 9 admiration 10 감사, 감상 11 define

C ③ ('망설이다, 주저하다'를 의미하므로 sure는 unsure가 되어야 한다.) ④ ('괴롭히다'를 의미하므로 happy는 troubled, worried 등이 되어야 한다.)

D 1 confirm 2 regards 3 concentrate

Part 2 + Around Me

UNIT 06 가구, 가정용품

p.60

A 1 서랍 2 나사 3 갈고리, 걸이 4 철사, 전선 5 끈, 줄 6 큰 통, 전차 7 뚜껑 8 물건, ~을 채워 넣다 9 전자레인지 10 스위치, 전환, 바뀌다 11 베개 12 우표, 도장 13 욕조 14 furniture 15 closet 16 shelf 17 ladder 18 bucket 19 faucet 20 refrigerator 21 bulb 22 comb 23 rubber 24 broom 25 toothbrush

B 1 drawer 2 벽장, 옷장 3 screw 4 wire 5 양동이 6 수도꼭지 7 microwave 8 전구

C ③ ('빗'을 의미하므로 sweeping floors는 making hair neat가 되어야 한다.) ④ ('빗자루'를 의미하므로 making hair neat은 sweeping floors가 되어야 한다.)

D 1 stuff 2 rubber 3 ladder 4 stamp

UNIT 07 부엌

p.66

A 1 접시, 그릇 2 난로, 요리용 화로 3 밀 4 가지 5 잘게 썰다, 다지다 6 썰다, 조각 7 쪼개다, 나누다 8 섞다 9 채우다, ~으로 가득 차다 10 담그다, 흠뻑 적시다 11 녹다, 누그러지다 12 반죽, 풀, 풀칠하다 13 김, 증기 14 contain 15 grocery 16 flour

17 lettuce 18 peel 19 sauce 20 raw 21 recipe 22 stir 23 pour 24 spill 25 wrap

B 1 그릇, 용기 2 wheat 3 상추 4 slice 5 split 6 휘젓다 7 따르다, 붓다 8 steam

C ② ('껍질을 벗기다'를 의미하므로 dirt는 skin이 되어야 한다.) ④ ('날것의, 익히지 않은'을 의미하므로 cooked enough는 not cooked가 되어야 한다.)

D 1 groceries 2 sauce 3 wrap 4 melt

UNIT 08 건물 구조

p.72

A 1 관, 배관 2 관, 튜브 3 벽돌 4 벽지 5 지하실 6 작은 공간, 부스 7 구내식당 8 에스컬레이터 9 출구, 나가다 10 발코니 11 정원, 뜰 12 마당, 야드 13 울타리 14 construct 15 structure 16 ceiling 17 attic 18 chimney 19 column 20 lobby 21 elevator 22 stair 23 aisle 24 garage 25 courtyard

B 1 destroy 2 구조상의, 구조적인 3 tube 4 굴뚝 5 다락(방) 6 basement 7 escalator 8 entrance 9 통로 10 안마당, 안뜰

C ② ('정원'을 의미하므로 where a car is kept는 where plants are grown이 되어야 한다.) ④ (일부분에 칸막이가 쳐져 있는 '작은 공간, 부스'를 의미하므로 a large open은 a partly enclosed가 되어야 한다.)

D 1 cafeteria 2 garage 3 wallpaper

UNIT 09 방향과 위치

p.78

A 1 ~을 향하여, ~쪽으로 2 위쪽을 향한, 상승하는 3 아래쪽으로의, 아래로 향한 4 앞으로, 앞으로 가는 5 앞으로 6 위치, 자세, 처지 7 어딘가에 8 바깥쪽, 외부의, 겉에 9 바깥쪽의 10 ~에 둘러싸인, ~의 사이에 11 끝 부분, 팁, 봉사료 12 떨어져, 따로 13 한쪽으로, 옆으로 비켜 14 compass 15 straight 16 upstairs 17 backward(s) 18 beyond 19 internal 20 edge 21 further 22 distance 23 row 24 opposite 25 through

B 1 downward(s) 2 forward 3 toward(s) 4 inside 5 inner 6 tip 7 한쪽으로, 옆으로 비켜 8 먼, 떨어져 있는 9 opposition 10 position

C ① ('위층에'를 의미하므로 lower는 higher가 되어야 한다.) ③ ('안의, 내부의'를 의미하므로 outside는 inside가 되어야 한다.)

D 1 row 2 somewhere 3 through 4 among

UNIT 10 교통과 도로

p.84

A 1 자동차 2 기차, 난간 3 항공기 4 길, 선로, 경주로 5 대로, 거리 6 보행자 7 보도, 인도 8 복잡하게 하다, 어렵게 만들다 9 옮기다, 갈아타다, 이동 10 탄, 탑승한 11 교차로 12 돌진하다, 돌진 13 속도 14 vehicle 15 path 16 route 17 curve 18 crosswalk 19 extend 20 transport 21 load 22 passenger 23 license 24 fasten 25 destination

B 1 탈것, 차량 2 aircraft 3 길, 노선, 경로 4 avenue 5 sidewalk 6 확대 7 까다로운, 복잡한 8 수송하다, ~을 운반하다 9 intersection

C ② ('돌진하다'를 의미하므로 slowly는 very quickly가 되어야 한다.) ③ ('목적지, 도착지'를 의미하므로 where a person starts는 where a person is going to가 되어야 한다.)

D 1 load 2 license 3 fastened 4 aboard

Part 3 + Health & Body

UNIT 11 신체 동작

p.96

A 1 닫다, 잠그다 2 잠시 멈추다, 잠깐 멈춤 3 ~을 들다, ~을 기르다 4 ~을 들다, 들어 올리다 5 누르다, 신문 6 ~을 씹다, 깨물다 7 비틀다, 휘다 8 돌리다, 회전 9 굽히다, 숙이다 10 깡충깡충 뛰다, 건너뛰다 11 구르다, 두루마리 12 늘이다, 펼치다 13 ~을 놓다, 눕히다 14 knock 15 hang 16 dig 17 shake 18 blow 19 fold 20 spread 21 lean 22 slide 23 wander 24 approach 25 remove

B 1 shut 2 lift 3 압박, 압력 4 chew 5 spin 6 펼치다, 퍼뜨리다 7 bend 8 skip 9 pause

C ④ (특별한 목적 없이 '돌아다니다, 헤매다'를 의미하므로 with a clear direction은 without a clear direction이 되어야 한다.) ⑤ ('~을 늘이다, 펼치다'를 의미하므로 make shorter는 make longer or wider가 되어야 한다.)

D 1 hung 2 shake 3 laid 4 slides

UNIT 12 신체 부위와 감각

p.102

A 1 감각, ~을 감지하다 2 이마 3 여드름 4 목구멍 5 턱 6 가슴, 흉부 7 장기, 기관, 오르간 8 손목 9 손바닥, 야자나무 10 발목 11 발뒤꿈치, 굽 12 발가락 13 미래상, 시력, 환상 14 physical 15 cheek 16 tongue 17 stomach 18 waist 19 elbow 20 thumb 21 knee 22 height 23 muscle 24 vision 25 stare

B 1 민감한, 민감하게 반응하는 2 chin 3 throat 4 chest 5 wrist 6 palm 7 ankle 8 toe 9 시각의, 시력의

C ③ ('육체의, 신체의'를 의미하므로 mind는 body가 되어야 한다.) ④ ('높이, 키'를 의미하므로 heavy는 tall이 되어야 한다.)

D 1 muscle(s) 2 cheek 3 stared

UNIT 13 상황 묘사

p.108

A 1 좋은, 고운, 벌금 2 정상인, 보통의 3 ~할 수 있는, 유능한 4 서투르게, 대단히 5 이상한, 낯선 6 틀린, 잘못된 7 소리, 소음 8 ~처럼 보이다, ~인 것 같다 9 분명한, 투명한 10 평상시의, 무관심한 11 일정한, 끊임없는 12 가능한, 할 수 있는 13 완전한, ~을 끝마치다 14 situation 15 advantage 16 convenient 17 appropriate 18 awful 19 disappoint 20 appear 21 certain 22 obvious 23 continuous 24 silent 25 remain

B 1 불리한 점, 약점 2 abnormal 3 부적절한 4 badly 5 wrong 6 시끄러운, 떠들썩한 7 seem 8 impossible 9 끊임없는, 연속적인 10 silence 11 clear 12 complete

C ② ('실망시키다'를 의미하므로 make happy by being ~은 make unhappy by not being ~ 형태가 되어야 한다.) ③ ('명백한, 분명한'을 의미하므로 difficult to see는 easy to see가 되어야 한다.)

D 1 situation 2 fine 3 casual 4 strange

UNIT 14 사고와 안전

p.114

A 1 부딪치다 2 충돌하다, 추락하다, 충돌 3 상태, 주, 진술하다 4 공황, 공포 5 극심한, 심각한 6 예기치 않은, 뜻밖의 7 손상, 손해, 해치다 8 증상 9 다치게 하다, 상처를 입히다 10 쪼개지다, 갈라진 금 11 미끄러지다 12 구하다, 구조 13 안전 14 accident

15 disaster 16 danger 17 terrible 18 urgent 19 emergency 20 hurt 21 wound 22 sink 23 suffer 24 ambulance 25 secure

B 1 우연히 2 crash 3 dangerous 4 극심한, 심각한 5 해가 되는 6 injure 7 disaster 8 쪼개지다, 갈라진 금 9 rescue 10 안전, 안심

C ② ('공황, 공포'를 의미하므로 joy는 extreme fear가 되어야 한다.) ④ ('미끄러지다'를 의미하므로 keep your balance on the ice는 lose your balance가 되어야 한다.)

D 1 emergency 2 terrible 3 unexpected 4 wound

UNIT 15 질병과 의료

p.120

A 1 병든, 나쁜 2 독감 3 통증, 아픔 4 아픔, 아프다 5 아픈, 따가운 6 썩다, 부패하다 7 스트레스, 강조, 강조하다 8 치료하다, 다루다 9 낫게 하다, 치유하다 10 병원, 진료소 11 약, 약물 12 알약 13 상태, 상황, 조건 14 disease 15 cancer 16 blind 17 deaf 18 fever 19 headache 20 cough 21 medical 22 cure 23 medicine 24 patient 25 recover

B 1 병, 질환 2 flu 3 청각 장애의 4 아픈, 고통스러운 5 decay 6 pill 7 인내심, 참을성 8 recovery 9 heal 10 의료의, 의학의

C ④ ('아픈, 따가운'을 의미하므로 joy는 pain이 되어야 한다.) ⑤ ('두통'을 의미하므로 chest는 head가 되어야 한다.)

D 1 condition 2 patients 3 flu 4 fever

Part 4 + Study & School Life

UNIT 16 학교와 수업 1

p.132

A 1 학교의, 학업의 2 강당, 객석 3 포스터, 벽보 4 학기 5 강의, 진행 6 도표, 인기 판매 순위표 7 주제, 화제 8 개념, 생각 9 속담, 격언 10 철자를 말하다, 철자를 맞게 쓰다, 주문 11 (나이나 계급이) 높은, 연장의, 연장자, 상급생 12 또래, 동료 13 지우다, 없애다 14 institute 15 locker 16 term 17 detail 18 category 19 correct 20 principle 21 theory 22 reason 23 junior 24 principal 25 presentation

B 1 학교, 학원 2 기관, 단체 3 semester 4 senior 5 범주, 종류 6 정정, 수정 7 제시하다 8 erase 9 논리적인, 이해할 수 있을만한 10 주요한, 교장

C ③ ('도표, 차트'를 의미하므로 text는 a table이 되어야 한다.) ④ ('또래, 동료'를 의미하므로 the senior age group은 the same age group이 되어야 한다.)

D 1 locker 2 topic 3 concept 4 sayings

UNIT 17 학교와 수업 2

p.138

A 1 동기를 부여하다 2 가르치다, 지시하다 3 언급하다, 참고하다 4 상담하다 5 상담하다, 충고하다 6 행동하다, 예의 바르게 행동하다 7 참석하다, 출석하다 8 얻다, 습득하다 9 노력, 수고 10 범위, 폭 11 검토, 복습, 논평, 재검토하다, 복습하다 12 지적인, 지능의 13 총명한, 똑똑한 14 educate 15 lecture 16 scold 17 reward 18 attitude 19 difficulty 20 absent 21 accomplish 22 essay 23 journal 24 knowledge 25 genius

B 1 education 2 말하기, 언급, 참고 3 상담가, 자문 위원 4 behavior 5 acquisition 6 일기, 신문, 잡지 7 총명한, 똑똑한 8 instruct 9 effort 10 달성하다 11 present

C ③ ('보상, 보수'를 의미하므로 something bad는 something good 혹은 something helpful이 되어야 한다.) ④ ('참석하다, 출석하다'를 의미하므로 be absent는 be present가 되어야 한다.)

D 1 scolded 2 review 3 attitude 4 knowledge

UNIT 18 역사와 종교

p.144

A 1 원래의, 독창적인, 원본 2 자유 3 보물, 보배 4 왕국 5 제국 6 고결한, 귀족의, 귀족 7 하인 8 축복을 빌다, 가호를 빌다 9 의지하다, 의존하다 10 영혼, 정신 11 신성한, 성스러운 12 절, 사원, 신전 13 사악한, 악, 악령 14 ancient 15 settle 16 tradition 17 custom 18 generation 19 royal 20 religion 21 heaven 22 pray 23 miracle 24 dynasty 25 priest

B 1 modern 2 traditional 3 empire 4 noble 5 종교의, 종교적인 6 soul 7 기도 8 evil 9 origin 10 temple 11 liberty

C ④ ('보물, 보배'를 의미하므로 has little value는 is valuable 형태가 되어야 한다.) ⑤ ('천국'은 선한 사람들이 가는 곳이므로 bad people은 good people이 되어야 한다.)

D 1 servant 2 bless 3 rely 4 miracle

UNIT 19 과학 실험실

p.150

A 1 하다, 지휘하다, 행위 2 수단, 방법 3 방법 4 요인, 인자, 요소 5 원인, 이유, ~의 원인이 되다 6 실험, 실험을 하다 7 장비, 설비 8 필터, 여과 장치, 여과하다 9 세포 10 혼합물, 혼합체 11 전자의, 전자 공학의 12 막, 층, 겹 13 불꽃, 불길 14 research 15 examine 16 collect 17 analyze 18 laboratory, lab 19 material 20 element 21 poison 22 angle 23 precise 24 error 25 expand

B 1 examination 2 method 3 factor 4 experiment 5 filter 6 expansion 7 researcher 8 analysis 9 equipment 10 layer

C ③ ('오류'를 의미하므로 부정어 not을 넣어 something that is not correct가 되어야 한다.) ④ ('원인'을 의미하므로 something that produces a result가 알맞으며, 현재의 영영 풀이는 effect에 해당된다.)

D 1 precise 2 electronic 3 poison 4 conduct

UNIT 20 컴퓨터

p.156

A 1 장치, 기구 2 화면, 칸막이 3 체계, 제도 4 끌다, 끌어당기다 5 가볍게 톡톡 두드리다, 수도꼭지 6 방식, 모드 7 점, 작은 반점, 얼룩 8 관련, 연결, 링크, 연결하다 9 파도타기를 하다, 검색을 하다 10 업로드하다, 올리다 11 암호, 부호 12 백신 13 자동의 14 machine 15 steel 16 operate 17 click 18 delete 19 select 20 install 21 website 22 search 23 password 24 virus 25 mobile

B 1 device 2 drag 3 삭제하다 4 surf 5 방식, 모드 6 upload 7 vaccine 8 automatic 9 operation 10 선택하다, 선발하다

C ① ('가볍게 톡톡 두드리다'를 의미하므로 hard는 lightly가 되어야 한다.) ③ ('화면'을 의미하므로 the part of a computer that shows the images 형태가 되어야 한다. 현재의 영영 풀이는 keyboard에 해당된다.)

D 1 password 2 links 3 system

Part 5 + Society & World

UNIT 21 사회와 사회 문제

p.168

A 1 일어나다, 생기다 2 일어나다, 발생하다 3 제기하다, 포즈를 취하다, 포즈 4 틈, 구멍, 격차 5 매우 중요한, 상당한 6 도덕의, 윤리의, 도덕 7 설립하다, 확립하다 8 현실 9 구성단위, 한 개 10 표준, 표준이 되는, 보통의 11 ~하는 경향이 있다, ~하기 쉽다 12 환경, 형편 13 찾다, 구하다 14 conflict 15 individual 16 poverty 17 influence 18 deserve 19 require 20 contribute 21 charity 22 benefit 23 relate 24 proper 25 labor

B 1 발생 2 charity 3 reality 4 관련, 관계 5 경향, 버릇 6 pose 7 properly 8 conflict 9 비도덕적인 10 significant 11 seek

C ③ ('혜택, 이득'을 의미하므로 bad는 good, helpful 등이 되어야 한다.) ④ ('가난'을 의미하므로 rich는 poor가 되어야 한다.)

D 1 individual 2 deserve 3 require 4 establish

UNIT 22 법

p.174

A 1 법률의, 합법의 2 의무, 직무, 세금 3 정확한, 정밀한 4 고발하다, 비난하다 5 재판, 시험, 시도 6 확인하다, 알아보다 7 유죄의, 죄책감이 드는 8 증거 9 실마리, 단서 10 풀어주다, 개봉하다, 해방, 개봉 11 일어난 일, 사건 12 살인, 살인하다 13 의심하다, ~이 아닌가 하고 생각하다, 용의자 14 illegal 15 obey 16 arrest 17 involve 18 deny 19 innocent 20 witness 21 appeal 22 criminal 23 violent 24 stranger 25 victim

B 1 불법의, 위법의 2 exact 3 신원, 신분 4 부인, 거부 5 guilty 6 분명한, 눈에 띄는 7 clue 8 release 9 suspect 10 murder 11 criminal

C ② ('고발하다, 고소하다'는 어떤 사람이 잘못을 저질렀다고 말하는 것이므로 innocent는 guilty가 되어야 한다.) ⑤ ('낯선 사람, 모르는 사람'을 의미하므로 부정어 not을 넣어 someone who you have not met before로 하거나 someone who you do not know가 되어야 한다.)

D 1 trial 2 involve 3 appealed 4 violent

UNIT 23 정치

p.180

A 1 정치적인, 정치상의 2 허가하다, 가능케 하다 3 선언하다, 선포하다 4 모니터하다, 화면, 감시 5 의회 6 지위, 등급, (순위를) 매기다 7 장관, 목사 8 시장 9 여론 조사, 투표 10 후보자, 지원자 11 충성스러운, 충실한 12 연설, 말 13 돕다, 원조하다 14 policy 15 approve 16 government 17 republic 18 committee 19 status 20 appoint 21 president 22 official 23 vote 24 campaign 25 support

B 1 political 2 허락, 허가 3 approval 4 council 5 rank 6 minister 7 공식적인, 공무상의, 공무원 8 poll 9 assist 10 speech

C ② ('후보자'는 선거에 당선되기 위해 노력하는 사람이므로 was elected는 is trying to be elected가 되어야 한다.) ④ ('공화국'은 왕이나 여왕이 아니라 선출된 지도자가 다스리는 나라이므로 by a king or queen은 by an elected leader가 되어야 한다.)

D 1 committee 2 appoint 3 policy(policies) 4 loyal

UNIT 24 전쟁

p.186

A 1 침략하다, 침입하다 2 지키다, 감시하다, 감시인 3 차지하다, 점유하다 4 붙잡다, 사로잡다 5 혁명, 회전 6 시도, 도전, 시도하다

7 군대, 육군 8 항해하다, 돛, 항해 9 적, 경쟁 상대 10 무기 11 쏘다, 촬영하다 12 폭발하다 13 발사, 발포, 슛 14 battle 15 attack 16 resist 17 defeat 18 negotiate 19 threat 20 independent 21 military 22 soldier 23 honor 24 arrow 25 bomb

B 1 defeat 2 attack 3 직업, 점령 4 threaten 5 army 6 sailor 7 weapon 8 shot 9 explosion 10 협상하다

C ③ ('명예, 영광'을 의미하므로 ashamed는 proud가 되어야 한다.) ⑤ ('적, 경쟁 상대'를 의미하므로 tries to help another는 tries to harm another나 competes against you가 되어야 한다.)

D 1 independent 2 attempt 3 military 4 arrow

UNIT 25 세계

p.192

A 1 국가, 국민 2 국경, 가장자리 3 지역의, 현지의 4 민족의, 종족의 5 깃발 6 전 세계의, 지구상의 7 해외의, 해외에 8 연합, 조합 9 연합하다, 결합하다 10 번역하다, 통역하다 11 일, 문제 12 도움, 원조, 돕다 13 의식하고 있는, 깨닫고 있는 14 capital 15 citizen 16 native 17 racial 18 symbol 19 international 20 foreign 21 population 22 language 23 organization 24 various 25 abroad

B 1 국가의, 국민의 2 ethnic 3 flag 4 global 5 overseas 6 통합, 통일 7 translate 8 variety 9 border 10 union

C ② ('지역의, 현지의'라는 의미로 특정한 지역과 관련된 것을 말하므로 the whole world는 a particular area가 되어야 한다. 현재의 영영 풀이는 global에 해당된다.) ④ ('외국의'라는 의미로 자기 나라의 밖에 위치한 것을 말하므로 inside는 outside가 되어야 한다.)

D 1 aware 2 population 3 aid

Part 6 + Economy & Industry

UNIT 26 회사

p.204

A 1 회사, 단단한, 확고한 2 부문, 부서, 과 3 고용하다 4 고용하다 5 알리다, 통지하다 6 계약, 약정, 계약하다 7 얻다, 획득하다 8 목표, 목표로 하다, 겨냥하다 9 일, 과제, 직무 10 제안하다, 청혼하다 11 종류, 분류하다 12 현실적인, 실용적인 13 퇴직하다, 은퇴하다 14 found 15 agency 16 overall 17 apply 18 attach 19 request 20 salary 21 represent 22 purpose 23 strategy 24 arrange 25 colleague

B 1 기초, 토대 2 firm 3 대리인, 중개인 4 hire 5 information 6 application 7 attachment 8 require 9 대표자, 대리인 10 purpose 11 proposal 12 practical

C ② (직장 '동료'는 함께 일하는 사람이므로 tells other workers what to do는 works with you가 되어야 한다.) ④ ('퇴직하다'를 의미하므로 continue는 stop이 되어야 한다.)

D 1 task 2 strategy 3 arranged 4 sort 5 overall

UNIT 27 소비

p.210

A 1 팔다, 판매하다 2 쓰다, 소비하다 3 지불하다, 급료 4 ~할 가치가 있는, 가치 5 자기 소유의, 소유하다 6 소비자 7 값, 노력, (비용이) 들다, 희생시키다 8 생산품, 상품 9 선택할 수 있는 것, 옵션 10 할인하다, 할인 11 품질, 양질, 특성 12 소포, 포장

용 상자 13 교환하다, 환전하다, 교환, 환전 14 purchase 15 charge 16 afford 17 priceless 18 customer 19 client 20 allowance 21 reasonable 22 lower 23 guarantee 24 deliver 25 refund

B 1 (가격이) 알맞은 2 값을 매길 수 없는, 귀중한 3 의뢰인, 손님, 고객 4 costly 5 produce 6 선택적인 7 delivery 8 사다, 구입하다 9 청구하다, 고소하다 10 환불하다, 환불

C ④ ('소비자'를 의미하므로 sells는 buys가 되어야 한다.) ⑤ (가격이 '적정한'을 의미하므로 부정어 not을 넣어 not too expensive가 되어야 한다.)

D 1 discount 2 package 3 lower 4 own 5 worth 6 guarantee

UNIT 28 경제와 금융

p.216

A 1 요구, 수요, 요구하다 2 안정적인, 안정된 3 수출하다, 수출품 4 생산량, 산출량 5 목표, 표적 6 가짜의, 모조의 7 기금, 자금 8 신용, 신뢰, 믿다 9 소득, 수입 10 집세, 세를 얻다, 세를 놓다 11 투자하다 12 손실, 손해 13 결과 14 supply 15 decline 16 steady 17 estimate 18 possess 19 potential 20 burden 21 finance 22 budget 23 fortune 24 account 25 property

B 1 demand 2 unstable 3 import 4 possession 5 재정의, 금융의 6 income 7 예산, 예산안 8 investment 9 loss 10 행운의, 운 좋은

C ① ('감소하다'를 의미하므로 larger는 smaller가 되어야 한다.) ④ ('생산량, 산출량'을 의미하므로 used는 produced가 되어야 한다.)

D 1 target 2 burdens 3 estimate 4 property

UNIT 29 과학과 기술

p.222

A 1 전기의, 전기를 이용하는 2 디지털의, 디지털 방식을 쓰는 3 에너지, 활기 4 기능, 기능을 하다, 작동하다 5 성장시키다, 개발하다 6 전진, 진보, 전진시키다 7 발명하다 8 결합하다, 겸하다 9 대신하다, 바꾸다 10 영향, 효과 11 쉬움, 편안함, 편해지다, (고통을) 덜다 12 결과, 결과로서 생기다 13 인공적인, 인조의 14 scientific 15 technology 16 technique 17 access 18 progress 19 improve 20 adapt 21 transform 22 impossible 23 widespread 24 accurate 25 specific

B 1 과학의, 과학적인 2 technical 3 artificial 4 electricity 5 접근 가능한 6 development 7 전진, 진보, 전진시키다 8 result 9 ease 10 일반적인

C ② ('불가능한'을 의미하므로 able은 unable이 되어야 한다.) ⑤ ('개선하다'를 의미하므로 worse는 better가 되어야 한다.)

D 1 invent 2 adapt 3 combine 4 digital

UNIT 30 자연과 환경

p.228

A 1 해안, 연안, 바닷가 2 극, 기둥, 막대기 3 관목, 덤불 4 흐름, 흐르다 5 그늘, 빛 가리개 6 원천, 출처 7 석탄 8 전기, 전력 9 부족, 결핍 10 점토, 찰흙 11 쓰레기 12 지진 13 재사용하다 14 cliff 15 shore 16 tropical 17 reflect 18 resource 19 fuel 20 oxygen 21 disappear 22 ecosystem 23 surround 24 atmosphere 25 preserve

B 1 기슭, 물가 2 열대의, 열대 지방의 3 자원 4 사라지다 5 coal 6 reflection 7 인근의, 주위의 8 대기, 분위기 9 지키다, 보존하다

C ② ('쓰레기'는 더 이상 쓸모없거나 원하지 않는 것이므로 no longer를 넣어 things that are no longer useful or wanted가 되어야 한다.) ④ ('부족, 결핍'을 의미하므로 having enough는 not having enough가 되어야 한다.)

D 1 cliff 2 clay 3 bush 4 shade 5 flow

Part 7 + Culture & Holidays

UNIT 31 대중문화

p.240

A 1 대본, 각본 2 방송하다, 방송 3 언급, 논평, 논평하다 4 사람들, 군중, 붐비다 5 환상적인, 기막히게 좋은 6 큰 소리의, 시끄러운 7 미디어, 대중 매체 8 비평가, 평론가 9 영향, 충격 10 대중의, 대중을 위한, 대중 11 좌석, 자리 12 단계, 무대 13 재능, 재능 있는 사람 14 advertise 15 channel 16 entertain 17 celebrity 18 interview 19 clap 20 collection 21 perform 22 folk 23 publish 24 producer 25 audience

B 1 broadcast 2 entertainment 3 출판하다, 발행하다 4 모으다 5 비판적인 6 performance 7 private 8 media 9 crowd 10 stage

C ② ('대본, 각본'을 의미하므로 the written form of a play or movie가 되어야 한다. 현재의 영영 풀이는 plot에 해당한다.) ③ (살아 있는 '유명 인사'를 의미하므로 dead는 living이 되어야 한다.)

D 1 folk 2 fantastic 3 impact 4 loud 5 clapped 6 interview

UNIT 32 문학

p.246

A 1 장, 챕터 2 내용, 내용물, 만족하는 3 소설, 허구 4 로맨틱한, 연애의 5 소설 6 구, 어구 7 시 8 요약, 개요 9 신화, 근거 없는 믿음 10 문장, 선고하다 11 이야기 12 본문, 글, 문자를 보내다 13 극적인, 연극의 14 article 15 author 16 context 17 theme 18 edit 19 legend 20 literature 21 mystery 22 biography 23 fairy 24 imaginary 25 tragedy

B 1 fiction 2 시인 3 real 4 비극적인 5 문맥, 맥락 6 myth 7 phrase 8 극적인, 연극의 9 신비한, 불가사의한 10 theme

C ④ (상상으로 지어낸 '이야기'를 의미하므로 real은 imaginary가 되어야 한다.) ⑤ (실존 인물의 생애를 다룬 '전기'를 의미하므로 imaginary는 real이 되어야 한다.)

D 1 literature 2 edited 3 content

UNIT 33 패션

p.252

A 1 모방하다, 흉내 내다 2 수선하다, 고치다 3 맞다, 잘 어울리다, 건강한 4 공식적인, 형식적인 5 매듭, 매듭을 묶다 6 패턴, 무늬 7 닦다, 다듬다, 광택제, 광택 8 바느질하다, 꿰매다 9 바느질하다, 꿰매다 10 꼬리표, 가격표 11 경향, 추세 12 양모, 양털 13 줄무늬 14 sleeve 15 cardigan 16 collar 17 costume 18 dye 19 fabric 20 fashionable 21 jewelry 22 leather 23 luxury 24 suit 25 thread

B 1 격식을 차리지 않는, 비공식의 2 sew 3 suitable 4 fabric 5 stripe 6 유행하는, 유행에 따른 7 소매 8 knot 9 mend

C ② ('모방하다'를 의미하므로 in a different way는 (in) the same way가 되어야 한다.) ③ ('사치품'을 의미하므로 cheap은 expensive가 되어야 한다.)

D 1 jewelry 2 costume(s) 3 tag 4 trend 5 dyed

UNIT 34 특별한 날

p.258

A 1 즐겁게 하다, 재미있게 하다 2 공휴일, 휴가 3 국가의, 국가적인 4 의식, 식 5 축하하다 6 장식하다, 꾸미다 7 폭죽, 불꽃놀이 8 주최하다, 주인, 진행자 9 즐거운, 명랑한 10 초대, 초청 11 구호를 외치다, 노래를 부르다, 구호, 노래 12 펑(하는 소리), 팝, 펑

소리가 나다, 불쑥 나타나다 13 기억해 내다, 회수하다 14 anniversary 15 annual 16 celebrate 17 festive 18 carnival 19 organize 20 pleasure 21 occasion 22 parade 23 response 24 receive 25 memorable

B 1 재미, 즐거움 2 national 3 축제의, 축하하는 4 즐거운, 기분 좋은 5 가끔의 6 invitation 7 respond 8 기억할 만한, 인상적인 9 celebration 10 organization 11 기념일 12 폭죽, 불꽃놀이

C ① ('구호를 거듭 외치다'를 의미하므로 once는 many times가 되어야 한다.) ④ ('의식'은 격식을 갖춘 행위나 행사를 의미하므로 an informal은 a formal이 되어야 한다.)

D 1 received 2 decorated 3 merry 4 holiday

UNIT 35 장소

p.264

A 1 시골 지역, 지방 2 벽난로 3 고향 4 주요 지형지물, 명소 5 위치, 장소 6 승강장, 강단 7 지역, 지방 8 터, 장소 9 경기장, 운동장 10 근처의, 근처에 11 폭포 12 풍차 13 지역, 구역 14 downstairs 15 entrance 16 facility 17 fountain 18 harbor 19 kindergarten 20 lawn 21 neighborhood 22 pharmacy 23 rural 24 tomb 25 urban

B 1 지방의, 특정한 지역의 2 도시의 3 site 4 upstairs 5 exit 6 waterfall 7 nearby 8 경기장, 운동장

C ① ('시골'은 큰 도시에서 떨어져 있는 지역이므로 near는 away가 되어야 한다.) ④ ('주요 지형지물'은 눈에 잘 띄는 구조물이므로 difficult to see는 easy to see가 되어야 한다.)

D 1 kindergarten 2 harbor 3 tomb 4 pharmacy 5 windmill 6 zone

Part 8 + Things & Conditions

UNIT 36 수와 양

p.276

A 1 음량, 양, 분량 2 많음, 많은 3 최고의, 최대의, 최고 4 더 적은, 덜한 5 최소, 가장 적은 6 아무것도 ~않다 7 몇몇의 8 한 개, 하나의, 한 사람의 9 부분, 부문 10 백분율, 퍼센트 11 비율, 속도, 요금, 평가하다 12 총, 전체의 13 전체의, 완전한 14 figure 15 plural 16 quantity 17 calculate 18 random 19 sufficient 20 dozen 21 quarter 22 whole 23 average 24 balance 25 equal

B 1 단수의 2 질, 품질 3 calculation 4 maximum 5 less 6 several 7 완전히, 전부 8 entire 9 충분한 10 rate

C ① ('12명, 12개'를 의미하므로 10은 12가 되어야 한다.) ③ ('4분의 1'을 의미하므로 one of two는 one of four가 되어야 한다.) ④ ('임의의, 무작위의'는 계획 없이 선택한 것을 말하므로 with는 without이 되어야 한다.)

D 1 None 2 figures 3 volume 4 average 5 least 혹은 minimum 6 balance

UNIT 37 사물 묘사

p.282

A 1 전형적인, 대표적인 2 꾸러미, 묶음 3 넓은 4 꼭 끼는, 단단한, 단단히 5 매끄러운 6 겉, 표면 7 두꺼운, 굵은 8 단정한, 정돈된 9 복잡한, 복합 건물 10 고급의, 화려한, 공상 11 온화한, 순한 12 순수한, 깨끗한, 완전한 13 빠른, 신속한 14 feature 15 depth 16 length 17 particular 18 pile 19 loose 20 rough 21 brief 22 enormous 23 separate 24 tough 25 faint

B 1 길이, 기간 2 narrow 3 smooth 4 thin 5 messy 6 short 7 grand 8 quick 9 fantasy 10 typical

C ④ ('겉, 표면'을 의미하므로 inside part는 outside part가 되어야 한다.) ⑤ ('복잡한'은 이해하거나 설명하기 어려운 것을 말하므로 easy가 difficult가 되거나 easy 앞에 not을 추가해야 한다.)

D 1 faint 2 mild 3 pure 4 separate 5 tough

UNIT 38 빈도와 정도

p.288

A 1 간신히, 겨우, 거의 ~않다 2 주로, 일반적으로 3 거의 ~않는 4 거의 ~않는 5 좀처럼 ~않는 6 ~당, ~마다 7 초과, 과잉 8 꽤, 상당히 9 상당히, 꽤 10 상당히, 약간 11 작은, 사소한 12 제한, 제한하다 13 정말로, 확실히 14 frequently 15 rarely 16 once 17 usually 18 probably 19 extremely 20 gradually 21 incredible 22 highly 23 decrease 24 merely 25 slight

B 1 barely 2 mostly 3 거의 ~않는 4 아마 5 exceed 6 점진적인, 단계적인 7 믿을 수 있는 8 quite 9 약간, 조금 10 주요한 11 increase

C ② ('좀처럼 ~않는'을 의미하므로 not often, almost never가 되어야 한다.) ⑤ ('극도로, 극히'를 의미하므로 very small은 very great가 되어야 한다.)

D 1 once 2 usually 3 merely 4 indeed

UNIT 39 시간과 순서

p.294

A 1 현재의, 지금의 2 현대의, 오늘날의 3 더 이상은, 이제는 4 최근의 5 최근에, 요즈음 6 과거, 과거의, 지나간 7 언제든지, 언제나 8 언젠가, 머지않아 9 매일의, 날마다 10 자정, 한밤중 11 일련, 연속, 연재물 12 가장 중요한, 최고의, 전성 13 ~까지 14 period 15 nowadays 16 century 17 decade 18 meanwhile 19 former 20 suddenly 21 within 22 following 23 initial 24 previous 25 primary

B 1 최근에, 요즈음 2 최근에, 요즈음 3 modern 4 anytime 5 이전의, 앞선 6 원시(시대)의 7 갑작스러운 8 within 9 10년

C ③ ('요즘에는'을 의미하므로 past는 present가 되어야 한다.) ④ ('매일'을 의미하므로 every other day는 every day가 되어야 한다.)

D 1 Meanwhile 2 midnight 3 anymore 4 former 5 Initial 6 primary 혹은 prime

UNIT 40 의미를 더 명확히 해주는 어휘

p.300

A 1 아직, 그럼에도 불구하고, 훨씬, 가만히 있는 2 그럼에도 불구하고 3 ~이긴 하지만 4 만약 ~이 아니면, ~하지 않는 한 5 그러므로 6 이렇게, 따라서 7 밀접하게, 면밀히 8 특히, 특별히 9 솔직히 10 뿐만 아니라, 더욱이 11 게다가, 더욱이 12 반드시, 필연적으로 13 어떻게든, 왠지 14 despite 15 otherwise 16 whereas 17 exactly 18 except 19 fortunately 20 approximately 21 clearly 22 terribly 23 even 24 yet 25 due

B 1 그럼에도 불구하고 2 frankly 3 unfortunately 4 otherwise 5 whereas 6 clearly 7 moreover 8 even

C ① ('몹시' 나쁘거나 '지독하게'를 의미하므로 pleasant는 unpleasant가 되어야 한다.) ⑤ (보통 이상으로 '특별히'를 의미하므로 less than usually는 more than usual이 되어야 한다.)

D 1 thus 2 still 3 somehow 4 closely

Index

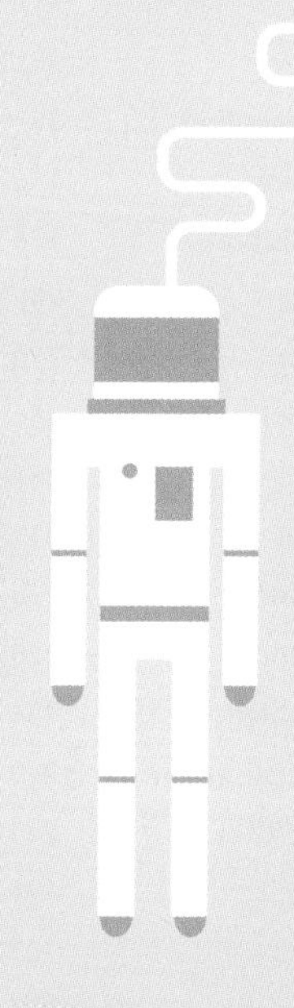

A

* 얇은 글씨의 페이지는 동 · 반의어로 수록된 단어임을 나타냅니다.

B

C

D

G

H

M

N

O

Q

R

S

T

U

V

W

Y

Z